LE MÉTIER DE CONSULTANT
Principes, méthodes, outils

Éditions d'Organisation
1, rue Thénard
75240 Paris Cedex 05
www.editions-organisations.com

Pour contacter les auteurs

Patrice Stern :
stern@escp-eap.net
p.stern@icsconseil.com

Patricia Tutoy :
pfurlan@club-internet.fr

DANGER
LE PHOTOCOPILLAGE
TUE LE LIVRE

Le code de la propriété intellectuelle du 1er juillet 1992 interdit en effet expressément la photocopie à usage collectif sans autorisation des ayants droit. Or, cette pratique s'est généralisée notamment dans l'enseignement, provoquant une baisse brutale des achats de livres, au point que la possibilité même pour les auteurs de créer des œuvres nouvelles et de les faire éditer correctement est aujourd'hui menacée.
En application de la loi du 11 mars 1957, il est interdit de reproduire intégralement ou partiellement le présent ouvrage, sur quelque support que ce soit, sans autorisation de l'Éditeur ou du Centre Français d'Exploitation du Droit de copie, 20, rue des Grands Augustins, 75006 Paris.

© Éditions d'Organisation, 1995, 1997, 1998, 2001, 2003

ISBN : 2-7081-2899-X

Patrice Stern – Patricia Tutoy

LE MÉTIER DE CONSULTANT
Principes, méthodes, outils

Cinquième édition

Deuxième tirage 2004

Éditions
d'Organisation

DU MÊME AUTEUR

- Patrice STERN, Christian MICHON, *La dynamisation sociale,* Éditions d'Organisation, Paris, 1985.
- Patrice STERN, *Être plus efficace*, Éditions Press Pocket, Business Press Pocket, Paris, 1991.
- Patrice STERN, Jean-Pierre GRUERE, *La communication de groupe en 35 fiches,* Éditions d'Organisation, Paris, 1994.
- Patrice STERN, *Le Management sans ménagement,* Éditions MédiaTerra, Bastia, 1996.
- Patrice STERN, *Le Management politiquement incorrect,* Éditions MédiaTerra, Bastia, 1997.
- Patrice STERN, *Le Management ça s'arrange pas !,* Éditions MédiaTerra, Bastia, 1999.
- Patrice STERN, *Être plus efficace,* Éditions d'organisation, 2002.

AUX ÉDITIONS D'ORGANISATION

- Jean MOUTON, *Le marketing du désir.*
- Jean-Pierre MONGRAND, *Le manager dans la nouvelle économie.*
- François JAKOBIAK, *L'intelligence économique en pratique.*
- Jean-Claude TOURNIER, *L'évaluation d'entreprise.*
- Henri-Pierre Maders, *Conduire un projet d'organisation.*
- Jean-Jacques RECHENMANN, *Internet et marketing.*
- Jean-Paul FLIPO, *L'innovation dans les activités de service.*
- Gérard GARIBALDI, *L'analyse stratégique.*
- Alan G. ROBINSON, Sam STERN, *L'entreprise créative.*
- Jean-Marc LEHU, *Strategiesdemarque.com.*
- Jean SIMONET, Jean-Pierre BOUCHEZ, Patrick GILBERT et Joël PELADE, *Le conseil : le livre du consultant et du client.*
- Patrice STERN, *Faciliter la communication de groupe.*

TABLE DES MATIÈRES

Avant-Propos 13

Introduction : La consultation des années « 2000 » 15

Partie 1
PROBLÉMATIQUE DE LA CONSULTATION

Chapitre 1 Définition et dimensions de la consultation... 25
1. Qu'est-ce que la consultation ? 25
2. Pourquoi les entreprises font-elles appel à des consultants en management ? 26
   2.1. D'après les théories 26
   2.2. D'après un utilisateur « technique » de consultants 27

Chapitre 2 Les types de consultants 41
1. Le consultant externe 41
2. Le consultant interne 43

Chapitre 3 Styles de consultants et types de relations consultant/client 45

Chapitre 4 Comment choisir un consultant ? 51

Chapitre 5 Comment évaluer l'intervention d'un consultant à la fin de sa mission ? 55
1. Évaluer l'intervention 55
2. Conseils donnés au client pour réussir une collaboration avec un consultant 57

Partie 2
SECTEURS D'ACTIVITÉS DE LA CONSULTATION ET DOMAINES D'INTERVENTION

Chapitre 1 LE MARCHÉ DE LA CONSULTATION EN FRANCE 63
1. Les métiers de la consultation en France aujourd'hui 63
2. Typologie de la consultation en management en France 65
   - *2.1. La distinction entre stratégie et organisation* 70
   - *2.2. Les fonctions principales de l'entreprise* 70
   - *2.3. Répartition géographique* 71
   - *2.4. Les trois types d'index proposés par* Le Guide des Sociétés de Conseil 71
3. Les « familles » dans la consultation 72
   - *3.1. Les organisations professionnelles* 72
   - *3.2. Une association : l'AFOPE* 74
   - *3.3. Les organismes publics et para-publics* 75
   - *3.4. Les appuis financiers* 76

Chapitre 2 LES NOUVELLES EXIGENCES DES MÉTIERS DE LA CONSULTATION EN PÉRIODE DE CRISE 81
1. Les attentes sophistiquées des entreprises 81
2. La globalisation des problèmes 82
3. L'intégration internationale des sociétés de conseil 84
4. La bipolarisation du métier de conseil 85
5. La fin des « gourous » 85
6. Les nouvelles fonctions du consultant 85

Partie 3
LE PROFIL DU CONSULTANT
Pré-requis à la carrière de consultant

Chapitre 1 CARACTÉRISTIQUES SOCIO-DÉMOGRAPHIQUES 89
1. Formation initiale 89
2. Le consultant doit-il posséder une certaine expérience professionnelle avant d'aborder le domaine de la consultation ? 90

3. Quel devrait être l'age idéal d'un consultant ? 91
Chapitre 2 PROFIL INTELLECTUEL ET APTITUDES HUMAINES 93
1. Profil intellectuel 93
2. Aptitudes humaines 94
Chapitre 3 LES PRINCIPAUX TRAITS DE PERSONNALITÉ
DU CONSULTANT 97

Partie 4
APPROCHES, MODÈLE ET OUTILS DE CONSULTATION

Chapitre 1 APPROCHES 101
1. L'approche systémique 101
   1.1. Les leviers « Hard » du 7S 102
   1.2. Les leviers « Soft » du 7S 102
   1.3. Bâtir un questionnement autour des sept leviers 103
   1.4. Appréciation des points faibles sur les leviers du 7S 104
   *1.5. Quelques voies de progrès pour améliorer la position
   des leviers ou encore la cohérence sur l'ensemble* 105
   1.6. Le 7S idéal 105
2. L'approche analytique 107
   2.1. Les trois dimensions du modèle 107
   2.2. État des lieux de l'entreprise où le consultant intervient 109
   *2.3. Le rôle du consultant : équilibrer les trois dimensions
   « réalité, symbolique et imaginaire »* 110
   2.4. Applications 111

Chapitre 2 UN MODÈLE ORIGINAL DE CONSULTATION :
LA DYNAMISATION SOCIALE 113
1. Philosophie et objectifs 113
   1.1. La philosophie 113
   1.2. Les objectifs 114
2. Comment mettre en œuvre ces objectifs ? 115
   2.1. Le processus 115
   2.2. Les principes d'action 117
   2.3. Le plan d'intervention 121

Chapitre 3 Des outils de consultation 129
1. La recherche et l'analyse des causes 130
   1.1. La méthode des critères 130
2. La sélection des causes les plus importantes 133
   2.1. Le Cube de Stern : outil d'analyse d'un problème 133
   2.2. Le diagramme de classification (causes de satisfaction et de non-satisfaction) 136
3. La recherche des solutions 138
   3.1. Les méthodes de créativité rationnelles 138
   3.2. Les méthodes de créativité infra-rationnelles 143
4. La sélection des solutions 146
   4.1. Le Cube de Stern : outil de recherche et de sélection de solutions 146
5. La mise en œuvre 148
   5.1. Guide plate-forme 148
   5.2. Fiche-action 148
6. Le contrôle des résultats 152
   6.1. Les principes 152
   6.2. Le contenu de la mesure 153
   6.3. Les outils de la mesure 154

Partie 5

LES DIFFÉRENTES ÉTAPES D'UN PROCESSUS DE CONSULTATION : LE CAS DE LA MAIRIE DE MEYLAN

Chapitre 1 Préparation de la mission 163
1. Contact avec le client potentiel 163
2. Offre de service 165
3. Rencontre société de conseil et client 167

Chapitre 2 Organisation et mise en œuvre de la mission .. 169
1. Phase 1 – État des lieux 169
2. Phase 2 – Diagnostic participatif 170

Table des matières

    2.1. Mise en place et déroulement des groupes Scanner 170
    2.2. La charte de fonctionnement................................. 175
    2.3. Thèmes des groupes de dynamisation 180
3. Phase 3 – Groupes de dynamisation 182
    3.1. Mise en place et déroulement des groupes
    de dynamisation 183
    3.2. Propositions des consultants pour un plan d'action 186
    3.3. Le plan d'action ou plan de dynamisation 187
4. Phase de communication sur la mission............................... 189
5. Communication externe : le Baromètre Communal 189

Chapitre 3 ÉVALUATION ET SUIVI DE LA MISSION 191
1. Phase 4 – Mise en place et évaluation des actions 191
2. Suivi du plan d'action par les consultants 191

Partie 6
HISTOIRES DE CONSULTATION

Chapitre 1 MISE EN PLACE D'UN DISPOSITIF D'ENTRETIEN
           ANNUEL D'ACTIVITÉ AU CNRS 195
1. Le contexte.. 195
2. La demande.. 196
3. Le dispositif d'intervention... 196
4. La valeur ajoutée des consultants 198
5. Les résultats dans les laboratoires – Quelques effets des EAA... 200
6. Les réflexions et limites de la démarche 201

Chapitre 2 DIAGNOSTIC DE LA FORMATION CHEZ OFTR,
           UNE EXPÉRIENCE RÉUSSIE D'APPEL AUX RESSOURCES
           EXTERNES 203
1. Le problème 203
2. La mission de conseil.. 206

Chapitre 3 CONSULTATION DU PERSONNEL SUR LA NOUVELLE IMAGE DE L'ENTREPRISE ADP 213

CONCLUSION : Consultation et éthique 231
ANNEXES.. 235
    Annexe 1 — Documents SYNTEC Conseil................................ 237
    Annexe 2 — Documents Meylan Mairie 2000.......................... 243
    Annexe 3 — Plan d'action Meylan Mairie 2000 259
BIBLIOGRAPHIE... 283

AVANT-PROPOS

Enseignement, formation, formation de formateurs, consultation nationale et internationale, telles sont les expériences que nous voulons partager dans cet ouvrage.

Enseignement, des écoles techniques aux grandes écoles – ESIV, École Polytechnique, INSEAD, IFM, ENA et principalement l'École Supérieure de Commerce de Paris.

Formation continue, formation de formateurs (BIT, ONUDI, ESCP).

Consultation nationale – dans les secteurs publics – CNRS, SNCF, RATP, ADP, France Télévision, mairies –, dans le secteur privé (FNAC, Péchiney, Yves Saint-Laurent, Club Méditerranée).

Consultation internationale (de l'Angleterre au Maroc, du Niger à l'Espagne, de la Guinée au Canada).

Nous ne considérons pas avoir tout vu ni tout entendu, mais nous avons vu et entendu beaucoup et parfois n'importe quoi et, peut-être avons-nous nous-mêmes dit et fait n'importe quoi. Et c'est sans doute pour éviter cela à d'autres que nous avons souhaité parler de nos quarante ans d'expérience.

En elle-même, nous sommes conscients que cette expérience ne justifie rien mais immodestement nous sommes certains qu'elle peut être au moins utile... à quelques uns.

Nous remercions l'ESCP qui fut et reste un immense champ d'expérience et qui, notamment, a permis que Jean-Michel Saussois et Patrice Stern organisent l'option « Métiers du consultant ».

Nous remercions toutes les entreprises qui nous ont fait confiance... même à une époque où nous-mêmes nous aurions peut-être hésité...

Nous remercions Jean-Claude Placiard et Georges Hornn pour leurs apports écrits.

Nous remercions Danièle Penneroux pour nous avoir appris l'importance de l'écoute et avec une immense admiration pour la qualité unique des relations qu'elle sait créer avec les entreprises clientes.

Nous remercions l'ensemble de nos familles qui nous persuadent toujours davantage que même professionnellement rien ne se fait sans amour.

P.S. et Pa. T.

Je souhaite ici remercier quelques personnes qui m'ont marqué par leur personnalité et leur capacité d'agir.

Remerciements à François Kourilsky, Directeur Général du CNRS, qui a souhaité que je sois, pendant quatre ans, son conseiller en Ressources Humaines et qui a osé l'action de modernisation de la gestion des Ressources Humaines au CNRS.

Remerciements à Pierre Marion – Président d'ADP –, à Jean Costet – Directeur Général –, à Michel Bernard – aujourd'hui Directeur Général de l'ANPE –, pour leur confiance lors du projet d'entreprise d'ADP, leur foi en l'Homme et leur volonté de toujours vaincre les résistances au changement.

Hommages affectueux à Alain Nutkowitz – ADP – et Luc Rafflin – DRH d'Yves Saint-Laurent – pour leur énergie et surtout cette qualité si rarement présente : leur fabuleuse générosité et qualité de cœur...

Remerciements à Denis LEVY (Directeur Général de LASER INFORMATIQUE) et à Philippe LEMOINE (Co-Président des GALERIES LAFAYETTE) pour m'avoir permis de participer à l'opération Margaux et de les aider dans l'ensemble des réorganisations qui en découlaient. Merci pour leur qualités humaines au-dessus de tout soupçon.

Merci à Jacques Pansard pour sa collaboration qui a permis de monter ce superbe programme du « Master of business consulting (MBC) ».

Merci à toute l'équipe d'ICS (Christian Lujan, Danièle Penneroux, Catherine Lenglet, Claire Attar, Fawzi Gharram).

Merci à Maria Koutsovoulou, sans qui beaucoup des opérations que j'ai conduites n'auraient pas rencontré ce succès.

Merci pour cette 5e édition à Joseph Abi Aad qui a revu et enrichi avec tant d'efficacité ce livre.

P.S.

Je remercie toutes celles et tous ceux qui, de près comme de loin, contribuent à l'existence de ce livre. Merci d'être là.

Pa. T.

INTRODUCTION

LA CONSULTATION DES ANNÉES « 2000 »

Conseiller est une activité vieille comme le monde. Tout au long de l'histoire, cette activité a généré toute une palette de métiers ou de positions ; à l'image de l'éminence grise ou du directeur de conscience. Le métier de consultant, qui s'inscrit dans cette longue histoire du conseil, est né dans le sillage de la révolution industrielle du XIXe siècle et a évolué depuis.

Même si des ouvrages – pas si nombreux d'ailleurs – existent sur la consultation et les consultants, il nous a semblé intéressant de faire le point sur ce métier au moment où les entreprises, par le fait même de structures matricielles, ont dans leur rang de nombreux chargés de missions et autres consultants internes ; au moment où le chiffre d'affaires de la consultation semble touché par la crise.

Cet ouvrage se veut à la fois synthétique et pragmatique. Il souhaite démontrer la signification de ce métier, ses domaines et activités, la spécificité de ses outils et ses rigueurs méthodologiques.

Grâce à cet ouvrage, nous aimerions que le lecteur, qu'il soit consultant – interne ou externe – ou acheteur de consultation, puisse mieux se repérer dans l'organisation des différentes étapes d'une consultation et l'identification du métier même de consultant.

Nous aimerions que le consultant puisse acquérir encore davantage de valeur ajoutée.

Nous aimerions que l'acheteur de « consultants » développe encore plus de clarté dans sa demande et dans les objectifs à atteindre par la consultation.

Nous aimerions que la relation consultant-entreprise devienne plus professionnelle, plus rigoureuse.

Et ne nous trompons pas : profession et rigueur sont à notre sens les seuls objectifs qui permettent la survie des entreprises et donc... des consultants.

PRÉSENTATION SYNTHÉTIQUE DE L'OUVRAGE

Cet ouvrage va du conceptuel au pragmatique : de la finalité de la consultation aux outils utilisés par le consultant.

Dans l'**avant-propos**, nous justifions notre expérience. Dans l'**introduction**, nous situons la consultation dans ce temps 2000 : des nouvelles tendances qui enrichissent mais durcissent la relation consultant-entreprise.

Dans la **première partie** sont évoqués les problématiques de la consultation, son rôle, ses limites. Les différents styles de consultants et les différents types de relations consultant/entreprise nous permettent de donner deux réponses à la nécessité de l'appel au consultant : la réponse du consultant et celle de l'entreprise utilisatrice.

La **deuxième partie** devrait permettre de se repérer dans l'activité de la consultation, la typologie, les familles, les critères de classification. Ce chapitre précise les nouvelles exigences des métiers du conseil : comment les attentes de plus en plus sophistiquées des clients entraînent le consultant vers de nouvelles fonctions.

La **troisième partie** s'essaie à définir le profil du consultant : qui est-il, d'où vient-il, etc. Quel est le profil intellectuel et relationnel du consultant, quels sont ses traits de personnalité ?

La **quatrième partie** se veut de plus en plus pragmatique et présente une méthodologie originale de consultation, nommée dynamisation sociale, et quelques-uns des nombreux outils utilisés par les consultants : outils d'analyse, outils de décision, outils pour l'action, outils pour évaluer.

La **cinquième partie** aborde des aspects plus pragmatiques en disséquant l'histoire d'une consultation – à travers les différentes étapes de la consultation. Nous suivons pas à pas la mission – du contact avec le client qui n'est encore que potentiel à l'évaluation et la clôture de la mission.

Chacune des étapes est analysée et essaie de montrer les interrogations et les réponses de la part des deux partenaires de la mission : le consultant et l'entreprise.

La **sixième partie** raconte de manière plus succincte quelques histoires de consultation. En quelques pages, chaque histoire montre le contexte

Introduction

de sa demande, le dispositif d'intervention, la valeur ajoutée du consultant, les résultats réellement obtenus dans l'entreprise. Et pour que chacune des histoire de consultation ne puisse faire croire au miracle, nous donnons bien vite les réflexions et les limites des démarches effectuées.

Notre **conclusion** situe la consultation dans le cadre de l'éthique. Ce qui nous semble plus nécessaire que jamais.

Nous proposons en annexe une **bibliographie** sélective qui permettra à chacun d'aller plus loin, si tel est son désir.

LA CONSULTATION ET SES TENDANCES ACTUELLES

Nous ne voulons pas, dans ce paragraphe, parler de la hausse sensible du chiffre d'affaires du marché de la consultation mais nous souhaitons nous placer sur le plan formel où nous remarquons que l'exigence actuelle entraîne huit nouvelles tendances ou renforcement de tendances :
— un engagement de résultats,
— l'application des recommandations,
— l'exigence envers le Chef de Projet,
— la demande d'exclusivité,
— une mise en concurrence systématique,
— un cahier des charges de plus en plus précis,
— une justification du coût de la prestation,
— une pression du temps plus importante.

■ *Un engagement de résultats*

L'entreprise demande au consultant de s'engager sur des résultats réels. L'entreprise engage moins le consultant pour des tâches à accomplir que sur les résultats à atteindre. Ayant souvent mieux défini les objectifs et les résultats quantitatifs et qualitatifs à atteindre, elle souhaite obtenir du consultant un engagement et une garantie de résultats.

Il sera ainsi demandé au consultant un pragmatisme accru. Les recommandations ne devront plus être de vagues principes mais des actions réalistes.

L'entreprise préférera des résultats plutôt qu'un raisonnement intellectuel ou des rapports bien « mac-intoshés ». Cet engagement de résultats entraîne certaines entreprises à prévoir une rémunération variable en fonction même des résultats obtenus (il n'est plus rare que 20 à 30 % de la rémunération soient indexés sur les résultats de la mission). Il est vrai qu'entreprises et consultants voient dans cette procédure une façon d'être plus solidaires, plus impliqués et sans doute plus disponibles... l'un à l'autre...

■ L'application des recommandations

Il était, dans un passé encore récent, classique que les recommandations des cabinets de consultants soient enterrées : les rapports restaient dans les tiroirs, les décisions recommandées n'étaient appliquées qu'au compte-gouttes.

Ceci n'est plus du tout vrai aujourd'hui, non seulement par le sens même de la mission confiée mais aussi parce que la consultation est considérée comme un achat comme un autre, et il est demandé au responsable de justifier la valeur ajoutée de l'achat effectué.

Cette valeur ajoutée ne se justifiant aux yeux des responsables que par les actions entreprises en aval de l'action du consultant. Ainsi la mise en place des indicateurs de résultats et l'évaluation de ces indicateurs – écarts résultats/objectifs – sont aujourd'hui un gage de la « sériosité » du consultant et du renouvellement de son contrat...

A propos de recommandations, remarquons que l'entreprise est de plus en plus impitoyable avec les rapports qui présentent 30 pages de constats et 3 lignes de vagues recommandations. L'entreprise souhaite des recommandations argumentées précisant le domaine de l'action, sa cible, ses moyens d'explication et ses modalités d'évaluation.

■ Une exigence accrue envers le Chef de Projet

L'exigence envers les consultants et, en particulier, envers le chef de projet est de plus en plus importante.

Il n'est plus question de ne voir le chef de projet ou le consultant senior que lors de la présentation de la proposition.

Les entreprises souhaitent que le chef de projet « produise » effectivement autre chose qu'un travail de séduction lors de la phase de négociation-signature. Elles veulent s'assurer que la présence du chef de projet ne sera pas que sporadique.

Ceci, d'ailleurs logiquement, entraîne une exigence accrue au niveau des consultants qui accompagnent, sur le contrat, le chef de projet.

Les *curriculum vitae* de ceux-ci sont lus et épluchés de manière beaucoup plus attentive qu'ils ne l'étaient : l'entreprise demande souvent aujourd'hui à rencontrer chacun des consultants et vérifie les missions de conseil qu'ils prétendent avoir effectuées.

Cette vérification des références nous semble une tendance nette et nouvelle et s'accompagne d'autre part d'une impossibilité à remplacer tel ou tel consultant sur la mission. L'entreprise exige les consultants qu'elle a « agréés » et ne se contentera plus d'un consultant junior plus ou moins débutant dont elle n'aurait jamais entendu parler.

■ Une demande d'exclusivité

Jusqu'à présent, seuls quelques grands cabinets de stratégie proposaient l'exclusivité à leurs clients. Le cabinet s'engageait à ne travailler que pour un seul client de tel ou tel secteur industriel ou de service.

Il est intéressant d'observer aujourd'hui que cette demande d'exclusivité n'est plus seulement proposée par les consultants mais souhaitée voire fermement demandée par l'entreprise cliente.

Dans cet environnement complexe et incertain, l'entreprise se méfierait-elle du consultant ? A-t-elle peur que, travaillant chez les autres entreprises concurrentes du secteur, le consultant ne lâche ici ou là quelques bribes d'informations qui lui seraient à elle préjudiciables ou, tout au moins, que ce consultant ne soit influencé dans son travail par ce qu'il aurait vu chez elle – ou en bien ou... en mal – ?

S'il est sans doute exagéré de parler de méfiance, il est cependant de plus en plus réel et de plus en plus fréquent que l'entreprise souhaite une totale confidentialité. Certaines entreprises demandant même au cabinet conseil de s'abstenir de les citer dans ses références. « Je ne souhaite, certes pas, disait un Directeur général, que mes clients sachent qu'un expert en management est en train d'intervenir chez moi. Les clients ne pourraient-ils pas penser que mes managers sont insuffisants et cela serait mauvais pour l'image de l'entreprise ».

■ Une mise en concurrence plus systématique

La tendance à mettre en concurrence les consultants semble être de plus en plus systématique – et cela même si le consultant avec lequel l'entreprise a travaillé précédemment a donné entière satisfaction.

On peut penser que l'entreprise cherche d'une part à stimuler le consultant – « Votre client n'est pas un client captif » – et d'autre part à rechercher l'innovation, la créativité d'autres cabinets – de nouveaux consultants n'ont-ils pas quelque chose à apporter : quelques idées neuves pour mon problème.

Les rentes de situation que possédaient certains grands cabinets ont nettement tendance à disparaître. Il n'est d'ailleurs pas rare de voir les missions découpées en phases et de voir la première phase d'une mission confiée à un cabinet et la seconde phase à un autre et cela sans qu'il n'y ait eu aucune défaillance.

Il est vrai que l'on constate que les entreprises trouvent de moins en moins acceptable l'impérialisme de certains grands cabinets et autres consultants gourous.

■ Un cahier des charges de plus en plus précis

Le cahier des charges, avec ou sans appel d'offres, devient de plus en plus précis.

Les objectifs, les tâches, la planification sont mieux définis. Cette professionnalisation du cahier des charges s'explique aussi par le fait que dans le domaine des ressources humaines, le niveau des responsables des postes dans l'entreprise s'est singulièrement élevé. Certains mêmes sont d'anciens consultants et s'ils savaient répondre à un appel d'offres, ils savent très bien composer les cahiers des charges des appels d'offres.

Les cahiers des charges mieux définis vont permettre à l'entreprise de mieux gérer les dépassements de temps et de coût.

Les délais notamment sont davantage précis et respectés. Dans le domaine informatique, il devient quasi rituel de voir aujourd'hui des pénalités de retard inscrites dans le contrat qui lie le cabinet à l'entreprise (même dans des conventions d'études).

■ Une justification du coût de la prestation

Il est demandé de plus en plus souvent au consultant de justifier le coût de son intervention. Il semble que le coût forfaitaire soit moins accepté : le consultant doit expliquer chaque partie de son devis et indiquer clairement les journées/terrains, les journées/études au cabinet.

Outre la justification du prix, le consultant est soumis de la part de l'entreprise à une pression de réduction des coûts.

L'Acheteur de prestations de consultants essaye comme s'il s'agissait de n'importe quel type d'achat – et après tout, pourquoi pas ? – de jouer du contexte économique et d'obtenir lui aussi sa petite réduction...

Il apparaît alors clairement que, dans l'ensemble, les consultants refusent de négocier mais accèdent d'une certaine manière à la demande du client en ajoutant à la prestation principale quelques prestations supplémentaires (journées de suivi, réunions *feed-back*, rapports intermédiaires complémentaires...).

Mais il ne faut pas que les acheteurs de conseil se fassent trop d'illusions : l'offre « Discount » n'existe pas encore. Dans le secteur du conseil, il semble ne pas y avoir de véritable guerre des prix.

■ Une pression du temps plus importante

Le rapport au temps devient un critère d'importance dans les missions actuelles du consultant : celles-ci se définissant avec des objectifs temps beaucoup plus courts.

Il n'est pas question de laisser un an au consultant pour mener à bien ses missions ; on lui demandera d'aller plus vite, quitte même à être moins parfait. L'entreprise souhaite en effet que l'action du consultant soit visible le plus vite possible. Il est vrai que l'acheteur opérationnel est lui aussi sous pression.

Les entreprises recherchent avant tout que des missions aient un retour sur investissement rapide : « Qu'a-t-on fait avec tout l'argent de ces études ? ».

Les missions de consultation sur plusieurs années sont de plus en plus rares. L'entreprise procédera par étapes de trois ou six mois et essaiera à chaque étape de vérifier la qualité de la prestation et des résultats partiels obtenus.

Si cette pression du temps comporte un challenge supplémentaire – et souvent excitant – elle comporte aussi deux dangers : celui de privilégier les résultats de surface et celui de ne pas garantir un délai suffisamment long pour pouvoir réellement mesurer l'impact du consultant. Et par conséquent le risque de rechercher à atteindre des objectifs à court terme au détriment du moyen ou long terme.

En conclusion, nous pourrions dire que le métier de consultant se durcit.

L'objectif de la consultation étant plus précis, mieux défini, le temps accordé plus délimité, les résultats plus rapidement évalués, la valeur ajoutée du consultant apparaîtra beaucoup plus clairement.

PARTIE 1

Problématique de la consultation

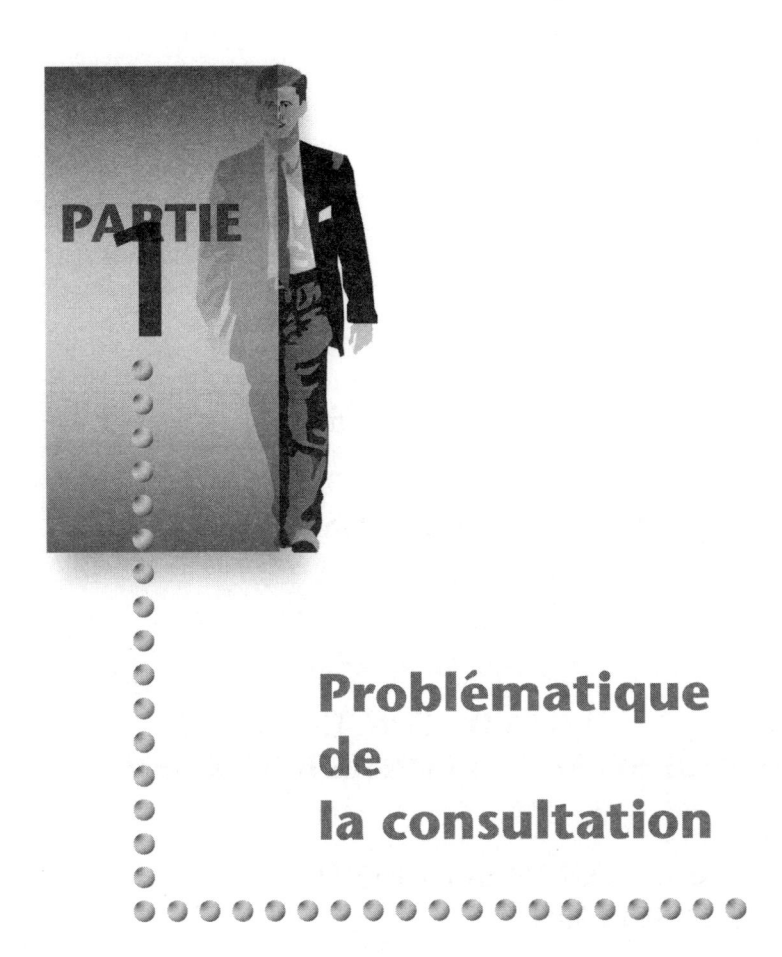

Cette première partie est consacrée à la problématique de la consultation. En effet, il apparaît nécessaire de définir le concept de consultation en milieu organisationnel et d'en préciser les dimensions fondamentales : le consultant externe, le consultant interne, leurs styles et la relation consultant/client. Nous tenterons également de répondre à une question qui nous apparaît fondamentale : comment choisir un consultant externe ?

Sommaire

PARTIE 1

CHAPITRE 1 • DÉFINITION ET DIMENSIONS DE LA CONSULTATION
1. Qu'est-ce que la consultation ?
2. Pourquoi les entreprises font-elles appel à des consultants en management ?

CHAPITRE 2 • LES TYPES DE CONSULTANT
1. Le consultant externe
2. Le consultant interne

CHAPITRE 3 • STYLES DE CONSULTANTS ET TYPES DE RELATIONS CONSULTANT/CLIENT

CHAPITRE 4 • COMMENT CHOISIR UN CONSULTANT ?

CHAPITRE 5 • COMMENT ÉVALUER L'INTERVENTION D'UN CONSULTANT À LA FIN DE SA MISSION ?
1. Évaluer l'intervention
2. Conseils donnés au client pour réussir une collaboration avec un consultant

DÉFINITION ET DIMENSIONS DE LA CONSULTATION

1. QU'EST-CE QUE LA CONSULTATION ?

Tout au long de cet ouvrage, nous utiliserons dans un sens identique les concepts de consultation, conseil ou intervention.

Diverses définitions de la consultation ont été fournies par plusieurs auteurs ou spécialistes de la consultation, notamment par Jacques Ardoino et Alain Bercovitz, qui utilisent respectivement le concept d'intervention ou celui plus « à la mode » de conseil.

Jacques Ardoino propose une première définition de l'intervention : « Démarche plus ou moins systématique effectuée, à titre onéreux, au moins professionnel, par un ou plusieurs praticiens, à la demande d'un client, généralement collectif (groupe, organisation ou institution) pour continuer à libérer ou susciter des forces, jusque-là inexistantes ou potentielles, parfois bloquées, en vue d'un changement souhaité »[1].

Alain Bercovitz[2], quant à lui, donne une définition plus complète du concept : « une personne, ou une équipe, supposée compétente est consultée par une autre personne, un groupe ou une organisation pour émettre un avis sur un problème et indiquer ce qu'il convient de faire. Les caractéristiques d'une situation de conseil sont les suivantes : il s'agit toujours d'une relation, c'est-à-dire un échange (économique, cognitif, technique, affectif) entre un client et un prestataire de service. Nous dirons entre un système client et un système intervenant ; à l'origine de cette relation, il y a toujours un problème à traiter, une difficulté à surmonter, une situation à faire évoluer ; le consultant est supposé maîtriser des savoirs, des outils, une expérience, une compétence

---

1. « La notion d'intervention », in *ANDSHA*, « L'intervention dans les organisations ».
2. « Esquisse d'une analyse de la fonction de conseil » in *Connexions*, n° 49, EPI, 1987.

que le client ne possède pas ; la demande formulée par le client est toujours une demande d'aide, quelle qu'en soit la nature ; la consultation débouche toujours sur des actions à réaliser dont la conduite et la responsabilité reviennent à l'un ou l'autre partenaire, ou conjointement aux deux ».

2. POURQUOI LES ENTREPRISES FONT-ELLES APPEL À DES CONSULTANTS EN MANAGEMENT ?

2.1. D'après les théories

Les dirigeants d'une entreprise font appel à un consultant en management lorsqu'ils ressentent le besoin d'une aide extérieure pour régler un problème managérial. Les deux grands types de problèmes auxquels sont confrontées les entreprises sont principalement :
- la maîtrise de leur interaction avec l'environnement : adaptation aux contraintes techniques, communication externe, stratégie par exemple ;
- et le développement d'une cohésion interne : organisation du travail, circulation de l'information, prise de décision, communication…

De fait, les demandes d'intervention émanant des entreprises sont multiples et peuvent être classées en trois grandes familles :
- **le conseil stratégique** : l'entreprise demande à un consultant d'intervenir pour découvrir la source d'un problème. La demande inclut également un diagnostic, l'élaboration de solutions et éventuellement de mise en œuvre et de suivi des solutions adoptées ;
- **le conseil méthodologique** : lorsque le problème est identifié par l'entreprise, le consultant est appelé pour le résoudre ;
- **le conseil de service** : il s'agit ici d'un achat de service de spécialiste que l'entreprise ne peut s'offrir à plein temps et non pas de consultation.

En termes de conseil méthodologique et de conseil de service, l'entreprise attend une aide technique pour résoudre un problème qu'elle pense avoir identifié. En revanche, le conseil stratégique paraît plus ambigu. En effet, au-delà de la demande explicite de l'entreprise-cliente, il peut y avoir également une ou plusieurs demandes implicites.

Définition et dimensions de la consultation

C'est ainsi que l'entreprise-cliente peut donner au consultant divers rôles implicites, selon Xavier Baron[3] :
- **le rôle de danseuse** : le consultant occupe le devant de la scène pendant que de réelles décisions sont prises dans l'équipe dirigeante ;
- **le rôle d'alibi** : il s'agit de faire croire au corps social de l'entreprise que l'on agit, tout en faisant en sorte qu'aucun changement concret n'apparaisse ;
- **le rôle de fusible** : le consultant se trouve dans l'entreprise afin d'assumer des mesures impopulaires, il « sautera » juste après ;
- **le rôle de porte-parole** : l'entreprise-cliente désire se servir de la légitimité du consultant pour faire passer son propre message ;
- **le rôle de réserve d'énergie** : on attend du consultant, outre l'aide méthodologique, qu'il porte le projet, qu'il le fasse vivre, qu'il l'explique, qu'il le soutienne ;
- **le rôle de catalyseur** : la présence du consultant déclenche le développement d'une opération de changement.

Aucun de ces rôles ne peut être avoué directement au consultant : l'entreprise-cliente n'en est peut-être pas consciente au départ, mais ce sera au consultant d'en découvrir l'existence et de décider de l'orientation éventuelle de son intervention.

2.2. D'après un utilisateur « technique » de consultants

Recourir au conseil

■ *Pourquoi ?*

N'est-il pas paradoxal qu'une entreprise fasse appel à des consultants ? Ne dispose-t-elle pas – surtout si elle atteint un certain seuil – des moyens comme des effectifs nécessaires pour faire face à ses problèmes ? Au-delà des hommes et des ressources n'est-elle pas mieux à même, par la connaissance qu'elle a de son parcours, de son histoire, de ses coutumes, autrement dit de sa culture, de remonter à la cause de ses difficultés ? Comment un « étranger » réussirait-il mieux qu'elle à percer le secret de ses troubles, de son malaise et de ses doutes alors qu'il n'a jamais partagé ses habitudes et ses rites, qu'il ne sera jamais que de passage et qu'il n'est en rien concerné par son avenir ?

---

3. « Du bon usage des consultants », *Personnel*, décembre 1989.

Une analogie

Pour répondre à cette question, il est utile de recourir à l'analogie. Peut-on prétendre que l'appartenance à une même famille constitue en soi la garantie de connaissance de cette dernière, par conséquent, la capacité à lui offrir les solutions aux problèmes qu'elle rencontre ? Aucun esprit sensé ne l'affirmerait. Car si les liens du sang et le statut de parent – proche ou éloigné – suffisaient, comment expliquer que tant de familles s'avèrent incapables de venir au secours de leurs membres et de surmonter les drames qui les traversent ? Les interventions des psychologues, psychiatres, psychanalystes en milieu familial comme en milieu social ne viennent-elles pas nous rappeler que la proximité peut créer plus de difficultés qu'elle n'en résout ?

Le recours à l'analogie nous est précieux pour expliquer que, comme la famille, l'entreprise, si elle dispose d'atouts, n'est pas toujours à même de surmonter les obstacles surgissant çà et là sur la route qu'elle emprunte. Quels que soient ses efforts louables, elle ne témoigne pas de façon permanente de la lucidité nécessaire pour prendre conscience, d'une part, de ses problèmes, d'autre part, des moyens d'en sortir. D'où l'importance pour l'entreprise de faire appel à une aide extérieure.

L'appel à l'extérieur

Les raisons pour lesquelles l'entreprise ne peut pas faire appel à ses seules ressources internes afin de faire face à ses problèmes sont nombreuses. Essayons de les classer :

a) Des raisons économiques et financières

Elles concernent plus particulièrement la petite et moyenne entreprise. Appuyons-nous sur des exemples.

Spécialisée dans un procédé, l'entreprise N... a mobilisé ses moyens pour faire face à sa mission technique. Aussi n'accorde-t-elle qu'un intérêt médiocre à la logistique humaine et administrative. Cette dernière, réduite à sa plus simple expression, est prise en charge par une même personne accomplissant plusieurs tâches à la fois. Une telle « *polyvalence* », imposée et non pas raisonnée, produit généralement des blocages, des retards, des limitations à l'activité globale et à la cohérence d'ensemble.

Situation analogue dans l'entreprise T... dont, paradoxalement, l'excellent produit se vend mal. Pour quelles raisons ? Tout simplement parce que le

Définition et dimensions de la consultation

service qui, déjà, assume la gestion courante de l'entreprise (comptabilité, gestion du personnel, secrétariat général...) doit également s'occuper du commercial (préparer la promotion du produit, en diffuser l'information, répondre à la clientèle, la suivre, la relancer, gérer les stocks et les flux...).

Ces deux exemples témoignent de pratiques généralement imposées par des dirigeants qui, en réduisant la masse salariale et les frais généraux, sont convaincus de limiter au plus près les dépenses « *inutiles* ». Seuls maîtres à bord, et peu enclins à écouter les avis de leurs collaborateurs, ils persistent dans leur vision erronée d'une gestion considérée comme périphérique au produit alors qu'elle devrait lui être complémentaire.

Une telle gestion présente toutes les caractéristiques du malthusianisme et nécessiterait l'intervention d'un consultant.

Si l'on veut bien dépasser ces cas typiques, l'une des raisons pour lesquelles l'appel au consultant s'impose relève de l'évidence : l'entreprise n'a pas les moyens et n'est pas en mesure de tout faire toute seule. Elle ne peut avoir tous les spécialistes dans les divers domaines de l'information, de la communication, de la publicité, des ressources humaines, du marketing, du social. La sagesse commande de faire appel à des ressources externes pour les rendre complémentaires des ressources internes et pour ne pas grever les comptes de l'entreprise.

b) Des raisons structurelles liées aux enjeux de pouvoir

Elles touchent toutes les entreprises, les grandes plus gravement que les petites. L'entreprise à tous les niveaux constitue un enjeu de pouvoir. Loin de faire jouer les synergies, les secteurs ont trop souvent tendance à vouloir accaparer le pouvoir pour asseoir leur domination. Le secteur de la production veut avoir le pas sur le secteur commercial, ce dernier ne rêve que d'une production soumise aux exigences de la clientèle (quitte à exagérer les demandes et les griefs de celle-ci), le secteur administratif ne supporte plus d'être aux ordres et multiplie les procédures pour rester maître d'un certain jeu...

Bien que chacun souffre de l'absence de synergie au sein de l'entreprise, la menace qu'elle représente pour la cohérence d'ensemble n'émeut guère le collectif de travail. Les difficultés rencontrées sont imputables aux « *autres* » qui, bien entendu, devraient être les seuls à s'efforcer de changer. Les réunions remplissent une fonction rituelique sans autre débouché que la confirmation et l'approfondissement des malentendus entre les secteurs. Enfin, les arbitrages rendus par l'encadrement et la direction attisent généralement les hostilités, les vainqueurs nourrissant la volonté de revanche des vaincus.

c) Des raisons psycho-sociales

Elles concernent toutes les entreprises.

Dans la petite entreprise, comme nous l'avons déjà souligné, le « *patron* » est intouchable, il « *a raison* », c'est le seul maître après Dieu – quand il ne se prend pas pour lui. Se trouver dans sa proximité rend périlleuse toute velléité de critique portant sur son organisation, ses méthodes, ses conduites. Émettre un avis contraire à sa vision des choses (surtout si elle est fausse) fait courir un grave danger à son auteur. La vérité expose ce dernier à tous les dangers : se faire « *mal voir* », passer pour un « *mauvais esprit* », s'exposer à l'arbitraire patronal, c'est-à-dire risquer la mise à l'écart, la rétrogradation, l'exclusion, le licenciement. D'autant que l'absence de contrepoids syndical, typique du milieu social des petites et moyennes entreprises, fragilise les salariés. Si dans la moyenne et la grande entreprise, la critique bénéficie du parapluie syndical, certaines mises en cause du fonctionnement et des procédures n'inquiéteront cependant pas les seules directions. La communauté de travail dans toutes ses composantes, de la direction aux syndicats en passant par les personnels, se braquera contre des initiatives critiques susceptibles de menacer les baronnies, les forteresses, les habitudes, voire bien des rentes de situation. Malheur à celui par qui le scandale arrive.

Celui qui, par exemple, au service des achats, découvre qu'une certaine corruption sévit, risque gros à la dénoncer. Même s'il fournit toutes les preuves de ses accusations, et quand bien même chacun sait qu'il dit la vérité, il s'expose à une solidarité contre lui. Sa vie se transformera en un enfer. Même muté ailleurs, sur sa demande ou non, il sera l'objet d'une méfiance permanente, chacun le tenant à distance comme un pestiféré.

Dans une entreprise, il n'est pas un secteur qui ignore quoi que ce soit des dysfonctionnements ou des fonctionnements pervers des autres secteurs. Chacun d'entre eux estimera que les réformes devraient s'appliquer aux autres mais se gardera bien de le dire en public de peur d'être, plus vite qu'à son tour, mis sur la sellette.

La crise s'aggrave, les problèmes s'accumulent, mais on évitera cependant d'en parler officiellement. Bien que les couloirs, les bureaux, les ateliers, le restaurant d'entreprise, la cafétéria bruissent de mille rumeurs plus ou moins fondées sur les irresponsables (« *les autres* », bien entendu) qui nuisent au bon fonctionnement des services, c'est l'*omertà* qui règne dès lors qu'il s'agit de crever l'abcès et de trouver des solutions. Qualité la moins partagée dans le monde de l'entreprise, le courage, croit-on, fait courir une menace à l'avancement, à la promotion, aux primes, aux petits avantages, à la tranquillité de chacun. Surtout, pas de vagues...

Ce type de fonctionnement relève de la pratique suicidaire.

L'intérêt d'une intervention « étrangère »

Les trois raisons énoncées précédemment justifient le recours aux ressources externes. Elles mettent en évidence la nécessité :
– du regard extérieur,
– de la parole étrangère à l'entreprise,
– de la médiation dans l'élaboration et la mise en œuvre des projets.

a) Le regard extérieur

Le chef de l'entreprise – grande, moyenne ou petite – à l'instar de la mère de Blanche-Neige, la méchante reine, ne déteste rien moins que les miroirs qui se refusent à la flatterie et à la complaisance. Surtout si ces miroirs renvoient leurs images décevantes depuis la communauté qu'il a lui-même créée et qu'il dirige.

Tel petit employeur convaincu de faire des économies alors qu'il ne provoque rien moins que des pratiques malthusiennes, tel grand patron d'industrie attaché au projet d'entreprise énoncé par lui-même sans tenir compte des plus élémentaires réalités du terrain, tel président d'organisme public décrétant la transparence et la communication sans considération aucune pour les blocages qui résistent à ses envolées lyriques, tous ces dirigeants qui préfèrent l'encens et les palmes à l'objectivité et à la lucidité ont un point commun : leur hermétisme à toute critique, aussi fondée soit-elle, dès lors qu'elle est émise de l'intérieur de l'entreprise. Prendre en compte les critiques et suggestions venues de l'interne, ce serait accréditer la thèse de leur faillibilité, créer un précédent lourd de menace pour leur autorité, perdre la face. Alors que faire ? Notamment lorsqu'ils ont conscience des dysfonctionnements manifestes, par conséquent, des réformes à entreprendre. L'expérience prouve que la dernière chance pour sortir de l'impasse est de faire appel à une médiation extérieure.

Le regard extérieur apparaît alors comme la dernière solution, le recours ultime : d'une part, elle préserve l'autorité du chef, d'autre part, elle s'ouvre aux avis, opinions et propositions des collaborateurs de l'intérieur. Il ne serait pas exagéré de dire que le consultant permet aux uns de sauver la face, aux autres de se faire entendre et de se réintroduire dans le processus de réflexion et d'action de l'entreprise.

Autre avantage de l'intervention du consultant, son regard n'est pas suspect de complaisance et les acteurs de l'entreprise ne peuvent qu'y gagner à le considérer comme neuf. Il se pose en arbitre reconnu par tous, un bon arbitre qui ne soit ni l'État, ni une autorité administrative ou juridique quelconque.

b) La parole étrangère à l'entreprise

Le regard s'accompagne bien entendu de la parole. Il ne s'agit pas seulement de constater ce qui ne va pas mais de le mettre en lumière pour en expliquer les causes et pour préconiser des solutions.

Puisque la prise de parole dans l'entreprise comporte de trop gros risques pour les collaborateurs internes qui la pratiqueraient, il va de soi que seul un étranger appelé à jeter un regard sur les réalités internes sera habilité et autorisé à le faire. On lui a commandé un travail, la règle du jeu veut qu'il s'exprime sur ce qu'il découvre (du moins, en théorie) sa parole étant considérée *a priori* comme neutre.

D'où l'importance de ce statut de neutralité reconnu au consultant. Il lui permet de faire passer à la place d'autres acteurs de l'entreprise les discours que ceux-ci auraient tenté en vain de faire valoir.

c) La médiation dans l'élaboration et la mise en œuvre de projets

Regard neuf, parole libre, neutralité reconnue par tous les acteurs de l'entreprise, peut-on rêver situation plus confortable pour inviter au changement à partir d'un projet ? C'est précisément parce qu'il n'est pas un collaborateur permanent de l'entreprise et parce qu'il ne s'inscrira pas dans la continuité de celle-ci que le consultant est susceptible d'être entendu et suivi. Entendu lorsqu'il aura établi son diagnostic, suivi lorsqu'il proposera la réalisation d'un projet. On ne peut pas le soupçonner de tirer la couverture à lui au nom d'un pouvoir sectoriel ou catégoriel ou d'agir au bénéfice exclusif de groupes et d'individus.

Définition et dimensions de la consultation

Placé en position d'arbitre, il sera en outre un animateur dont la position prééminente dans la mise en œuvre d'un projet et de réformes, même si elle n'est pas appréciée de tous, sera en tout état de cause la moins contestée. On ne lui fera pas le procès d'intention de préparer son plan de carrière, de viser un pouvoir hégémonique, de rafler toute la mise au détriment des autres.

Regard extérieur, parole étrangère à l'entreprise, médiation dans l'élaboration et la mise en œuvre des projets, tous ces attributs accordés au consultant, à cette ressource externe ne sont-elles pas, en définitive, l'illustration de la formule fameuse de Mac Luhan : « *ce n'est pas tant le message qui importe que le messager* ».

Les limites de l'intervention « étrangère »

C'est un pouvoir extraordinaire qui est ainsi offert à un étranger à l'entreprise. Homme de la crise et des complexités accrues aux yeux du collectif dirigeant et des collaborateurs, le consultant est celui qui remédiera aux pertes de sens, de repères, de valeurs.

L'on comprend les raisons pour lesquelles il est particulièrement prisé par les grandes entreprises plus que par les petites, pourquoi il apparaît comme l'homme du dernier recours dans les grandes institutions, publiques notamment.

Comment ne pas être pris de vertige lorsque des entreprises aussi importantes que des compagnies nationales en déroute sociale, des groupes métallurgiques à la dérive, des sociétés privées influentes à bout de souffle font appel à lui ? N'attendent-elles pas qu'il soit tout : expert, conseiller, conciliateur, facilitateur, formateur, réalisateur, auditeur, maître-d'œuvre, mais aussi, ce qui est plus gênant, caution, gourou, faiseur de miracles, oracles, éminence grise ?...

La fonction de consultant n'est, en effet, pas à l'abri des griseries mais aussi des pièges.
Lesquels ?

a) Le piège de la confusion des genres

Prise par l'urgence, l'entreprise ne sait pas toujours distinguer le court du moyen terme (*a fortiori*, du long terme). Quand elle fait appel aux ressources externes, il est, hélas, souvent trop tard. Impatiente, naïve, elle croit au remède miracle, à la possibilité d'éradiquer tout de suite le mal alors qu'une longue thérapie s'impose. Aussi se méprend-elle sur la mission du consultant dont elle ne voit pas qu'il est, avant tout, un architecte et non pas un pompier. La prévention est plus son registre que la cure, même si la guérison fait partie de ses préoccupations.

À cet égard, parce qu'ils sont prisonniers d'une logique économique et d'un environnement concurrentiel, les cabinets de conseil creusent leur propre tombe lorsqu'ils acceptent des missions impossibles. Leur échec prévisible face à une mort manifestement annoncée ne participe pas à la crédibilité de la profession.

Autre confusion fâcheuse imputable aux responsables de l'entreprise : le manque de rigueur, la mauvaise ou la non utilisation des ressources externes pourtant reconnues nécessaires. Après l'opération de diagnostic, combien d'entreprises ne suivent pas les préconisations et recommandations auxquelles elles ont souscrit... Combien d'entreprises également oublient de confier le pilotage de telle ou telle opération de réalisation au consultant alors qu'il en constituait indéniablement le gage de réussite...

b) Le piège de la mode

L'entreprise n'échappe pas à l'air du temps. Se payer les conseils d'un cabinet, surtout s'il est de renom, fait partie de la panoplie du patron dans le vent. Qui n'a pas entendu parler de telle société recourant aux prestations dispendieuses d'un fameux cabinet anglo-saxon alors qu'elle aurait pu s'adresser à un cabinet de moindre réputation mais plus adapté à ses besoins et capable, pour le même prix, de rendre plus de services ? Qui n'a pas ri de ce groupe faisant appel au nec plus ultra du conseil en management pour résoudre à coups de cuistreries verbales – et à quel tarif ! – un problème dérisoire relevant d'une simple opération interne de rappel à l'ordre ?

Consommer de la modernité transforme bien des chefs d'entreprise en caricature : tel Monsieur Jourdain s'émerveillant de sa prose, ils se noient dans le jargon et l'enflure, ces pitoyables cache-misère pour arrivistes et parvenus.

À cet égard, la responsabilité de certains « *professionnels* » est lourdement engagée dans le dévoiement du conseil dessinant sa propre caricature : un désert d'idées traversé par des caravanes de lieux communs. Le phénomène de mode provoque une vaste escroquerie qui ne manque pas d'inquiéter.

c) Le piège de la caution et de l'alibi

Empruntant à la précédente tendance perverse, le piège de la caution et de l'alibi s'appuie sur l'effet d'annonce pour entretenir les illusions. Commander un audit, se lancer dans une opération de projet d'entreprise, c'est, à coup sûr, accréditer la thèse selon laquelle on s'investit avec sincérité et avec la volonté d'aboutir dans une entreprise de réforme, de rénovation, de modernisation de ses structures comme de ses relations.

Qu'en est-il réellement ? Nombreuses sont les entreprises, notamment dans le secteur public, qui ont sacrifié à des audits coûteux, des projets d'entreprise pharaoniques sans qu'il n'en soit jamais rien sorti, ou si peu. Un exemple parmi tant d'autres : la modernisation de la fonction publique promise depuis au moins une décennie à grands renforts d'opérations publicitaires et de ministres annonçant des lendemains qui chanteraient.

La médiatisation de la vie publique incitant à rechercher des effets d'annonce sans cesse renouvelés, comment s'étonner que soient privilégiés les grands projets spectaculaires dont le simple énoncé tend à faire croire que le résultat est acquis avant le traitement même du problème. Tout pousse à ce que le court terme l'emporte sur le moyen et le long, à ce que le discours fasse office de passage à l'acte sans administration de la moindre preuve.

Bien des opérations de prétendue innovation sociale s'inscrivent dans un schéma bien précis. Le chef d'entreprise, une fois qu'il a égrené son chapelet de vœux pieux en faveur de la démarche-expert et du regard extérieur, une fois qu'il a pris connaissance des conclusions de l'audit, et parce qu'il se rend alors compte du bouleversement que cela peut provoquer, fait traîner les choses. La réaction hostile du personnel n'est pas longue à venir. Par le truchement des syndicats, on dénonce, non sans raison, la montagne qui a accouché de la souris. Comment ne pas souligner, en effet, la disproportion entre l'investissement financier et humain consenti pour l'opération d'audit (présentée comme l'aube d'une ère nouvelle) et, en final, la maigreur des résultats enregistrés ?

Attitude conservatrice déplorera en privé le chef d'entreprise qui, posant pour l'histoire, sursoit avec empressement aux recommandations du cabinet de conseil. Bien entendu, son « souci d'apaisement » lui a dicté une décision qu'il a prise « *à contrecœur* ». Décision qui n'en renvoie pas moins, à son grand et discret soulagement, toute réforme aux calendes grecques.

Dès lors la boucle est bouclée : critique justifiée des syndicats leur permettant de faire oublier leur frilosité devant la moindre réforme, caractère velléitaire de la direction qui se réjouit en catimini de l'hostilité des partenaires syndicaux, deux conservatismes se sont entendus comme larrons en foire pour que rien ne change. La comédie des apparences – volonté de préparer l'entreprise à son avenir proclamé par les dirigeants, refus de la gabegie opposé par les syndicats – permet de donner le change. Les enjeux affichés en public dissimulent le véritable enjeu : la peur de bouger. Deux angoisses se nourrissent mutuellement pour se rejeter non moins mutuellement la responsabilité de l'échec de l'opération de la dernière chance.

Si chacun des acteurs peut estimer avoir gagné la partie, le vrai perdant n'est-il pas cependant l'entreprise ? Et le consultant ou le cabinet de conseil n'auront-ils pas servi, en définitive, de boucs émissaires à l'incapacité, voire au refus, des acteurs d'évoluer ?

Telles sont les principales limites du conseil en entreprise. L'on pourrait ajouter que ces limites sont d'autant plus vite atteintes que les acteurs de l'entreprise et du monde social ne baignent pas dans une culture du conseil. C'est notamment le cas de la France dont les petites et moyennes entreprises s'éveillent à peine à l'appel au conseil alors que l'Allemagne s'y adonne, pour son plus grand profit, depuis plus de quarante ans. Le paradoxe veut, en effet, que ce soit les PMI et PME qui aient le plus grand besoin des ressources externes de façon permanente mais qui y recourent le moins.

■ Comment ?

Quelles démarches entreprendre, quelles procédures suivre pour faire un choix pertinent en matière de consultant ? Répondre à ces questions n'est pas si simple si l'on veut bien considérer la pléthore de cabinets de conseil. Car pour arrêter sa décision, le chef d'entreprise sera confronté à une grande difficulté : qui choisir ? Entre, d'un côté, l'aristocratie des grands cabinets très anglo-saxons à la réputation assise, parfois surfaite, de l'autre, la plèbe des petits cabinets anonymes où se côtoient le meilleur et le pire, à qui faire confiance ? Comment ne pas être saisi de vertige devant l'enflure langagière et l'inflation verbale du milieu dont la propension au jargon et aux anglicismes revêt un caractère douteux ?

Le chef d'entreprise méthodique peut toujours s'adresser aux syndicats professionnels des consultants (SYNTEC Conseil, Chambre des ingénieurs-conseils de France) qui ont créé, en 1979, l'OPQCM (Office professionnel de qualification des conseils en management) chargé de délivrer des qualifications aux cabinets dans les divers domaines d'intervention possible (stratégie, marketing, comptabilité, finances, ressources humaines, formation, communication, recrutement...). Mais il lui faudra savoir que cette qualification ne garantit par pour autant la qualité des prestations. Toutes ces précautions prises, le chef d'entreprise voulant bénéficier de ressources externes ne pourra pas faire l'économie d'une certaine rigueur s'il veut opérer le meilleur choix en matière de cabinet de conseil. Celle-ci repose sur 6 démarches essentielles :

a) La clarification des besoins

Quelle est la nature du besoin de l'entreprise ?

Un audit ? Un diagnostic ? Des préconisations ? Une expertise débouchant sur l'élaboration et la mise en œuvre d'un projet ? Une étude pointue et sectorielle ? Une action de conseil permanent auprès du dirigeant ou d'un département ? De ce fait, qui recherche-t-on : un spécialiste ou un généraliste et dans quel délai ?

b) La conduite d'entretiens avec des consultants

Quel est le consultant qui témoignera le mieux sa connaissance de mon problème et de mes besoins ?

Moins le problème est clair, moins l'entreprise est en mesure d'identifier ses besoins, plus elle devra sacrifier à la conduite d'entretiens avec des consultants de cabinets divers. De ces entretiens émergeront les consultants les plus adaptés à la solution recherchée, en tout état de cause, ceux qui permettront de mieux identifier le problème à résoudre.

c) Le recours ou non à l'appel d'offres

Dois-je mettre en concurrence des cabinets de conseil par une offre officielle ?

La réponse est négative si le problème de l'entreprise n'est pas cerné, si le besoin n'est pas clair. Car les informations de l'appel d'offres étant confuses et peu structurées, elles susciteraient des réponses vagues, des propositions commerciales proforma qui ne permettraient pas de distinguer un bon cabinet d'un mauvais. Si par ailleurs, la mission prévue doit être courte ou relève de l'urgence, autant abandonner la procédure d'appel d'offres qui s'apparenterait dès lors au marteau-pilon utilisé pour écraser une mouche.

d) Le choix du cabinet de conseil

Comment dois-je m'y prendre pour retenir les plus aptes à résoudre mon problème ?

Si l'appel d'offres s'avère nécessaire, il est préférable de procéder, d'abord, à un appel de candidatures à partir d'une question du type : « *J'ai un problème à résoudre dans tel domaine. Avez-vous eu à conduire dans le passé des missions dans ce domaine et comment l'avez-vous fait ?* » Cette question suscitera des réponses susceptibles d'éclairer sur les prestataires prêts à s'investir par rapport à ceux qui bâcleraient leurs propositions.

L'appel d'offres succédera à l'appel de candidatures qui aura permis d'arrêter son choix sur quatre à cinq cabinets de conseil. Il est préférable de structurer son appel d'offres en lot de prestations de façon à obtenir des réponses ciblées point par point et s'éviter ainsi un discours vague et général engendrant des dissertations longues et paresseuses sur les moyens à utiliser. Car il faut obtenir des précisions plus sur les finalités que sur les moyens à mettre en œuvre. Ainsi, pour un plan de formation, il faut être plus au clair sur les buts poursuivis et sur les résultats escomptés que sur les moyens pédagogiques engagés. De même, dans une opération de management, une réponse crédible sur l'évolution effective des méthodes, des relations de travail, des mentalités sera préférée à un luxe de détails sur les matériels ou les techniques susceptibles de la faciliter.

Lors de cette phase, éviter le réflexe de recourir au choix de prestige sans justification solide. Comme nous l'avons évoqué plus haut, les entreprises n'échappent pas, elles aussi, et à leurs dépens, à un certain snobisme ou aux effets de mode. Cela se paye souvent très cher dans toutes les acceptions du terme.

e) La vigilance et la fermeté à l'égard du prestataire de conseil

Quelle attitude adopter avec le prestataire choisi ?

Une fois arrêtée la décision de travailler avec un cabinet de conseil, l'entreprise doit veiller, dès les premiers entretiens, à ce que ce dernier respecte bien le cahier des charges de l'appel d'offres. Durant cette phase, grande est pour lui la tentation de s'éloigner de ses engagements initiaux et d'infléchir à son avantage la stratégie déjà fixée.

La meilleure façon d'obtenir du consultant le respect de ses engagements est de lui imposer le début de la mission comme une période d'essai.

f) Le suivi de l'opération de conseil

Que dois-je faire pour légitimer mon choix ?

Il faut se garder de limiter une opération de conseil à une relation suivie entre le chef d'entreprise et le(s) consultant(s). Elle serait sans aucun doute vouée à l'échec. Le collectif de travail étant – loi des groupes – hostile à tout corps étranger, il ne pourrait que la rejeter si elle n'était pas annoncée, présentée et soutenue. La réussite de son (leur) action dépendra donc de sa (leur) capacité à se mouvoir dans l'entreprise « *comme un poisson dans l'eau* ». Pour ce faire, le chef d'entreprise devra justifier son initiative en faisant partager à ses collaborateurs la pertinence de son choix en matière de recours à des ressources externes. Il lui appartient de passer du légal au légitime, de l'En-soi au Pour-soi, autrement dit, de convaincre ses collaborateurs de la justesse de ses analyses comme de ses décisions donc, du caractère nécessaire et utile de sa position dans l'entreprise.

Mobiliser, motiver, responsabiliser les collaborateurs de l'entreprise passe par un comité de pilotage. La participation effective du plus grand nombre conférera à l'action de conseil toute la légitimité dont elle a besoin pour produire des résultats profitables à l'ensemble des acteurs de l'entreprise. Au comité de pilotage sera confiée la mission d'assister le(s) consultant(s), d'assurer le suivi de l'opération de conseil. Il lui appartiendra d'analyser les différentes étapes de la prestation, d'en évaluer en permanence les résultats et de procéder, le cas échéant, aux corrections et ajustements nécessaires.

LES TYPES DE CONSULTANTS

Le terme consultant (ou conseil) convient à toute personne (ou groupe de personnes) qui répond à la demande d'aide d'un client. Le consultant peut être un individu seul ou une équipe de personnes sollicité pour son expertise, être spécialisé dans un domaine tel que le management[1], la formation ou le recrutement[2]. Et dans la méthodologie de l'activité de consultation, soit le processus. Le consultant est chargé de maîtriser des dysfonctionnements, de préconiser des « remèdes », mais plus rarement d'en assurer la mise en œuvre, la concrétisation finale appartient au dirigeant. Le consultant n'a aucune autorité directe pour faire des changements ou implanter des programmes dans une organisation, sinon il agirait non plus comme conseil mais comme gestionnaire. Le consultant ne fournit qu'une aide au client ; suite aux recommandations qu'il préconise, seul le dirigeant est responsable de la prise de décision. Le consultant peut être externe ou interne au système-client.

1. LE CONSULTANT EXTERNE

Le consultant externe est totalement indépendant de l'organisation dans laquelle il intervient, tant du point de vue juridique que du point de vue administratif.

En général, une organisation fait appel à un consultant externe lorsqu'une des situations suivantes se présente :

---

1. Le conseil en management peut se décomposer en huit branches principales : stratégie et politique d'entreprise, marketing, production, ressources et structures humaines, systèmes d'information et de gestion, technologie, finance et gestion, management de projet.
2. Liste non exhaustive.

- l'organisation ne possède pas en interne les ressources spécialisées nécessaires pour réaliser une mission, un projet de service, etc. ;
- l'extériorité et la neutralité du consultant constituent des paramètres essentiels pour la réussite de la mission ;
- l'organisation n'a pas le temps nécessaire pour accomplir le travail souhaité, même s'il existe des ressources internes compétentes ;
- la confidentialité.

L'organisation-cliente bénéficie ainsi de l'expérience du consultant enrichie par l'approche de nombreux contextes organisationnels différents. Toutefois, il existe une limite importante de la fonction de consultant externe : sa méconnaissance de la dynamique interne ou de la culture de l'organisation dans laquelle il intervient. Il apparaît donc nécessaire que le consultant investisse un certain temps pour connaître la mentalité et le fonctionnement de l'organisation.

Une entreprise peut donc faire appel à un consultant externe pour l'intégralité d'une mission, ou plus étroitement pour aider au lancement d'une démarche et faire relayer ou accompagner l'action par le (ou les) consultant(s) interne(s).

Depuis deux à trois ans, on voit apparaître une nouvelle cohorte de consultants : le consultant-coach[3].

Le coaching est apparu et se développe parce qu'il permet de compenser des organisations du travail certes plus efficaces à court terme, mais plus avares de lieux, de temps et de parole.

C'est un élément majeur de la gestion intelligente du capital humain. Puisqu'il va permettre à quelqu'un de créer de la valeur personnelle à partir des ses expériences et de ses compétences. Cet enrichissement individuel va devenir collectif si cette valeur est mise à disposition de l'entreprise. On a donc là un apport complémentaire au conseil traditionnel en ressources humaines.

Dans les grands comptes, on observe actuellement un développement du coaching lié aux grands chantiers de management des compétences.

Ainsi Renault cherche à développer l'ouverture d'esprit et à favoriser le développement de managers soumis à des tensions extrêmes, mais qui

---

3. Gilles Forestier, *Regards croisés sur le coaching*, Éditions d'Organisation, 2002.

doivent être capables de les encaisser et de se battre pour que ces tensions se diluent dans l'action.

Si le coaching reste encore très concentré sur les dirigeants et les « hauts potentiels », il est engagé dans un processus de démocratisation. Un processus qui touche le management intermédiaire, les chefs de projet, les agents de maîtrise, voire parfois de simples employés au contact du client.

Le rôle des coachs est de canaliser l'énergie pour un projet professionnel adapté aux valeurs de l'entreprise et de ses capacités. Le parcours passe par trois étapes. Dans un premier temps, il s'agit de comprendre (faire un état des lieux). Dans un second temps, il s'agit de construire (bien intégrer ses valeurs et les points forts de l'entreprise). Dans un troisième temps, il s'agit d'oser agir pour lancer un projet professionnel.

Le coaching porte en soi ses propres limites. Ce n'est pas la posture magique appropriée à tous les cas de figure. C'est un volet parmi d'autres, à l'image de la formation intra-entreprise ou de la communication, d'une mission de conseil en réorganisation.

Aujourd'hui, le coach se positionne comme un accompagnateur du changement. Il peut aider un dirigeant à avoir un regard neuf, permettre à une entreprise de créer du sens, accélérer un projet de changement, apporter un soutien très marqué, favoriser la cohésion entre dirigeants, par exemple.

2. LE CONSULTANT INTERNE

L'appel à un consultant interne doit tenir compte de sa position dans l'entreprise. Il est souhaitable qu'il soit placé suffisamment en extériorité du service concerné par le projet. Cependant, si la mission concerne l'ensemble de l'organisation (par exemple un projet d'entreprise), il apparaît essentiel que la personne (ou les personnes) pressentie prenne un recul suffisant par rapport à l'action engagée.

Comme le consultant externe, le consultant interne n'a aucune autorité formelle directe sur la mise en œuvre des changements ; encore une fois, le dirigeant est seul responsable dans la prise de décision.

Certaines grandes organisations (Rhône-Poulenc, Accor, IBM) disposent d'un service ou département de consultation interne (individu ou équipe). Une organisation a tout intérêt à faire appel à un consultant interne si la connaissance des relations interpersonnelles, des systèmes, des processus, des procédures, des politiques et des diverses fonctions est une condition nécessaire à une mission qui doit se réaliser dans un très court délai.

Le consultant interne est une ressource plus polyvalente ou moins spécialisée que le consultant externe à qui l'on fait appel pour une expertise précise. En outre, l'expérience du consultant interne est plus limitée quant à la variété des milieux d'intervention. Le fait d'appartenir à l'organisation engendre quelques difficultés évidentes pour le consultant interne :

– certains cadres de l'organisation peuvent avoir un comportement négatif face au consultant interne – quid de ses interventions ?
– son statut hiérarchique connu dans l'organisation peut rendre difficile les contacts avec les supérieurs hiérarchiques ;
– pris dans le même contexte organisationnel que les dirigeants, le consultant interne n'a peut-être pas le recul nécessaire pour les aider.

Le consultant interne peut apporter une excellente connaissance du milieu organisationnel lors d'une coopération avec des consultants externes et leur permettre une intégration rapide. L'association avec un consultant externe peut permettre au consultant interne d'améliorer sa compétence personnelle.

Le choix d'un consultant externe ou interne doit se faire en fonction du professionnalisme de l'un ou l'autre, tant sur les compétences méthodologiques que sur le savoir, le savoir-faire et le savoir-être. Un autre critère dont doit tenir compte l'entreprise, dans son choix du statut externe ou interne du consultant, est le budget dont elle dispose pour la mission.

CHAPITRE 3

STYLES DE CONSULTANTS ET TYPES DE RELATIONS CONSULTANT/CLIENT

Médecins, avocats, architectes, psychologues, formateurs, publicistes..., exercent des métiers dont une des pratiques essentielles est la consultation.

Ces quelques professions sont définies par un cadre institutionnel strict : formation initiale certifiée, déontologie, tarifs, organismes réglementaires.

En revanche, certaines personnes se spécialisent et font de la consultation leur activité professionnelle principale : ce sont des consultants (ou conseillers ou conseils) juridiques, fiscaux, en gestion, en management, en communication, en ressources humaines...

Le concept de consultant est utilisé dans cet ouvrage pour caractériser un type d'intervenant dont l'expertise porte principalement sur les processus et les situations de changements plutôt que sur le contenu qu'on lui soumet. Autrement dit, le consultant est un expert du processus plutôt qu'un expert du contenu. Du fait de cette particularité, le consultant peut intervenir dans tous types d'organisation : entreprise de production, organisme public, hôpital, coopérative, école, association... Il peut traiter des situations aussi variées qu'un conflit entre des personnes, une rivalité entre départements d'une même organisation, une planification stratégique, une clarification des rôles, un projet de développement organisationnel...

Dans une situation de consultation, nous rappelons qu'il y a toujours une relation entre un système-client et un système-intervenant. La consultation étant d'aider un système-client à résoudre un problème, améliorer ou faire évoluer une situation, quel style de consultant choisir ?

Plusieurs études ont conduit à parler de styles de consultants et à présenter des typologies. Nous retenons celles de Larry Greiner et Danielle Nees[1] qui proposent de classer les consultants en management en cinq catégories :

■ Les aventuriers intellectuels

Ils constituent le lot des « scientifiques » du conseil en management. Leur première préoccupation est de donner les moyens à l'entreprise d'élaborer des solutions correspondant à des problèmes complexes. Ils préfèrent le traitement des données quantitatives à celui des données qualitatives et mènent des études scientifiques de façon minutieuse. Ils agissent sur la base d'un savoir cumulé et d'un savoir constitué. Leur travail est terminé lorsqu'ils ont fourni au client un rapport complet de leur étude : ils ne proposent pas au client de solutions clés en main, ni même parfois de solutions directement applicables à l'entreprise.

■ Les navigateurs stratégiques

Ces consultants proposent les dernières techniques d'études. Ils ont une approche globale de l'entreprise intégrant à la fois des aspects technologiques, économiques et commerciaux. Ils ont élaboré des méthodes utilisant des modèles analytiques ainsi que des approches graphiques des phénomènes organisationnels (savoir constitué et accumulé). Le navigateur stratégique livre les résultats de son étude dans un exposé oral, qu'un rapport succinct résume. Ce type d'étude permet de mieux appréhender l'environnement de l'entreprise. Le navigateur stratégique n'est pas un homme de terrain et il n'est pas à même de promouvoir le changement dans l'organisation.

■ Les docteurs en management

Ce type de consultant adopte une vision systémique de l'organisation. Il a une vue d'ensemble de l'entreprise en analysant les sous-systèmes de l'organisation (structure organisationnelle, stratégie, processus et

---

1. Larry GREINER et Danielle NEES, *Conseils en management : tous les mêmes ?* Revue Française de Gestion, n° 75, novembre-décembre 1989.

procédures, valeurs partagées, personnel, style de management, savoir-faire) et en procédant à de nombreux entretiens. Ainsi donc, il cherche à établir un diagnostic, afin de soulever le véritable problème de l'organisation, puis s'engage dans un processus ouvert (participatif) d'élaboration des solutions. Il agit sur la base de savoir accumulé, constitué et parfois en cours de constitution s'il s'agit d'un chercheur-consultant. Enfin, une fois la solution choisie, il aide à sa mise en place.

■ Les architectes de systèmes

On peut les considérer comme des techniciens du management. Ils interviennent dans les organisations afin de rationaliser leur processus décisionnel. Ils sont donc souvent spécialisés dans des techniques particulières du management (comme l'élaboration de grilles de rémunération) et possèdent dans ces domaines de solides compétences formalisées par des outils d'analyse (savoir constitué et accumulé). L'architecte de systèmes, après avoir établi un diagnostic, propose des solutions au client et peut participer à leur mise en œuvre. Toutefois, il n'appréhende pas l'organisation dans sa totalité.

■ Les copilotes amicaux

Ce sont, en général, soit des cabinets de petite taille, soit des consultants travaillant seuls, qui proposent d'intervenir eux-mêmes dans de petites entreprises afin de donner un avis sur la gestion de celles-ci. Le conseil est très personnalisé avec une relation étroite entre le consultant et son client. Ils travaillent en collaboration avec les dirigeants. Le plus souvent ce ne sont pas des experts dans des domaines particuliers mais ils tentent d'apporter un conseil de généraliste.

Le tableau n° 1 présente un résumé des principaux traits particuliers[2] (type de formation des consultants, rôle du consultant vis-à-vis du client, approche du travail, objet principal des recommandations, ce que le client attend de l'intervention) qui caractérisent les cinq grands styles de consultants en management.

Nous venons de voir que l'offre des consultants est variée et les attentes des entreprises différentes.

---

2. Cf. *Conseils en management : tous les mêmes ?*

	AVENTURIER INTELLECTUEL	NAVIGATEUR STRATÉGIQUE	DOCTEUR EN MANAGEMENT	ARCHITECTE DES SYSTÈMES	COPILOTE AMICAL
Type de formation des consultants	Sciences	Économie	Administration et direction d'entreprise	Technologie	Pratique de la gestion
Rôle du consultant vis-à-vis du client	Chercheur	Planificateur	Homme de diagnostic	Concepteur	Conseiller
Approche du travail	Analyse statistique	Modélisation à partir de variables clés	Identification des problèmes	Mise en œuvre de solutions	Assistance du responsable de l'entreprise
Objet principal des recommandations	Solutions créatives	Fixation des objectifs pour l'avenir	Organisation et direction de l'entreprise	Procédures de gestion	Besoins exprimés par le responsable de l'entreprise
Ce que le client attend de l'intervention	Des solutions mieux fondées grâce à une bonne information	Détection de créneaux ou de niches rentables	Amélioration de l'efficacité organisationnelle	Meilleure efficacité	Amélioration des décisions du responsable de l'entreprise

Tableau n° 1 – Principales caractéristiques des cinq grands styles de consultants en management

Comment faire pour que la relation de conseil soit satisfaisante pour l'entreprise, c'est-à-dire pour qu'il y ait une adéquation entre l'offre et la demande de conseil ?

La relation de conseil est un ensemble d'échanges financiers, économiques, techniques, cognitifs, informationnels, entre un système-client et un système-intervenant. Ces échanges ont fait l'objet d'une approche théorique menée par E. H. Schein[3] dont les principales conclusions ont été reprises par H. Dumez[4] :

■ Le modèle expert

Le consultant est ici considéré comme un expert. Pour que la relation soit efficace, cela suppose que le client ait :
– convenablement diagnostiqué le problème,
– véritablement identifié la compétence du consultant,
– correctement communiqué les données du problème et qu'il accepte les conséquences du changement à mettre en œuvre.

La relation client/consultant est donc réduite au minimum : un échange d'informations (solutions au problème) contre une rémunération.

■ Le modèle médecin/patient

C'est une variante du modèle précédent car c'est le consultant qui établit lui-même le diagnostic. De ce fait, le client devient dépendant du consultant qui prend alors en charge le déroulement complet de l'intervention.

La relation de conseil revêt alors une dimension dépassant le seul domaine technique.

Cependant, selon Schein, ces deux précédents modèles ne sont pas satisfaisants car la relation client/consultant est déséquilibrée. En effet, le client transfère tout son pouvoir (et son angoisse) au consultant qui contrôle jusqu'à la mise en place des changements. Selon les découvertes de l'intervenant (par exemple au niveau des jeux de pouvoir dans l'organisation), une nouvelle angoisse apparaîtra chez le client qui se

---

3. E. H. SCHEIN, *Process Consultation : its role in organizational development*, Reading, Mass. : Addison Wesley, 1969.
4. *De la pratique du chercheur-consultant*, Gérer et Comprendre, juin 1988.

sentira dépendant du consultant. Il pourra alors lui mettre des « bâtons dans les roues » (plus ou moins consciemment) et de ce fait annihiler les effets de la relation de conseil.

■ La consultation dynamique (process consultation)

Dans cette relation, autre modèle proposé par Schein, l'objectif premier n'est pas d'aider le client à court terme, mais de l'aider à s'aider. La relation est alors tournée vers la découverte des processus qui ont produit le problème ou le dysfonctionnement afin de pouvoir trouver conjointement des procédures à mettre en place pour le résoudre. Le client prend alors la responsabilité des changements.

La relation consultant/client devient plus profonde car le consultant, outre la résolution du problème présent, a initié le client à une méthode d'analyse et de diagnostic pour faire face à de nouveaux problèmes.

Une autre analyse, qui distingue trois styles de relations consultant/client proches des propositions de Schein, a fait l'objet d'un ouvrage de C. Bottin[5]. Selon cet auteur, l'intervention du consultant est étroitement corrélée avec le diagnostic organisationnel du besoin de changement. La relation peut être celle d'un thérapeute, elle est fondée sur :

- **un diagnostic de régulation**, l'organisation est malade ou affaiblie, l'intervention servira à la rétablir ;
- **un diagnostic de faisabilité**, le dirigeant souhaite implanter un nouveau modèle d'organisation, le consultant évaluera sa faisabilité et participera à l'évolution de l'organisation vers ce nouveau modèle.

Ces deux types de relation de conseil ne contribuent pas à un nouvel esprit de changement chez le client. Bottin propose un troisième style de relation de conseil dans laquelle le consultant est un **pédagogue-stratège** s'appuyant sur un diagnostic dynamique. Les changements ainsi obtenus seront plus ancrés au sein de l'organisation car ils résultent d'un processus participatif.

---

5. *Diagnostic et changement : l'intervention des consultants dans les organisations*, Éditions d'Organisation, Paris, 1991.

CHAPITRE 4
COMMENT CHOISIR UN CONSULTANT ?

Les organisations ne doivent pas considérer l'utilisation d'un consultant comme une solution facile à la résolution de leurs problèmes.

Trouver le consultant qui sera le plus compétent à résoudre le problème auquel l'organisation est confrontée n'est pas aisé et pourtant, c'est de cette adéquation entre le besoin de l'organisation et le style de l'intervenant (c'est-à-dire ses méthodes d'investigation) que résultera l'efficacité de l'opération.

Il y a actuellement un déséquilibre sur le marché du conseil. D'une part, la demande des organisations est mal définie, et d'autre part, l'offre d'un cabinet de conseil n'est pas adaptable à n'importe quelle organisation.

Pour qu'une relation de conseil porte ses fruits, il convient que l'organisation choisisse le consultant dont le style est en harmonie avec sa culture et le type de problème auquel elle est confrontée.

De fait, avant de faire appel à un consultant et pour lui permettre de mieux répondre aux besoins exprimés, il est nécessaire pour l'organisation de :
- connaître le budget dont elle disposera, les aménagements et les variantes possibles ;
- avoir identifié sa marge de manœuvre pour l'opération : jusqu'où peut-on aller, avec quel personnel, dans quel délai, les moyens et alliés possibles ;
- avoir identifié les problèmes actuels et avoir une vision relativement claire de la situation vers laquelle elle souhaite s'acheminer ;
- avoir identifié les manques – ce que l'on ne sait pas réaliser soi-même dans les services ;
- avoir identifié les personnes susceptibles de faire l'interface entre les services et le consultant.

Ce travail préalable permet de constituer un cahier des charges précis.

Il est important pour une organisation de consulter plusieurs cabinets et de les rencontrer à plusieurs reprises. Au cours de ces entretiens successifs, seront définis les termes du contrat qui liera le consultant à son demandeur, ainsi, quoique moins formellement, leur contrat « psychologique ».

L'organisation doit être attentive à :
- la manière dont le cabinet a répondu à l'appel, aussi bien dans son contenu que dans le délai et sa forme ;
- la qualité de l'écoute de ses besoins ;
- la capacité de s'adapter à la situation présentée ;
- la qualité des propositions (étude des documents transmis ou remis, demande d'informations, visite, etc.).

Le choix final du consultant doit se faire sur plusieurs critères :
- la qualité de la restitution du problème posé : adéquation de la proposition au problème posé,
- le réalisme des propositions délai-coût-faisabilité,
- la méthodologie et les références du cabinet ou du consultant sur le type d'intervention plus que sur sa notoriété.

Le consultant doit être capable de comprendre la spécificité de la situation qui lui est présentée, de faire preuve de créativité pour adapter ses prestations au contexte sur lequel il va intervenir. Il doit également faire preuve de bon sens et être capable de proposer des solutions de rechange ; mais il doit aussi être capable de rester ferme sur les points déontologiques de l'action.

Ce qu'une organisation est en droit d'exiger d'un cabinet conseil :
- dans le cas de cabinets importants, il est impératif de pouvoir toujours traiter avec le même interlocuteur ; si plusieurs consultants doivent intervenir, ils doivent être présentés à l'organisation-cliente (noms, qualités et références). Il est nécessaire de se mettre d'accord sur la nature et l'importance de leurs interventions ;
- le cabinet doit fournir des rapports ou des comptes rendus d'étape suivant une périodicité à déterminer et à faire figurer au contrat. L'organisation doit pouvoir suivre l'avancement des opérations ;

– le cadre budgétaire négocié doit être respecté.

Le coût total du projet dépendra essentiellement du nombre de jours de l'intervention, celle-ci variant selon la taille du service, département, etc. Il est raisonnable pour un service de 200 personnes de compter une dépense de 45 735 à 76 225 euros (diagnostic, élaboration du projet) ; la formation est à compter en sus.

Enfin, un **contrat type** liant les parties doit être établi. Il fait apparaître :
– le champ et la nature des prestations,
– les délais de réalisation de l'intervention,
– les modalités pratiques des entretiens, réunions, formations, etc.,
– le budget (honoraires mensuels fixes ou proportionnels au temps passé),
– les modalités de règlement des litiges,
– les clauses de rupture du contrat,
– les modalités de suivi du contrat.

Le consultant ne doit pas conduire le projet à la place du demandeur qui reste le commanditaire de l'opération et le décideur. Il est donc nécessaire d'établir des relations de confiance mutuelle ; le dialogue permanent, même informel doit être privilégié, en particulier avec le chef du projet ou son représentant.

Le décideur intervient chaque fois qu'il sent un dérapage possible ou en cours.

À terme, le transfert de savoir du consultant vers la structure doit aboutir au retrait du consultant.

Finalement une fois son choix de consultant fait, l'entreprise se doit de vérifier une check-list finale avant d'entreprendre son voyage-projet avec le consultant. En fait cette sage précaution lui éviterait plus tard certains désagréments dus à un manque de préparation.

Cette check-list interne se résume à un certain nombre de questions comme[1] :
– Notre cahier des charges est-il validé par les personnes concernées dans notre entreprise ?

---

1. « Consulting 2003 ».

- Avons-nous décrit de façon précise ce que nous attendons en termes de résultats et d'actions à réaliser ?
- Sommes-nous sûrs du besoin exprimé ?
- Avons-nous décrit le contexte et la nature du problème que nous voulons résoudre grâce à la prestation ?
- Donnons-nous les raisons de nos objectifs au prestataire afin qu'ils comprennent nos soucis et notre motivation ?
- Avons-nous décrit les contraintes de mise en œuvre et de délais ?
- Nos exigences sont-elles explicites ?
- Nos délais de réponses sont-ils réalistes pour une réponse soignée ?

COMMENT ÉVALUER L'INTERVENTION D'UN CONSULTANT À LA FIN DE SA MISSION[1] ?

1. ÉVALUER L'INTERVENTION

L'évaluation de la mission permet au client de :
- vérifier l'adéquation entre les objectifs du contrat et les réalisations de la mission ;
- valider l'ensemble des décisions et les conditions de leur mise en œuvre ;
- apprécier la qualité des relations entre le dirigeant, le responsable, les personnels concernés et le consultant ;
- déterminer les points qui méritent un approfondissement des relations avec le conseil.

SYNTEC Management considère que « l'évaluation peut prendre des formes différentes selon la nature des travaux réalisés, les pratiques de l'entreprise et la qualité des relations développées en cours de mission.

> *L'important est qu'il y ait une évaluation, formalisée ou non et que le consultant en ait connaissance.*

Les exemples de pratique sont nombreux : grille d'évaluation propre à l'entreprise, questionnaire d'évaluation émis par la société de conseil, réunion de clôture formulant des appréciations ».

> *Il conviendra de bien distinguer « ce qui tient à la qualité de l'intervention de l'avis subjectif personnel » et de retenir des critères identifiables et objectifs.*

---

1. Voir Thierry Lupiac, dans son livre *Consultant d'entreprise*, éditions Delmas.

QUESTIONS	OUI	NON	COMMENTAIRES
Le cahier des charges a-t-il été respecté ?			
Existe-t-il des bénéfices immédiats ?			
Dans quels domaines et à quels niveaux ?			
Quels sont les apports du consultant ?			
Les délais ont-ils été respectés par le consultant ?			
Les salariés ont-ils collaboré entièrement avec le consultant ?			
Les salariés sont-ils conscients des changements apportés ?			
Des nouvelles mesures doivent-elles être prises pour continuer l'action du consultant ?			
Existe-il encore des dysfonctionnements non résolus ?			
Un climat de confiance a-t-il été instauré entre le client et son conseil ?			
L'entreprise fera-t-elle encore appel au consultant ?			
D'une façon globale, peut-on affirmer que la mission est réussie ?			

Grille d'évaluation d'une prestation de conseil en management

2. CONSEILS DONNÉS AU CLIENT POUR RÉUSSIR UNE COLLABORATION AVEC UN CONSULTANT

Dans son ouvrage d'avril 1995 intitulé *PMI : comment bien choisir et utiliser le conseil dans votre entreprise,* le Ministère de l'Industrie, des Postes et Télécommunications et du Commerce extérieur a prodigué huit conseils aux clients pour que ceux-ci réussissent leur « union » avec les consultants.

Pour mieux collaborer avec un consultant
– Agissez dans la clarté.
– Travaillez dans la confiance.
– Jouez la transparence.
– Mobilisez votre entreprise.
– Impliquez-vous dans le suivi des travaux.
– Pensez « investissement » et non « charge ».
– Distinguez confiance et compétence.
– Passez à l'action.

PARTIE 2

Secteurs d'activités de la consultation et domaines d'intervention

Cette partie est consacrée, d'une part, au marché actuel de la consultation en France ; d'autre part, aux nouvelles exigences des métiers de la consultation en période de crise.

••• Sommaire •••

PARTIE 2

Chapitre 1 • LE MARCHÉ DE LA CONSULTATION EN FRANCE

1. Les métiers de la consultation en France aujourd'hui
2. Typologie de la consultation en management en France
3. Les « familles » dans la consultation

Chapitre 2 • LES NOUVELLES EXIGENCES DES MÉTIERS DE LA CONSULTATION EN PÉRIODE DE CRISE

1. Les attentes sophistiquées des entreprises
2. La globalisation des problèmes
3. L'intégration internationale des sociétés de conseil
4. La bipolarisation du métier de conseil
5. La fin des « gourous »
6. Les nouvelles fonctions du consultant

Ce métier développé par les Anglo-saxons a connu une période de croissance sans précédent : au milieu des années 80, le marché du conseil a progressé de 20 a 25%. La crise, en 1994, frappe de plein fouet les cabinets, les entreprises effectuant en période de récession des coupes sombres dans leurs budgets alloués aux services extérieurs.

En 1995, la situation du conseil n'est plus donc ce qu'elle a été : la crise a stoppé la croissance à deux chiffres qui était de 15 % en moyenne par an[1]. L'année 1996 marque le retour tant attendu de la croissance à deux chiffres des années 80 avec 14% de taux de croissance, après deux années difficiles (1994 : 3,8 % – 1995 : 9,3 % de taux de croissance).

En 1997 ce taux passe à plus de 25 %, et en 1998 à plus de 37 %, annoncent les conseils adhérents à Syntech Management.

En 1999, le taux de croissance moyen des 100 premiers cabinets français est de 29%. L'effectif global est en hausse de 24 % (21 % en 1997). L'embauche des consultants débutants augmente elle aussi, mais l'on perçoit une nette tendance à rechercher des consultants expérimentés (managers) ou très expérimentés (directeurs).

En 2000, si le marché est considéré comme porteur avec une augmentation de 17% du CA par rapport à 1999, et une augmentation des effectifs de 14 %, il est toutefois de plus en plus exigeant, ce qui a poussé les conseils à recruter de nouveaux profils de consultants aux domaines d'expertise principalement centrés sur les nouvelles technologies et les télécoms. Certains secteurs ont connu en 1998 des taux de progression particulièrement impressionnants : transport (+ 83%), commerce/distribution (+ 68 %), énergie (+ 54 %). Plus du quart du chiffre d'affaires provient du domaine « technologie et systèmes d'information ». Ce marché porteur a entraîné une augmentation des tarifs journaliers pour environ la moitié des cabinets. La régression tarifaire des années 1995-1996 est révolue.

---

1. Cf. *Le Nouvel Économiste* n° 927, 07/01/94 - Le dossier « Consulting ».

Une étude de Syntec-Management dégage trois faits marquants sur le marché de 2000 de ses adhérents :
1. un tiers des missions est réalisé dans les technologies et les systèmes d'information.
2. Un quart est généré dans l'e-business et la relation client.
3. Un quart des activités des sociétés de conseil sont européennes.

Le taux de croissance est resté élevé en 2001 avec 15 % malgré un ralentissement en fin d'année. Pour 2002 l'estimation de croissance est de 7 % sur l'année. Ces prévisions sont contrastées en fonction de la taille des sociétés de conseil ; les grands anticipant une croissance faible. Les petites structures quant à elles pronostiquent un taux de croissance de l'ordre de 21 %.

En 2003, la profession devra par ailleurs faire face à la morosité économique ambiante ; en effet la récession qui touche le marché mondial n'est pas sans rappeler la période qui a suivi la Guerre du Golfe. Elle favorise le retour en force des missions de réduction de coût. (Rationalisation des achats, optimisation rapide des bénéfices, restructuration des RH…).

Cependant, on peut dire que les entreprises vivent une période de transition où la récession se profile à l'horizon tout en restant aussi lointaine. Ce type de période où les concurrents sont connus, où les parts de marché sont à peu près stables où les marges s'érodent mais restent correctes, où l'organisation demeure adaptée sans être la plus performante, devrait constituer pour le Consultant un véritable défi professionnel, où l'innovation et la créativité devraient l'emporter sur l'ambiance de morosité générale.

Nous nous proposons donc dans ce qui suit de présenter le marché du conseil en France. Cette présentation du paysage du conseil français permettra de faire le point sur les évolutions récentes de cette profession pour dégager aujourd'hui les nouvelles exigences de cette activité.

LE MARCHÉ DE LA CONSULTATION EN FRANCE

Ce chapitre tente de faire le point sur les métiers de la consultation. Une étude globale des métiers de la consultation permet de mieux saisir le poids du marché français. Il faut, à ce sujet, bien séparer l'activité de consultation de celle de l'audit. Une typologie des métiers de la consultation sera dégagée car on a trop tendance à faire un amalgame de ces métiers. Les cabinets ne sont pas tous experts dans tous les domaines ou dans tous les secteurs d'activité du marché de la consultation, de sorte que l'on pourra dégager une typologie des acteurs. Enfin, nous tenterons d'envisager les grandes tendances de l'évolution de ces professions pour les années à venir.

1. LES MÉTIERS DE LA CONSULTATION EN FRANCE AUJOURD'HUI

Il y a encore quelques années, analyser le marché de la consultation de façon globale était un exercice délicat car ce concept recouvre des métiers très différents et très éclatés. Cependant, par l'évolution des besoins des entreprises, ces différents métiers se sont imbriqués.

En effet cette tendance a été particulièrement présente en 2002 qui a été marquée par plusieurs rapprochements au sommet et par l'apparition de nouveaux noms donnant ainsi l'image d'un marché de conseil en période de transition.

En effet PwC Consulting (CA 9 milliards $ pour 2002, 30 000 consultants) fusionne avec l'unité Business Innovation Services (BIS) d'IBM Global Services pour former une nouvelle entité mondiale.

En mai 2002 KPGM Consulting Inc a signé une lettre d'intention avec Andersen pour acquérir les équipes conseil des firmes membres d'Andersen Worldwide.

Toujours en 2002, la marque Arthur D. Little est tombée sous l'escarcelle d'Altran technologies.

De son cote Fujitsu Consulting a recentré ses activités. Fin 2001, la direction générale du pôle conseils et services informatiques (à l'époque DMR Consulting) convenait d'une stratégie mondiale visant à propulser la société à la tête de l'industrie du conseil et des services. La récente adoption de la raison sociale Fujitsu, en février 2002, fait partie de cette stratégie.

Deloitte Consulting a aussi changé de nom. Son nouveau nom Braxton vient lui d'une marque détenue par la société depuis son rachat en 1984 du cabinet Braxton associates.

Par ailleurs Eurogroup Consulting a poursuivi le développement de son réseau européen baptisé Eurogroup Consulting Alliance en s'associant a SGC, un cabinet italien.

Le bureau français de PA Consulting Group, implanté en France depuis 1962, avec 40 bureaux dans plus de 20 pays, s'est recentré sur son activité de base, le conseil en management, ce qui a conduit en mai 2002 à la vente intégrale de son activité de recrutement.

Une autre tendance marquant le marché du conseil pour 2002 serait la résistance du e-business.

En effet les années 1995-2000 ont vu les entreprises investir rapidement et massivement dans les systèmes d'information, elles donnent désormais la priorité à la rentabilisation des investissements effectués.

Une étude signée Syntec Management montre que le marché du conseil en e-business résiste bien, malgré la conjoncture économique, 31% des cabinets interrogés prévoient une croissance supérieure à 10 % pour 2002. La part de l'e-business continue de progresser dans l'activité des cabinets de conseil et il s'intègre maintenant au cœur des entreprises clientes. Les deux segments les plus porteurs pour les missions d'e-business concernent les achats/logistique et le marketing/ventes.

Actuellement, le marché du conseil en management en France représente environ 4,5 milliards d'euros. Son taux de croissance (source Syntec conseil en management) devrait atteindre seulement 7 % en 2002.

Avant de présenter les chiffres du secteur, les métiers de la consultation se segmentent, de manière grossière, en trois grandes catégories : l'audit, le conseil en organisation et le conseil en stratégie. Ce sont ces deux dernières activités qui nous intéressent dans cet ouvrage.

Cela dit, les 100 premiers cabinets en France affichent en 2001 un chiffre d'affaires de 6,3 milliards d'euros pour 12 624 consultants, alors que la population des consultants est évaluée à 25 000 professionnels. (voir tableau en annexe)

Le tableau ci-contre, des 25 premières sociétés de conseil en France, permet de comprendre la structure du marché à partir de cinq caractéristiques :
1. Le CA 2001 par cabinet (en millions d'euros).
2. L'évolution du chiffre d'affaires conseil 2001/2000.
3. Le nombre global de consultants 2001.
4. Les consultants supplémentaires (postes créés en 2001).
5. Le chiffre d'affaires moyen par consultant réalisé en 2001.

Le classement proposé par consulting city prend en compte tout le spectre des activités de conseil. (voir tableau ci-après).

2. TYPOLOGIE DE LA CONSULTATION EN MANAGEMENT EN FRANCE

Le terme de conseil en management semble désigner une profession bien définie. En fait, il désigne un monde très hétérogène qui va du cabinet de stratégie international de 2 000 personnes au consultant indépendant, seul employé de sa SARL ou en profession libérale. On peut essayer d'éclaircir le terrain en dressant une typologie du secteur en France.

Cependant, il reste difficile de présenter une classification détaillée des sociétés de conseil en management, toutes ne sont pas répertoriées chez Syntec-Conseil par exemple. Cette organisation professionnelle organise chaque année auprès des sociétés de conseil adhérentes le bilan de la branche Management, à partir d'un questionnaire comprenant trois principales caractéristiques : l'effectif, le chiffre d'affaires et sa répartition par secteur d'activité, et la structure du cabinet[2].

---
2. Cf. le questionnaire de Syntec-Conseil en Annexe n° 1.

Consulting City. Les 100 premières sociétés de conseil en France par ordre de CA

Rang	Nom de la société	CA Conseil France	Évolution CA France 01/00	Nombre de consultants en France	CA moyen/ consultant en France	Domaines de compétence
1	IBM Gobal Services	1680,00	20,00	NC	NC	S, M, RH, SI
2	Cap Gemini Ernst & Young	1367,00	4,50	NC	NC	S, M, SI
3	Accenture	742,00	17,00	NC	NC	S, M, SI, Externalisation
4	CSC Peat Marwick	288,00	11,20	1870,00	0,15	S, M, RH, SI, Externalisation
5	PWC Consulting	258,50	14,50	700,00	0,37	S, M, RH, SI
6	Altran	231,00	44,40	NC	NC	S, M, Conseil Thechn.
7	Arthur Andresen Business Consulting	120,00	NS	800,00	0,15	S, M, RH, SI
8	McKinsey & Company	100,00	-4,80	270,00	0,37	S, M
9	A.T.Kearny	94,00	-5,00	200,00	0,47	S, M
10	The Boston Consulting Group	93,90	NC	NC	NC	S
11	Unilog Management	90,00	26,80	500,00	0,18	M, RH, SI
12	Altedia	71,80	31,70	410,00	0,18	S, M, RH, Communication Corporate
13	Steria	70,00	11,10	653,00	0,11	M, RH, SI
14	Eurogroup Consulting	66,00	0,60	420,00	0,16	S, M, RH
14	Valoris	65,00	5,70	440,00	0,15	S, M, SI
16	Cgos Conseil	57,60	5,90	500,00	0,12	S
17	Alma Consulting Group	50,00	11,10	215,00	0,23	M, RH, SI
18	Mercer Management Consulting	44,20	20,90	140,00	0,32	S, M
19	Orga Consultants	38,30	27,70	253,00	0,15	S, M, RH, SI Marketing
20	Roland Berger	33,00	17,90	98,00	0,34	S, M
21	GFI Consulting	30,00	NS	250,00	0,12	M, RH, SI
22	Bain & Company	25,00	NC	80,00	0,31	S
23	Valtech	25,00	25,00	340,00	0,07	S, M, RH, SI
24	Algoe	24,80	4,60	148,00	0,17	M, RH, management de projet
25	Soft Computing	22,00	175,00	250,00	0,09	S, M, SI

S : Stratégie – O : Organisation – SI : Système d'information – M : Management – RH : Ressources Humaines

Consulting City. Les 100 premières sociétés de conseil en France par ordre de CA (suite)

Rang	Nom de la société	CA Conseil France	Évolution CA France 01/00	Nombre de consultants en France	CA moyen/ consultant en France	Domaines de compétence
26	Solving International	21,50	NC	130,00	0,17	S
27	Atos-Odisee	21,00	50,00	120,00	0,18	S, M, RH, SI
28	Ernst&Young Entrepreneur Conseil	21,00	25,00	185,00	0,11	S, M, RH, SI
29	Fujitsu Consulting	18,70	10,30	138,00	0,14	M, SI
30	Oresis	18,40	32,40	145,00	0,13	S, M, RH,SI
31	Plaut Consulting France	15,50	9,20	85,00	0,18	M, SI
32	Diagma KSA	15,00	NC	90,00	0,17	M, supply chain management
33	I&E	14,90	10,80	98,00	0,15	S, Conseil en communi. PR
34	PEA Consulting	14,30	NS	73,00	0,20	S, M, SI
35	Hay Group	14,00	NC	64,00	0,22	M, RH
36	Expertel Consulting	13,70	3,80	112,00	0,12	NTIC
37	KPMG Entreprise Consulting	13,00	9,20	120,00	0,11	S, M, RH,SI, Qualite, Logistique
38	Insep Consulting	12,70	10,40	80,00	0,16	S, M, RH, Assessment
39	Alteam	12,40	72,20	60,00	0,21	S, M, SI
40	Sokrates Group	12,00	20,00	70,00	0,17	M
41	Socotec	11,90	1,70	120,00	0,10	M
42	Cedar	11,50	10,90	70,00	0,16	M, RH,SI
43	Coorg	11,30	11,60	74,00	0,15	M, SI
44	Bernard Brunhes Consultants	10,00	8,30	60,00	0,17	M, RH
45	Hays Argon	10,00	NC	55,00	0,18	M, Supply chain management
46	Hewitt associates	10,00	17,60	90,00	0,11	S, M, RH
47	OC&C Strategy Consultants	9,70	NC	27,00	0,36	S
48	Axys Consultants	9,50	21,80	85,00	0,11	M, SI
49	Adepa	9,10	1,10	90,00	0,10	M, RH, SI
50	Statorg	9,00	10,80	35,00	0,26	S, M

S : Stratégie – O : Organisation – SI : Système d'information – M : Management – RH : Ressources Humaines

Consulting City. Les 100 premières sociétés de conseil en France par ordre de CA *(suite)*

Rang	Nom de la société	CA Conseil France	Évolution CA France 01/00	Nombre de consultants en France	CA moyen/ consultant en France	Domaines de compétence
51	CSP	9,00	28,60	70,00	0,13	S, M, RH, Qualité
52	Kurt Salmon Associates-Cleversys	8,60	1,20	40,00	0,22	S, M, SI
53	Burson Marsteler	8,50	NC	56,00	0,15	COMMUNICATION
54	PMGI	8,50	23,20	53,00	0,16	M, RH, SI
55	Coteba Conseil	8,00	-3,60	62,00	0,13	M, SI
56	PM	7,90	0,60	71,00	0,11	M, SI
57	Bernard Julhiet Groupe	7,60	13,60	58,00	0,13	M, RH
58	Groupe DSA	7,60	NC	56,00	0,14	S, M
59	Cofremca Sociovision	7,60	NC	40,00	0,19	
60	Avilog Conseil	7,30	19,70	40,00	0,18	S, M, SI
61	Garon Bonvalot	7,30	35,10	107,00	0,07	RH
62	Massaï	7,20	63,60	43,00	0,17	Réduction des coûts d'achat
63	Institut Renault	7,20	2,00	18,00	0,40	S, M, Qualité, Logistique
64	ZSAssociates	7,00	5,90	45,00	0,16	S, SI
65	Mille Alliance	6,90	40,80	37,00	0,19	M
66	Mega International	6,80	31,50	65,00	0,11	M, SI
67	RSM Salustro Reydel Management	6,70	-8,50	43,00	0,16	M, SI Management Actifs Indust.
68	Cesmo	6,60	32,00	50,00	0,13	S, M, RH, SI, conseil en innovation
69	Synagir	6,30	-7,40	54,00	0,12	
70	Groupe Inergie	6,00	7,10	45,00	0,13	S, M,RH, communication
71	BSGL	5,70	27,80	39,00	0,14	M, RH, SI
72	IDRH	5,70	-0,20	31,00	0,18	M
73	PIA Consulting	5,50	10,00	36,00	0,15	M, SI
74	Dynargie France	5,30	15,70	25,00	0,21	M, RH
75	AEC Partners	5,10	16,80	15,00	0,34	S, M

S : Stratégie – O : Organisation – SI : Système d'information – M : Management – RH : Ressources Humaines

Consulting City. Les 100 premières sociétés de conseil en France par ordre de CA (suite)

Rang	Nom de la société	CA Conseil France	Évolution CA France 01/00	Nombre de consultants en France	CA moyen/ consultant en France	Domaines de compétence
76	OTC Conseil	5,00	27,30	37,00	0,14	M, SI
77	R&B Partners Solutions	5,00	25,00	29,00	0,17	M, O, SI
78	Proconseil	4,90	11,40	35,00	0,14	M
79	Aviso Conseil	4,40	15,00	12,00	0,37	S, M, RH, Etudes marketing
80	AMJ Groupe	4,40	12,70	35,00	0,13	M, SI
81	CM International	4,30	4,90	25,00	0,17	M
82	Agamus Consult	4,10	51,90	30,00	0,03	M
83	Artemis International	3,90	14,10	30,00	0,13	M, SI
84	Cogesys	3,80	13,90	40,00	0,09	Monetique
85	Muta Consultants	3,60	9,00	31,00	0,12	S, M, SI
86	Homme&Mobilite	3,50	74,30	30,00	0,12	RH, Outplacement, Coatching
87	CSA Consulting	3,50	35,30	35,00	0,10	S, M, SI
88	DMHE	3,50	NC	11,00	0,32	S, M, RH, Communication
89	Sustainable	3,40	8,30	17,00	0,20	M
90	Ellipsa	3,30	30,40	30,00	0,11	S, M, RH,SI
91	Siris Partenaires	3,30	6,50	18,00	0,18	S, M, Supply chain management
92	GMA Consultants International	3,20	NC	20,00	0,16	M
93	Inter Cultural Management Associates	3,00	15,40	15,00	0,20	M
94	SCA Consult	2,60	NC	22,00	0,12	S, M, SI, Accompagnement changement
95	REL France	2,50	NC	10,00	0,25	M, SI, Total working capital
96	Prospica Consulting	2,50	8,70	17,00	0,15	S, M, RH
97	Sofresid Conseil	2,50	25,00	30,00	0,08	
98	Groupe XL	2,20	15,40	20,00	0,11	S, M
99	Right ARG	2,20	17,80	12,00	0,18	M, RH
100	Alcom Consulting	2,00	69,10	21,00	0,10	M, SI
		6289,70		12 624,00		

S : Stratégie – O : Organisation – SI : Système d'information – M : Management – RH : Ressources Humaines

Selon Jean-Baptiste Hugot[3], la taille et la diversité du secteur rendent nécessaires une segmentation. Il propose différents critères de classification, notamment la distinction entre stratégie et organisation, la répartition géographique, le secteur d'activité, le produit, les fonctions principales de l'entreprise.

Son ouvrage présente en outre trois types d'index de sociétés : un index par type de conseil, un index par marché spécifique et un index par spécialisation fonctionnelle.

2.1. La distinction entre stratégie et organisation

Cette distinction se fait couramment. Certains cabinets se concentreraient sur l'analyse stratégique débouchant sur des recommandations, tandis que les autres s'occuperaient de l'optimisation des moyens de l'organisation. Cette distinction n'est plus très pertinente, car de nombreux cabinets, relevant de l'une ou l'autre de ces catégories, tendent à empiéter sur l'autre domaine.

Ainsi, il est rare aujourd'hui qu'un grand cabinet anglo-saxon spécialisé en stratégie ne fasse pas aussi de la mise en œuvre, et donc de l'organisation.

Le temps est effectivement révolu où les organisations se contentent de recevoir une étude stratégique, à leur charge de la mettre en œuvre.

À l'inverse, on voit des cabinets spécialisés dans l'organisation se porter en amont, vers la réflexion stratégique, afin de proposer au client un service complet.

2.2. Les fonctions principales de l'entreprise

Certains cabinets ont des spécialités qui correspondent à telle ou telle fonction-clé de l'organisation : la recherche-développement, le marketing et le commercial, la production et la logistique, la comptabilité et les finances, les systèmes d'information.

---

3. Cf. son ouvrage *Le Guide des Sociétés de conseil*.

2.3. Répartition géographique

On peut également faire une classification par « répartition géographique ». Le clivage est français-international, et à l'intérieur du cadre français, national-régional. Tel cabinet à l'enseigne d'un grand du conseil mondial peut être un simple franchisé, composé essentiellement de nationaux, et apportant peu de synergie de groupe, ou cela peut être un bureau à part entière, mais disposant en France de peu de moyens. Enfin, l'appartenance à un réseau international de consultants peut recouvrir des degrés de coopération très différents. Le caractère international d'une société de conseil demande parfois à être vérifié !

D'autres classifications sont opérées par Jean-Baptiste HUGOT selon un certain nombre de critères :
— la répartition par secteur d'activité,
— la classification par produit,
— la distinction étude/recommandation/mise en œuvre...

2.4. Les trois types d'index proposés par *Le Guide des Sociétés de Conseil*

Le premier index[4] présente des sociétés par type de conseil, à partir de 4 dominantes : stratégie, organisation, systèmes d'information et ressources humaines.

Le deuxième index[5] classe des sociétés de conseil en quatre spécialisations fonctionnelles : production et logistique – commercial et marketing – technologie, recherche et développement, nouveaux produits – gestion.

Le troisième et dernier index[6] regroupe des sociétés par marché spécifique : institutions financières – administration – collectivités locales – santé.

Enfin, l'Office Professionnel de Qualification des organismes de Formation et des conseils (OPQCF) a établi un classement selon le domaine de compétences, qui combine les critères que nous venons de présenter. Il permet de dégager dix grandes catégories de sociétés de

---
4. Cf. *Le Guide des Sociétés de Conseil.*
5. Cf. *Le Guide des Sociétés de Conseil.*
6. Cf. *Le Guide des Sociétés de Conseil.*

conseil : stratégie et politique de l'entreprise – marketing et commercial – production et logistique – ressources et structures humaines – systèmes d'information et de gestion informatique – technologie – finance et gestion – management de projets – généralistes PME/PMI – qualité.

3. LES « FAMILLES » DANS LA CONSULTATION

Assurément le métier de consultant est riche et varié et peut ressembler pour certains à un maquis difficile à pénétrer. Toutefois, le réflexe pour se repérer consiste en un premier temps à consulter les organisations professionnelles, une association l'AFOPE, puis les organismes publics et para-publics, enfin les sociétés de conseil privées[7].

3.1. Les organisations professionnelles

Elles sont au nombre de quatre : Syntec-Conseil, Syntec-Ingénierie, Sycadi et Snasge, et la CICF[8].

Syntec-Conseil

Cette organisation professionnelle regroupe 150 sociétés adhérentes et se décline en quatre types d'activité : Comité Management, Comité Études de Marché, Comité Communication et Relations Publiques, Comité Recrutement. Ce syndicat regroupe plus de 50 % des effectifs des sociétés d'études et de conseil de plus de 6 personnes. Outre la défense de ses adhérents, Syntec-Conseil milite pour la qualité de leurs prestations en tant que membre fondateur de l'OPQCM pour délivrer un label de qualité, et de l'AFAQ[9].

Le Comité Management compte 53 sociétés adhérentes représentant, avec 915 millions d'euros de chiffre d'affaires et 5 000 consultants, la moitié environ de la profession. Il est membre de la Fédération Européenne des Associations de Conseil en Organisation, FEACO, qui regroupe 26 syndicats nationaux.

---

7. Cf. *Le Guide des Sociétés de Conseil* pour adresses, activités, etc.
8. Chambre des Ingénieurs-Conseil de France.
9. AFAQ : Association Française d'Assurance Qualité.

Les quatre missions essentielles du Comité Management sont :
- la promotion des intérêts collectifs professionnels, moraux, économiques et sociaux des sociétés de conseil ;
- l'assistance à l'intervention de ses adhérents sur les marchés nationaux et internationaux et leur représentation auprès des pouvoirs publics ;
- la concertation avec les professions connexes et les opérateurs en France, en Europe et sur les marchés extérieurs ;
- l'organisation de la concertation et des échanges professionnels pour ses adhérents.

Les conditions d'admission et l'observation du Code de déontologie[10] de Syntec visent à garantir un haut niveau de professionnalisme.

Syntec-Ingénierie

150 sociétés d'ingénieurs dont la vocation est de concevoir et de réaliser sont affiliées à Syntec-Ingénierie. Bon nombre d'entre elles sont tournées vers l'international. D'ailleurs, dans le domaine de l'international, en 1999, plus de 20 % du chiffre d'affaires est réalisé à l'export.

Comme Syntec-Conseil, Syntec-Ingénierie cherche également à garantir la qualité des prestations de ses membres : un label « Ingénierie professionnelle » devrait renforcer l'identité du syndicat et la promouvoir au sein de la Communauté européenne.

Au niveau européen, la FEACO défend les intérêts de l'ingénierie à Bruxelles.

Syndicat National des Sociétés françaises de Conseil et d'Assistance en Développement International – SYCADI

Les sociétés de commerce international ou SCI, regroupées au sein de la CFCGI[11], jouent un rôle très important à l'international et leur tâche consiste à fournir aux entreprises, quelle que soit leur taille, des consultations ou des prestations de représentation ou de distribution.

---

10. Cf. Annexe n° 1.
11. CFCGI : Confédération Française du Commerce de Gros Interentreprise et International.

Le Sycadi appartient à cette branche « Sociétés de commerce internationales » de la CFCGI et regroupe des consultants à l'international tournés vers les moyennes entreprises.

Syndicat des Sociétés de Gestion à l'Exportation – SNASGE

Ce syndicat englobe des consultants davantage tournés vers la gestion export pour PMI.

Comme le Sycadi, le Snasge veille également à la déontologie de la profession.

La Chambre des Ingénieurs-Conseil de France – CICF

Elle comprend 950 adhérents. Il s'agit d'une ingénierie de proximité, indépendante de toute entreprise industrielle, de construction, ou des entités étatiques ou para-étatiques. Des cabinets dont la taille ne dépasse pas 30 personnes adhèrent à la CICF.

Avec ses partenaires de l'Ingénierie et du Conseil, la CICF a créé l'OPQCM et l'OPQIBI[12].

Au niveau européen, la CICF adhère au Cedic[13] ; au niveau international à la Fidic[14].

3.2. Une association : l'AFOPE[15]

L'Association Française d'Organisateurs Permanents dans les Entreprises (AFOPE) est une association indépendante de tout organisme privé ou public, qui réunit des professionnels dont le métier est l'organisation et le conseil en management. Ce sont donc des consultants dont la spécificité est de n'avoir qu'un seul client, leur entreprise, pour laquelle ils travaillent à temps plein.

Cette association apporte depuis 1958 à ses membres un réseau de relations et un lieu de rencontre et de partage d'expériences.

---

12. OPQIBI : Organisme Professionnel de Qualification de l'Ingénierie.
13. Cedic : Comité Européen des Ingénieurs-Conseil du Marché Commun.
14. Fidic : Fédération Internationale des Ingénieurs-Conseils.
15. Adresse : 166 bd du Montparnasse, 75014 Paris.

3.3. Les organismes publics et para-publics

Dans le maquis imposant et inextricable des consultants qui fournissent des informations destinées à faciliter la mission internationale des organisations, il existe de nombreux organismes publics et para-publics qui disposent de leurs propres outils.

Le Centre Français du Commerce Extérieur – CFCE

Le CFCE a une double mission, outre celle d'information :

a) dans un domaine très restreint et seul sur ce créneau, il exerce une sorte d'activité de consultant qui consiste à exploiter la banque de données de l'ONU, Comtrade, relative au commerce extérieur mondial.

Le CFCE a mis au point, en 1985, un logiciel nommé Alix interrogé par plus de 500 entreprises ou consultants différents, pour obtenir des renseignements sur un ensemble de 3 500 produits : études, analyse statistique avec une recherche bibliographique, études sectorielles d'un ou plusieurs marchés porteurs.

Fort de cette expérience, le CFCE vient faire des propositions aux régions, en vue d'élaborer en commun une stratégie export, pour repérer leurs forces et leurs faiblesses par rapport aux marchés porteurs internationaux, en utilisant comme support Alix ;

b) le CFCE peut faire appel à des consultants privés, nationaux ou internationaux, selon la nature du projet : campagnes, actions de promotion, réunions d'information, missions à l'international... Le plus souvent le CFCE apporte des conseils de première approche avant de transmettre le projet soit au réseau international des postes d'expansion économiques soit aux consultants privés qui sont associés à leurs activités. Car, le CFCE et les postes d'expansion économique ne passent en aucune façon à la phase contractuelle d'application, à la différence des consultants.

Les Chambres de Commerce et d'Industrie – CCI

Ce réseau en France et à l'étranger constitue un autre sous-ensemble important.

Leur vocation consiste à diversifier le rôle des conseils pour les aider à développer leurs activités sans faire le travail à leur place et favoriser ainsi l'environnement tertiaire des entreprises.

Le rôle des CCI doit favoriser la mise en relation des entreprises, principalement les PME, avec des consultants.

Information, conseils sont donc dispensés aux entreprises par le réseau public d'appui à l'exportation, à des prix souvent relativement modestes, en comparaison de certains barèmes du secteur privé.

Cependant, de nombreuses aides financières ont été imaginées et prennent en charge une partie des frais du consultant.

3.4. Les appuis financiers

L'ANVAR

D'une part, pour stimuler l'innovation, l'ANVAR[16] attribue des aides, intitulées « aides aux services à l'innovation » qui peuvent représenter jusqu'à 50 % des dépenses externes engagées à condition qu'elles ne dépassent pas 30 490 euros hors taxes par dossier, pour des entreprises de moins de 2 000 personnes non filiales de groupe : recherche de partenaires, étude de marché, analyse de la valeur, étude de faisabilité industrielle, design, mise aux normes, propriété industrielle, information scientifique et technique, etc.

Quelle est la procédure à suivre pour obtenir une aide de l'ANVAR ?

Il faut tout d'abord s'adresser à l'une des 24 délégations régionales de l'ANVAR. Si le dossier à présenter est susceptible de poser des problèmes de principe, la délégation régionale peut répondre. Elle peut également conseiller l'entreprise dans la conduite de son projet d'innovation et dans le choix du consultant approprié.

La procédure consiste en une demande simple qui reçoit une réponse dans un délai maximum d'un mois. L'aide est versée en une seule fois sur présentation des factures acquittées et d'un rapport concernant les prestations reçues. Au siège, c'est la DPCS[17] qui suit le fonctionnement de cette aide.

D'autre part, pour faciliter le recrutement de chercheurs, l'ANVAR finance jusqu'à 50 % des frais engagés (salaire et charges du chercheur la première année, honoraires du cabinet de recrutement, frais de forma-

---

16. L'Agence Nationale de la Valorisation et de la Recherche.
17. DPCS : Direction de la Politique Commerciale des Services.

tion, etc.), toujours dans un plafond de 30 490 euros, et pour les entreprises de moins de 2 000 personnes. L'aide est versée en deux temps : la moitié à la signature du contrat, le solde à la fin de la première année.

Enfin, l'ANVAR intervient également pour des programmes communautaires dont Eurêka, qui l'ont conduite à conseiller les entreprises, avec l'aide des DRIRE[18] et des DRCE[19].

La COFACE

L'Assurance Prospection de la COFACE intervient comme l'ANVAR : une partie des honoraires des consultants peut être remboursée au titre de l'Assurance Prospection dans les limites suivantes : 75 % la première année, 60 % la deuxième année, 50 % la troisième et dernière année.

Le Fonds Régional d'Aide au Conseil – FRAC

Le FRAC débloque chaque année quelque 27,44 millions d'euros, dans le seul cadre du Frac Industrie.

Si une entreprise remplit les conditions requises en termes de taille (employer moins de 500 personnes ou appartenir à un groupe de moins de 500 personnes), nationalité (être française, même si c'est une filiale d'une société étrangère), secteur (industrie, BTP, transports, commerce de gros, tourisme et hôtellerie, services aux entreprises), finance (être saine financièrement, c'est-à-dire avoir des fonds propres positifs), elle peut alors recevoir jusqu'à 50 % des dépenses de conseil engagées, dans la limite de 30 490 euros par an. Ce plafond est appliqué en Ile-de-France et peut être inférieur ailleurs.

D'autres conditions d'attribution sont requises :
– le consultant doit appartenir au secteur concurrentiel (posséder un numéro SIRET et un code APE). Sont exclus les associations loi 1901 recevant des subventions publiques, les junior entreprises, les chambres de commerce et d'industrie ;
– le champ des interventions (étude, audit, conseil) est assez large, bien que susceptible de différer d'une région à l'autre. Sont exclus les actions de formation, les actions de conseil à caractère réglementaire (expertise comptable, par exemple), les opérations d'informatisation lorsqu'il s'agit de comptabilité générale ; en

---

18. DRIRE : Direction Régionale de l'Industrie, de la Recherche et de l'Environnement.
19. DRCE : Direction Régionale du Commerce Extérieur.

revanche, sont admises la comptabilité analytique et la gestion commerciale, hors achat de matériel ou de logiciel.

Seules les dépenses de conseil sont prises en compte, et non les dépenses annexes telles que frais de déplacement, d'hébergement, etc.

Quelle est la procédure à suivre pour obtenir une aide du FRAC ?

L'aide FRAC est cofinancée (globalement à parité) et cogérée par les conseils régionaux et par les services régionaux de l'État concernés, selon le secteur dont relève l'entreprise :

Secteur entreprise	Organisation concernée
– Tourisme	– Délégations régionales au tourisme
– Industrie	– DRIRE
– Industries agro-alimentaires	– DRAF[20]
– Actions Export	– DRCE
– BTP et transports	– DRE[21]

Les points d'entrée que devra consulter l'entreprise sont indifféremment la DRIRE ou la Chambre régionale de Commerce et d'Industrie de la région où cette entreprise est située.

La procédure comporte deux phases : la présentation de la proposition du consultant et la présentation de l'exécution de la mission.

La présentation de la proposition du consultant

Avant le début de l'intervention du consultant, l'entreprise présente un dossier comprenant un bref descriptif de la société et de son projet de développement, son dernier bilan, un devis de l'intervention, une présentation de la société de conseil avec le *curriculum vitae* du ou des consultants.

Cette première phase débouche sur une présentation du dossier à un comité qui donne, ou non, un accord de principe, à partir duquel la mission peut commencer.

---

20. DRAF : Direction Régionale de l'Agriculture et de la Forêt.
21. DRE : Direction Régionale de l'Équipement.

Présentation de l'exécution de la mission

À l'issue de l'intervention du consultant, l'entreprise passe de nouveau devant le comité pour présenter : un rapport de synthèse sur la mission rédigé par le consultant, un questionnaire confidentiel sur le déroulement de la mission rempli par le chef d'entreprise, et enfin, des factures acquittées du cabinet de conseil.

Le versement de l'aide intervient en général entre 3 et 5 semaines après cette deuxième phase.

En Ile-de-France, ces comités se réunissent une fois toutes les trois semaines pour l'industrie, et toutes les six semaines pour les autres secteurs.

Le FRAC pourrait disparaître. En effet, l'imbroglio des aides au développement accordées aux PME est un véritable casse-tête pour l'actuel gouvernement qui souhaiterait simplifier le dispositif.

Lors de la présentation du quatrième rapport sur les PME du cabinet de conseil Exco & Grant Thornton, Jean-Pierre Raffarin, ministre des PME, du commerce et de l'artisanat, a expliqué qu'il ne fallait pas faire de coupes sombres sans en mesurer exactement l'impact sur le tissu régional, en citant, notamment, le cas du FRAC qui est, a-t-il ajouté, une mesure d'aide peu connue mais « fort utile aux PME puisqu'elle leur permet de combler un déficit en encadrement ».

L'Aide Régionale à l'Exportation – AREX

Créé en juin 1989 par le Conseil Régional d'Ile-de-France (CRIF) pour les entreprises de cette région puis adopté par certaines autres régions, l'AREX a la même cible que le FRAC : aider les PME-PMI de moins de 500 personnes faisant un effort particulier à l'export.

L'AREX comporte trois volets :
- d'une part, **une aide**[22] **au recrutement d'un cadre export** de l'entreprise. cette aide est étendue à l'embauche d'un deuxième cadre ou du dirigeant d'une filiale à l'étranger. La Chambre de Commerce

---

22. Sous forme d'une avance remboursable en 2 versements, avec un taux d'intérêt nul, après un différé de 2 ans. Avance qui ne peut dépasser 50 % du coût total, dans la limite de 40 000 euros. Il s'agit donc très rapidement de permettre à l'entreprise de payer un cadre, charges patronales comprises, pendant un an.

du demandeur constitue et présente les dossiers au Conseil régional et joue le rôle d'intermédiaire dans le financement et les autres démarches, avec l'appui du réseau public[23] qui veille entre autres à ne pas rembourser deux fois certains frais de consultants ;
- d'autre part, le recrutement d'un cadre export n'a de sens que s'il s'inscrit dans **un plan de développement export** cohérent de l'entreprise qui peut nécessiter de recourir à des compétences externes[24]. Dans un tel cas, la CCI peut fournir également des listes de consultants spécialisés ;
- enfin, **un soutien aux PME-PMI à la recherche effective de partenaires à l'étranger**, portant sur les dépenses de conseil d'organismes publics ou privés ayant une connaissance spécifique du pays.

Le point d'entrée à consulter par l'entreprise est la Chambre de Commerce et d'Industrie du département du demandeur qui assure l'instruction de la procédure.

---

23. DRIRE, DRCE, CFCE, COFACE.
24. Maximum de l'aide : 50 % du coût d'intervention plafonné à environ 40 000 euros.

CHAPITRE 2

LES NOUVELLES EXIGENCES DES MÉTIERS DE LA CONSULTATION EN PÉRIODE DE CRISE

Le marché du conseil a littéralement explosé cette dernière décennie : de 3 milliards de dollars en 1980, il est passé à 40 milliards en 1999, selon la revue spécialisée *Consultant News*, et presque toutes les règles du jeu ont été fondamentalement remises en cause.

En France, des entreprises rechignent encore à recourir au conseil. Selon une étude réalisée par la FEACO[1], la France ne consacrerait que 0,15 % de son produit national brut aux services de conseil en management, contre 0,26 % en Grande-Bretagne et 0,29 % aux États-Unis.

Les entreprises françaises hésitent-elles donc encore à se transformer ? Peut-être. Toutefois, elles commencent de le faire. Elles ont de plus en plus besoin de repères pour suivre la concurrence, mieux gérer leurs compétences, anticiper les besoins du marché ; trois paramètres à coordonner pour assurer leur survie, en ce temps de crise.

1. LES ATTENTES SOPHISTIQUÉES DES ENTREPRISES

En raison de la croissance du marché mais aussi du savoir-faire apporté par les nombreux consultants qui, tentés par la gestion directe, occupent aujourd'hui des postes de direction générale comme des postes de managers opérationnels ou de stratégie dans notre tissu industriel, les grandes entreprises – sociétés industrielles, financières ou de service – sont pratiquement toutes devenues très sophistiquées dans l'usage qu'elles font des consultants.

---

1. 14 rue Royale, B-1000 Bruxelles.

Non seulement ces entreprises parlent aujourd'hui le même langage que leurs consultants, utilisent les mêmes outils d'analyse, mais elles savent aussi tirer le profit maximum d'une intervention, ou plutôt de partenariat à long terme qu'elles établissent de plus en plus souvent avec leurs consultants.

Les règles qu'elles appliquent, déjà évoquées en partie 1 de cet ouvrage, sont simples et efficaces :
- avant d'appeler le consultant, définir avec précision ses besoins, les objectifs et l'étendue de l'intervention ;
- sélectionner et mettre en concurrence les deux ou trois cabinets de conseil les plus compétents pour aider à résoudre effectivement le problème posé, c'est-à-dire être à même d'identifier et de faire accepter les solutions les plus adaptées, puis d'assister l'organisation dans la mise en place effective de ces recommandations ;
- choisir le cabinet avec lequel l'organisation veut travailler, non seulement en fonction de ses compétences et ses références, mais surtout en fonction des qualifications personnelles de chacun de ses membres de l'équipe proposée pour mener à bien les différentes étapes de la mission, et en fonction de la relation interpersonnelle entre cette équipe et les responsables de l'organisation qui auront en charge le projet ;
- contribuer au succès de la mission en assurant un canal de communication et d'information réciproque, permanent et confiant.

Plus ciblée, la demande des entreprises a enrichi la relation dirigeant-consultant. Aujourd'hui, les entreprises sollicitent le consultant pour qu'il apporte une valeur ajoutée, un savoir-faire. Elles exigent des preuves d'efficacité comme pour un investissement et refusent les études théoriques livrées sans mode d'emploi. Cependant, carte blanche est rarement donnée au consultant pour la conduite du changement dans l'entreprise : la mise en œuvre est souvent effectuée en l'absence du consultant. La demande de la clientèle a évolué : elle mêle de plus en plus stratégie, organisation et informatique. Elles cherchent à mieux se positionner ou à acquérir une forte productivité. Cela conduit les consultants à proposer un service global qui fusionne des prestations stratégiques, opérationnelles et technologiques.

2. LA GLOBALISATION DES PROBLÈMES

Pendant la décennie 1990-2000, les cycles de vie de la plupart des produits se sont raccourcis, que ce soit grâce aux progrès technologiques comme dans l'industrie automobile, l'informatique ou l'électronique, ou à cause d'une demande plus sophistiquée, comme dans les services financiers ou la grande distribution.

Parallèlement, l'ouverture des marchés a facilité l'internationalisation rapide de nos sociétés, mais a aussi favorisé la mondialisation et l'exacerbation de la concurrence dans presque tous les secteurs, même s'ils ne sont pas tous autant touchés que l'électronique grand public ou l'automobile.

Les problèmes qu'une organisation doit résoudre sont donc maintenant presque toujours urgents, globaux et, le plus souvent, internationaux. Les solutions à ces problèmes ne peuvent plus se limiter à l'analyse d'un seul aspect : technologie, produit, marché, concurrence, achats, fabrication, marketing, vente, production, service après-vente... mais doivent le plus souvent les intégrer tous.

Aujourd'hui, et c'est une évolution vécue par l'ensemble des grandes sociétés de conseil, les organisations n'appellent plus leurs consultants pour leur proposer de résoudre un problème spécifique de stratégie ou d'organisation, ou pour mener une simple étude de marché, mais elles proposent de travailler avec elles pour résoudre des questions plus globales :
– Comment pouvons-nous tirer parti du ralentissement économique actuel pour nous repositionner pour l'après-crise ?
– Comment optimiser notre outil industriel et de distribution au plan européen ?
– Comment assurer notre croissance mondiale tout en restant profitable et en évitant les risques d'une diversification trop poussée ?
– Comment adapter de façon optimale notre offre de produits et de services, et notre stratégie de prix, aux besoins de nos différents segments de clientèle en Europe ?
– Comment améliorer notre niveau de service à nos clients ?
– Telle division n'est plus profitable, que doit faire le groupe ?
– Comment transformer notre système de distribution vieux de 20 ans pour continuer à servir notre clientèle dans 10 ans ?
– Comment construire notre développement autour d'une stratégie d'image ?
– Quelles alliances devons-nous envisager, et comment les rendre réellement effectives ?

3. L'INTÉGRATION INTERNATIONALE DES SOCIÉTÉS DE CONSEIL

Pour pouvoir répondre efficacement à ces préoccupations posées par les organisations aux cabinets de conseil, ceux-ci ont dû opérer une mutation souvent très douloureuse de leur stratégie, de leur recrutement, de leur organisation, de leurs systèmes et souvent même de leur culture.

Il faut en effet maîtriser et intégrer au sein d'une même équipe de consultants des compétences variées : technologie, produits, marchés, processus industriels, etc., et posséder l'expertise des différentes fonctions qui seront mises à contribution chez leurs clients, ceci à la fois dans un cadre national (celui de l'organisation cliente) et international (les marchés où l'organisation cliente est présente, ceux où elle souhaite entrer et ceux sur lesquels ses concurrents s'appuient).

Les sociétés de conseil doivent donc mettre au service de leurs clients une équipe de spécialistes associant :
- des experts des technologies « produits » et des technologies « systèmes de production » de l'entreprise cliente comme de ses partenaires actuels ou potentiels ;
- des experts du secteur industriel, très au courant des produits, des marchés, des structures concurrentielles, qui n'auront pas besoin d'apprendre l'organisation et seront donc immédiatement opérationnels ;
- des experts fonctionnels maîtrisant les outils d'analyse les plus évolués (analyse stratégique, organisationnelle, commerciale, industrielle) ;
- des nationaux des différents pays où l'intervention devra se dérouler.

De plus en plus souvent, les informations réunies par l'équipe de consultants, les conclusions tirées de leur analyse, les recommandations présentées et les actions décidées par l'organisation sont vitales pour son succès. Aussi, l'organisation demande-t-elle de plus en plus fréquemment que l'équipe de consultants s'engage à ne pas travailler pour un concurrent pendant un délai de temps. Elle suggère souvent, en contrepartie, que cette relation s'établisse sur une base de partenariat à long terme, à condition que ce soit dans les domaines spécifiques d'expertise de la société de conseil.

4. LA BIPOLARISATION DU MÉTIER DE CONSEIL

Ces évolutions, exposées précédemment, forcent actuellement une très nette bipolarisation du métier de conseil.

D'une part, les grands groupes internationaux qui peuvent investir chaque année pour recruter les meilleurs experts, former leurs consultants aux outils les plus modernes, mener leurs propres recherches pour développer des approches nouvelles destinées à mieux résoudre les problèmes de leurs clients.

D'autre part, les petites équipes spécialisées, souvent limitées à deux ou trois experts dans un domaine précis.

5. LA FIN DES « GOUROUS »

Cette mutation a conduit à un professionnalisme plus grand de l'industrie du conseil.

Après la forte croissance de l'après-guerre[2], l'industrie du conseil a subi une crise sévère qui a ébranlé toute la profession à l'orée des années 1970. Née aux États-Unis, cette crise a rapidement gagné l'Europe et les grands groupes comme ADL, Booz Allen ou Mac Kinsey ont été sérieusement touchés. Crise d'identité pour un métier qui n'avait jamais su vraiment définir sa spécificité ; crise de crédibilité pour de nombreux « gourous » dont les avis tirés de l'expérience de deux décennies de croissance régulière perdaient singulièrement du poids dans des économies bouleversées, où les facteurs de succès évoluaient continuellement ; enfin, crise de créativité pour une industrie tentée d'appliquer inlassablement des recettes qui s'étaient montrées efficaces dans le passé, mais qui ne répondaient plus aux besoins de clients désorientés.

6. LES NOUVELLES FONCTIONS DU CONSULTANT

En dix ans, le métier même de consultant a profondément changé : de conseiller externe, objectif, écouté en raison de son savoir et de son expérience, il est devenu le catalyseur d'un certain nombre de révolutions au cœur même de l'organisation. Pour assumer ce rôle, presque

---

2. Dans les années 1950.

tous les cabinets se sont engagés dans le support à la mise en œuvre effective de leurs recommandations.

Ils ne travaillent plus « pour » leur client, ce qui sous-entend une certaine distance avec l'organisation, mais « avec », c'est-à-dire en symbiose avec la structure à tous ses niveaux, pour faciliter la mise en place effective de leurs recommandations, en associant les forces vives de l'organisation à toutes les étapes de la démarche.

Certains cabinets de conseil ont ajouté de nouvelles dimensions à leurs activités pour mieux répondre à l'ensemble des besoins de leurs clients :
- développement de leurs activités de conseil hors systèmes informatiques pour les grands cabinets d'audit et pour certaines SSII comme Cap Gemini Sogeti qui a créé un groupe de plus de 800 consultants en stratégie et organisation ;
- supports en matière de fusions-acquisitions comme Booz Allen et Hamilton qui a créé, il y a plus de dix ans, une division mondiale spécialisée dans ce domaine ;
- support en matière de gestion des ressources humaines pour de nombreux « chasseurs de tête » ;
- développement dans le domaine de la logistique de distribution : Mac Kinsey a racheté Cleveland Consulting Associates aux États-Unis, qui appartenait au Groupe Saatchi & Saatchi.

PARTIE 3

Le profil du consultant
Pré-requis à la carrière de consultant

Cette partie aborde le profil du consultant, c'est-à-dire les pré-requis nécessaires à qui veut se lancer dans ce métier, à travers trois dimensions étudiées notamment par Yvan Bordeleau[1] : les caractéristiques socio-démographiques, le profil intellectuel et relationnel et les traits de personnalité d'un candidat au poste de consultant.

---

1. Cf. son ouvrage : *La fonction de conseil auprès des organisations*, Éditions Agence d'Arc Inc., Ottawa, 1986.

••• Sommaire •••

PARTIE 3

Chapitre 1 • CARACTÉRISTIQUES SOCIO-DÉMOGRAPHIQUES

1. Formation initiale
2. Le consultant doit-il posséder une certaine expérience professionnelle avant d'aborder le domaine de la consultation ?
3. Quel devrait être l'âge idéal d'un consultant ?

Chapitre 2 • PROFIL INTELLECTUEL ET APTITUDES HUMAINES

1. Profil intellectuel
2. Aptitudes humaines

Chapitre 3 • LES PRINCIPAUX TRAITS DE PERSONNALITÉ DU CONSULTANT

CARACTÉRISTIQUES SOCIO-DÉMOGRAPHIQUES

Les caractéristiques socio-démographiques correspondent à la formation initiale, l'expérience professionnelle et l'âge idéal d'un candidat à un poste de consultant.

1. FORMATION INITIALE

La première question que peut se poser le candidat qui envisage une carrière dans la consultation est : **faut-il sortir d'une grande école pour devenir consultant en France ?** Non, répondent dirigeants de cabinet et responsables d'entreprise, ce n'est pas indispensable. Toutefois, les offres d'emploi dans les journaux nationaux français font une large place aux diplômés de grandes écoles, et parmi ces écoles, une très large domination des plus grandes : École Polytechnique, Mines et Centrales pour les ingénieurs, HEC, ESCP, ESSEC pour les gestionnaires.

Donc, le consultant a généralement suivi un cursus de formation Grandes Écoles ou universités spécialisé dans un domaine spécifique : gestion des entreprises, sociologie, sciences politiques, psychologie, psychosociologie, économie, finance, marketing, etc.

Une formation équivalente au niveau de la maîtrise[1], d'un DESS[2], DEA[3] ou doctorat, voire d'un MBA[4] est requise.

Le consultant possède donc une spécialisation professionnelle, c'est-à-dire une formation technique ; cependant, il est nécessaire que cette formation technique s'appuie sur une formation spécifique aux proces-

---

1. Baccalauréat + 4 années.
2. Diplôme d'études supérieures spécialisées (Bac + 5).
3. Diplôme d'études approfondies (Bac + 5).
4. Master of Business Administration.

sus de consultation. Cette dernière se déroule le plus souvent lors de l'entrée du futur consultant dans un cabinet de conseil. Toutefois, de Grandes Écoles proposent à leurs étudiants des options, en dernière année d'étude, qui abordent la consultation, notamment l'École Supérieure de Commerce de Paris.

Il faut également souligner l'importance d'une formation pluridisciplinaire du consultant. En effet, une sensibilisation aux disciplines connexes à la spécialisation du consultant favorise une meilleure vue d'ensemble d'un problème organisationnel et de toutes ses ramifications. Une bonne connaissance des divers domaines d'une organisation est un atout supplémentaire. Mais ce n'est pas tout. La consultation étant surtout une relation interpersonnelle consultant-client, il est souhaitable que le consultant acquiert certaines connaissances dans les domaines suivants : psychologie de la personnalité, dynamique des groupes, psychologie sociale des organisations, formation et transfert des connaissances, méthodes d'intervention en milieu organisationnel, méthodes de résolution de problèmes et de conflits, méthodes d'évaluation et de recrutement des individus.

2. LE CONSULTANT DOIT-IL POSSÉDER UNE CERTAINE EXPÉRIENCE PROFESSIONNELLE AVANT D'ABORDER LE DOMAINE DE LA CONSULTATION ?

Hier encore, un consultant était une personne forte d'une riche expérience de la vie en organisation, passé par tous les stades, de la création à la liquidation de société. Le principe étant qu'un conseil ne pouvait être donné que par une personne ayant déjà vécu ou maîtrisé une situation comparable.

« Il est déjà passé par là, il sait comment faire ! » est un réflexe qui rassure ; or, est-il besoin de rappeler qu'il existe rarement deux situations semblables ?

Aujourd'hui, un jeune diplômé peut débuter une carrière de consultant en qualité de junior.

Si nous observons, entre autres, les offres d'emplois sur le marché du travail, nous remarquons une recrudescence des annonces proposant des postes de consultants juniors.

Caractéristiques socio-démographiques

L'expérience professionnelle acquise pendant des années en organisation n'est donc plus un atout de nos jours. L'image rassurante du consultant, la cinquantaine grisonnante et une longue expérience de la pratique, très présente dans les esprits encore aujourd'hui, évolue le plus souvent vers une image de consultant ayant deux ou trois années d'expérience dans une organisation après sa formation initiale.

En effet, que demande une organisation à un consultant ? Non pas de posséder un portefeuille de recettes ou outils, mais plutôt d'être capable d'analyser un contexte, d'isoler des causalités essentielles dans un univers complexe, de concevoir des scénarios de redressement. Autrement dit, le consultant est chargé d'apporter un conseil à un chef d'entreprise, à une organisation qui, face à un problème précis ou tout simplement pressenti, éprouve des difficultés au niveau de la simple formulation, ou au niveau de son appréhension et bien évidemment au niveau des moyens de résolution.

3. QUEL DEVRAIT ÊTRE L'ÂGE IDÉAL D'UN CONSULTANT ?

Kubr[5] considère que la limite d'âge minimum se situe entre 26 et 30 ans et place la limite supérieure entre 36 et 40 ans. En effet, le candidat à un poste de consultant pourrait manquer d'expérience pratique avant 30 ans et, après 36 ans, ses attentes en termes d'évolution de carrière et besoins personnels ne correspondraient peut-être pas aux défis auxquels doit se confronter le consultant qui débute. Une personne âgée d'environ 40 ans ayant occupé des fonctions de cadre dans une organisation pourrait avoir quelques difficultés à s'adapter dans une fonction de consultant. Ce type de candidat souhaiterait accéder rapidement à un poste supérieur tel que chef de projet, associé ou dirigeant de la société de conseil qui l'emploie.

Nombreux sont les jeunes diplômés de Grandes Écoles ou d'universités désireux de débuter leur carrière dans un cabinet de conseil. Cependant les temps changent et le scepticisme fait place aujourd'hui à l'euphorie des précédentes années. Quel parcours type peut emprunter le jeune diplômé ? Quels sont les obstacles auxquels il risque de se heurter, les travers d'un tel choix et les évolutions envisageables ?

---

5. Cf. son ouvrage : *Management consulting : a guide to the profession*, Bureau International du Travail, Genève, 2ᵉ édition, 1986-1987.

Il est difficile de tirer des conclusions définitives, le choix d'une alternative dépendant du parcours de carrière envisagé et du type de cabinet recherché. Quoiqu'il en soit, l'âge d'or des embauches aisées dans des cabinets renommés touche à sa fin, et les tâches confiées aux jeunes consultants évoluent. Les systèmes d'information et tous les problèmes concernant la gestion de l'information, les manuels de procédures, l'organisation et les flux de données sont les parties de dossiers sur lesquelles « planchent » les jeunes consultants en mission. Graphes, tableaux de bord, courbes et organigrammes, donc, pour des projets formateurs mais à faible dimension stratégique. Quant aux cabinets installés sur des niches de spécialisation, ils font appel plutôt à des hommes d'expérience, ayant une réelle valeur ajoutée et apportant savoir-faire, expertise et crédibilité au cabinet. Pourtant, quel que soit le profil du cabinet, il en reste encore qui embauchent de jeunes diplômés. Cependant, toute intégration dans un cabinet de conseil démarre par une période plus ou moins longue de formation théorique aux méthodes et outils de travail utilisés par l'équipe de consultants. De fait, les petites structures ne peuvent pas toujours offrir à un jeune diplômé le temps nécessaire à l'apprentissage des méthodes et outils ; c'est sur le terrain en compagnie d'un consultant senior que le jeune consultant apprendra.

Le métier de consultant ne cessant de se professionnaliser, il est facile aujourd'hui de tracer les contours d'un profil du consultant. Nous chercherons, dans le prochain paragraphe, à faire ressortir les points communs qui caractérisent le personnage idéal du consultant, en privilégiant fortement le consultant en management. Nous insistons sur le fait qu'il n'existe pas un profil unique idéal pour devenir consultant mais des caractéristiques communes apparaissent. Pour cela, nous dessinons un portrait à partir de trois exigences de base nécessaires au succès du consultant et ce, en termes de profil intellectuel, aptitudes humaines et traits de personnalité.

PROFIL INTELLECTUEL ET APTITUDES HUMAINES

1. PROFIL INTELLECTUEL

Les facultés intellectuelles sont toujours citées dans les premières : le consultant doit être capable de faire preuve d'une grande curiosité et vivacité d'esprit et être doté d'une capacité d'analyse et de conceptualisation.

Le consultant doit être capable de résoudre des problèmes complexes, analyser et synthétiser, déstructurer et restructurer, trouver les bonnes questions dans une masse d'informations incertaines et incomplètes, imaginer les méthodes qui feront progresser les solutions. La démarche du consultant est toujours orientée vers l'action, le résultat concret, et doit en permanence concilier rigueur et rapidité de réaction.

En effet, le consultant doit posséder une très grande ouverture intellectuelle, une curiosité permanente pour ce qui se passe dans l'organisation et partout ailleurs, et doit être source d'idées nouvelles. Le travail du consultant consiste avant tout à rechercher, à travers des cheminements parfois marqués de nombreux obstacles, les faits réels concernant le problème auquel il est confronté, à partir du contrat établi avec le client. Le bon consultant est celui qui est capable de voir tous les aspects d'un problème et les mille et une façons de l'aborder.

La deuxième faculté intellectuelle que doit posséder le consultant est un **jugement sûr.** Il se doit d'être perspicace et reconnaître ce qui est pertinent au problème qu'il doit résoudre. Opinions, émotions, sentiments ne doivent pas obscurcir sa perception de la réalité objective du problème. Toute subjectivité est exclue. Tout jugement de valeur également. Anticiper les conséquences à moyen ou long terme des solutions proposées est également un atout.

La troisième caractéristique concerne **la capacité d'analyse**. Bien diagnostiquer le problème est la première étape de l'intervention du consultant face au problème posé par le client. De fait, la capacité à analyser la situation telle qu'elle se présente est une nécessité pour le consultant. En effet, le travail de consultant est fait pour ceux qui pensent et analysent et non pour ceux qui acceptent et exécutent sans réfléchir. A cette capacité d'analyse associons également celle de conceptualisation. Après avoir diagnostiqué le problème, le consultant doit être capable de le résoudre en élaborant et proposant des solutions d'amélioration ou recommandations. Le succès de cette première phase d'analyse est indispensable et essentiel pour la continuité de l'action mise en œuvre.

Enfin, le travail ne doit pas empêcher le consultant de lire, s'informer, se former. Des cabinets, quelle que soit leur taille, insistent sur la créativité, la capacité à trouver des solutions originales mais non farfelues. Le consultant doit donc être capable, en générant des idées nouvelles, de créer de la valeur.

Ce sont ces capacités que nous examinons maintenant.

2. APTITUDES HUMAINES

Les besoins, les opinions et les préoccupations du client sont la matière première de la consultation. De fait, en tête des aptitudes humaines que doit posséder le consultant se trouve sa **capacité d'écoute du client**. Pour cela, l'empathie du consultant est essentielle et plus largement toutes les qualités de communication sont indispensables pour ce métier. Tout d'abord, le consultant doit savoir écrire en présentant ses idées de manière claire et efficace, quelle que soit la nature de l'écrit : comptes rendus de réunions, proposition de projet, rapport final, etc. Ensuite, et c'est un aspect très important de nos jours, la présentation orale exige plus des qualités de pédagogue que de conférencier.

La **capacité d'adaptation** du consultant est requise dans tous les cas de figure. En effet, le consultant rencontre au fil de ses missions des situations et des personnes très différentes. Au-delà des personnes, il s'agit pour le consultant de s'adapter également à des milieux d'intervention très différents en termes de fonctionnement, d'objectifs et de culture organisationnelle : de la multinationale à la petite et moyenne entreprise en passant par le système scolaire ou hospitalier, les syndicats, les organisations publiques, etc.

Sauf rare exception que nous évoquerons plus loin, le consultant n'est pas un solitaire. Il fait partie le plus souvent d'une équipe d'intervention de trois, quatre ou cinq personnes qui agissent en interaction très

Profil intellectuel et aptitudes humaines

étroite. De la qualité de cette interaction dépendra évidemment la qualité de l'action de conseil menée dans l'organisation.

La dernière dimension importante liée aux relations interpersonnelles correspond à la **diplomatie** que développe le consultant dans un processus d'intervention : ne pas brusquer indûment les personnes impliquées dans la démarche, respecter leurs valeurs, leurs habitudes, leurs résistances ou craintes devant les changements explicitement ou implicitement annoncés par la démarche.

Chaque client possédant ses particularités, le consultant agit de manière à ce que son client ne se sente pas menacé par l'action de conseil. **Intuition et sensibilité** face aux émotions ressenties par le client font également partie des qualités humaines du consultant.

Comme nous venons de le voir, il faut donc dès le départ de solides aptitudes naturelles et une personnalité capable de s'imposer à des interlocuteurs parfois difficiles. Les traits de personnalité orientent le développement des aptitudes d'un individu. Il s'agit ici du niveau psychologique le plus profond de la dynamique du futur consultant. Le niveau personnalité agit sur le développement des aptitudes qui ont elles-mêmes ensuite un effet déterminant sur l'orientation professionnelle d'un individu.

Nous présentons maintenant les traits de personnalité de tout intervenant dans le domaine de la consultation.

Nous en proposons sept, tout en précisant que cette liste n'est évidemment pas exhaustive. D'aucuns pourraient nous reprocher de dresser une caricature du consultant. Nous rappelons seulement que nous tentons de dresser un portrait à partir de caractéristiques communes sur lesquelles les professionnels s'accordent. En revanche, les personnes qui se destinent à ce métier doivent se poser en permanence les questions suivantes : sommes-nous de bons consultants ? Avons-nous le profil et les aptitudes humaines décrites plus haut ? Si oui résistent-elles aux contraintes du quotidien ? Avons-nous la dose d'humilité nécessaire pour nous interroger sur nous-même, notre travail, et la qualité des résultats obtenus tout en gardant face au client beaucoup de fermeté et de pouvoir de conviction.

LES PRINCIPAUX TRAITS DE PERSONNALITÉ DU CONSULTANT

Un bon consultant se caractérise d'abord par des qualités intellectuelles et psychologiques intrinsèques alliées à une bonne pratique du métier.

Nous considérons les sept dimensions suivantes comme essentielles chez le consultant : intégrité, persévérance, discipline personnelle, tolérance à l'ambiguïté, confiance en soi, autonomie et dynamisme.

La première qualité du consultant est **l'intégrité** : refuser les pratiques et méthodes de travail douteuses, posséder des valeurs morales et éthiques, respecter les personnes, ne pas faire n'importe quoi... avec n'importe qui.

Même si le consultant est rémunéré par la direction d'une entreprise, il doit faire preuve d'honnêteté et de franchise, compléments de son intégrité. D'ailleurs, la direction d'une entreprise est rarement la cible de l'action mise en œuvre par le consultant.

La deuxième dimension que nous souhaitons évoquer est la **persévérance doublée de patience**. En effet, devant les éventuels changements que va vivre le client, il s'agit de ne pas le bousculer et lui donner le temps de s'adapter. Le consultant est persévérant face à l'objectif fixé et fait preuve de patience dans la mise en place des moyens à mettre en œuvre pour atteindre cet objectif.

La troisième dimension est la **discipline personnelle** du consultant : maîtrise de soi, de ses émotions face à un client qui recherche avant tout en un consultant une assurance, un réconfort, une confiance face à des situations qu'il ne peut gérer et pour lesquelles il a justement fait appel à ce consultant. Le travail du consultant est empreint de précision, rigueur, auto-discipline et laisse peu de place à une improvisation.

L'ambiguïté est un ingrédient quotidien du travail du consultant. Chacune de ses interventions étant unique, le consultant cherche sans cesse, dans un contexte plus ou moins ambigu, à s'adapter à une réalité mouvante. Le consultant doit être très **tolérant face à l'ambiguïté** qui jalonne son parcours dans une entreprise.

« Savoir d'abord qui on est » est la base de la **confiance en soi**. Confiance en soi, en ses capacités mais aussi en celles des autres constitue la cinquième caractéristique psychologique nécessaire au consultant. S'il doute de lui-même, des actions qu'il met en œuvre, il est peu probable que sa crédibilité soit reconnue par le client qui est à même de percevoir cette faiblesse. Cette confiance en soi et dans les autres est une condition fondamentale pour être capable d'admettre certaines erreurs et accepter les remarques de l'entourage sans pour cela se sentir menacé dans ses propres compétences. Il est difficile de concevoir qu'une personne mal dans sa peau, pessimiste à l'égard de soi et des autres, défensive, puisse agir à titre de consultant dans le milieu d'une entreprise. Le rôle majeur du consultant étant de faire évoluer un certain équilibre organisationnel, il se doit d'être équilibré.

Enfin, **autonomie et dynamisme** caractérisent le consultant dans les démarches d'intervention qu'il initie au sein d'une organisation. Son rôle d'impulseur entraîne les membres de l'organisation. Énergie et enthousiasme complètent son dynamisme. Déclencher une évolution, conduire une relation maëutique interpersonnelle, catalyser une prise de conscience collective, convaincre progressivement, exige une patience infinie, une autonomie sans bornes qui est insupportable à celui qui aime « faire ».

Alliés au profil intellectuel et aux aptitudes humaines que nous avons présentés précédemment, on souhaite rencontrer ces caractéristiques psychologiques chez une personne désireuse de devenir consultant.

PARTIE 4

Approches, modèle et outils de consultation

Cette quatrième partie propose d'explorer deux approches, un modèle original de consultation et quelques outils utilisés pour la mise en œuvre de ce processus.

••• Sommaire •••

PARTIE 4

CHAPITRE 1 • APPROCHES
1. L'approche systémique
2. L'approche analytique

CHAPITRE 2 • UN MODÈLE ORIGINAL DE CONSULTATION : LA DYNAMISATION SOCIALE
1. Philosophie et objectifs
2. Comment mettre en œuvre ces objectifs ?

CHAPITRE 3 • DES OUTILS DE CONSULTATION
1. La recherche et l'analyse des causes
2. La sélection des causes les plus importantes
3. La recherche des solutions
4. La sélection des solutions
5. La mise en œuvre
6. Le contrôle des résultats

APPROCHES

1. L'APPROCHE SYSTÉMIQUE

Cette approche consiste à conduire le diagnostic d'une entreprise par les 7 leviers de son efficacité.

Trop souvent les problèmes d'organisation sont approchés uniquement en termes de structure et les changements de cette dernière sont privilégiés pour en améliorer l'efficacité.

Le modèle des 7S, développé par le cabinet Mc Kinsey, met en évidence la diversité des leviers qui déterminent l'efficacité d'une organisation et l'harmonie nécessaire qui doivent exister entre eux.

Les leviers identifiés sont ainsi au nombre de sept :
1. La stratégie (strategy).
2. La structure (structure).
3. Les systèmes (systems).
4. Le style de management (style).
5. Les ressources humaines (staff).
6. Les savoir-faire (skills).
7. Les finalités et valeurs partagées (shared values).

Trois de ces leviers sont considérés comme des leviers « durs » (hard), et les quatre autres sont considérés comme des leviers « soft ».

1.1. Les leviers « Hard » du 7S

La stratégie

Elle représente le choix, compte tenu de l'évolution anticipée de l'environnement et de la concurrence :
- des domaines dans lesquels l'entreprise s'engagera,
- de la nature et de l'intensité de cet engagement,
- des avantages concurrentiels à acquérir ou a développer.

La structure

Elle définit les tâches à accomplir, les regroupements, les liens d'autorité, de coopération et d'information qui unissent les individus. Les structures se différencient par le degré de décentralisation qu'elles adoptent et les moyens de coordination auxquels elle font appel.

En d'autres termes :
- La structure divise les tâches et permet leur coordination.
- Elle équilibre la spécialisation et l'intégration.
- Elle centralise ou décentralise.
- Elle est conditionnée par la stratégie.

Les systèmes

C'est l'ensemble des procédures, formelles et informelles, qui permettent le fonctionnement de l'organisation au jour le jour.

1.2. Les leviers « Soft » du 7S

Le style de management

C'est la manière dont les dirigeants se comportent et sont perçus dans la poursuite des objectifs. Cela dépend fortement de la manière dont ils passent leur temps, et de leur comportement.

Les ressources humaines

Cela représente tous les aspects de la gestion des RH de l'organisation, comment elles sont acquises, développées et valorisées.

Le savoir-faire

Ce que la société fait le mieux, mieux que ses concurrents en particulier.

Finalités et valeurs partagées

C'est l'ensemble des valeurs et des aspirations, écrites ou non, qui vont au-delà des objectifs et forment le ciment de l'organisation.

1.3. Bâtir un questionnement autour des sept leviers

Le 7S permet de bâtir un questionnement autour des sept leviers. Ce questionnement favorisera la réflexion et l'introspection de l'entreprise dans sa recherche de solutions ou de voies d'amélioration de ses performances.

Variable	Exemple de questionnement clé
Stratégie	Les priorités stratégiques sont-elles clairement définies pour focaliser les efforts ?
Structure	Les responsabilités respectives entre les différentes dimensions de la matrice sont-elles clairement explicites ?
Systèmes	Le système de planification et de gestion permet-il l'identification des problèmes, l'intégration des décisions et la coordination au sein de la matrice ?
Style de management	Les profils des managers allient-ils rigueur de gestion d'une part, avec souplesse, ouverture, aptitudes à partager, à communiquer et à négocier essentielles dans une organisation matricielle, d'autre part ?
Ressources humaines	Le système d'évaluation et d'appréciation est-il adapté au phénomène d'indépendance et aux responsabilités collectives propres aux organisations matricielles ?
Savoir-faire	Les compétences de négociation, de communication et de travail en équipe sont-elles partagées au sein de la matrice ?
Finalités et valeurs partagées	Les valeurs de coopération, de dialogue et de négociation constructive sont-elles bien intégrées ?

Tableau réalisé par Jean-Marc Schoetl sur exemple d'entreprise matricielle

1.4. Appréciation des points faibles sur les leviers du 7S

Le type de questionnement précédent permet de dresser, par rapport à la concurrence et par rapport à un 7S dit idéal (voir schéma p. 106), une liste d'un certain nombre de point forts et de points faibles.

Les points forts étant ce qu'ils sont, nous nous intéressons ici à une illustration de certains types de points faibles, en fonction des leviers du 7S.

Variable	Position synthétique sur les points faibles	Illustration
Stratégie	Dualité hiérarchique : les managers qui répondent à plusieurs chefs éprouvent des difficultés à vivre dans l'ambiguïté.	*Les gens ne savent plus très bien devant qui ils sont responsables de quoi.*
Structure	Priorité non mise en évidence : les différents responsables au sein de la matrice cherchent à pousser leurs propres objectifs, les priorités sont diluées.	*L'entreprise est paralysée parce que la structure ne met plus en évidence les priorités, elle les dilue automatiquement.*
Systèmes	Dérive bureaucratique : les besoins de coordination allongent le temps de résolution des problèmes, d'où des délais plus importants de réaction, un alourdissement des systèmes de pilotage et de contrôle.	*Les systèmes doivent être doubles pour répondre aux différentes dimensions de la matrice.*
Style de management	Inaptitude à gérer le quotidien : la résolution des problèmes au quotidien peut devenir plus longue et plus difficile.	*Le comité de direction devient le lieu d'arbitrage des problèmes opérationnels et tend à perdre de la perspective.*
Ressources humaines	Difficulté dans l'évaluation des performances.	
Savoir-faire	Savoir-faire associant souplesse, ouverture et rigueur insuffisamment développées chez les managers.	
Finalités et valeurs partagées	Difficultés d'ordre culturel : la matrice demande une aptitude de coopération qui manque dans les entreprises fonctionnant traditionnellement selon le mode d'unicité de commandement.	

Tableau réalisé par Jean-Marc Schoetl sur exemple d'entreprise matricielle

1-5. Quelques voies de progrès pour améliorer la position des leviers ou encore la cohérence sur l'ensemble

Les idées suivantes pourraient constituer des axes de réflexion et d'amélioration :
1. Une clarification des responsabilités au sein de la matrice.
2. Une identification des grands processus transverses associés aux finalités de l'organisation et une clarification des contributions à ces finalités par les responsables en ligne et en colonne.
3. Un développement des aptitudes au dialogue, aux échanges et à la négociation pour obtenir plus de fluidité dans la matrice.
4. Des tableaux de bord partagés pour donner plus de visibilité sur les ressources engagées, favoriser le dialogue et permettre l'arbitrage.
5. Une distinction plus nette entre le temps long (réflexion à long terme) et le temps court (les arbitrages à court terme) au sein du comité de direction.

1.6. Le 7S idéal

Le schéma des 7S qui suit représente celui d'une entreprise idéale. L'idéal n'étant pas de notre monde, nous proposons ce schéma pour qu'il constitue un étalon, un benchmark qui aidera toute entreprise à clarifier ses réflexions pour améliorer ses performances et son esprit.

SCHÉMA 7S IDÉAL

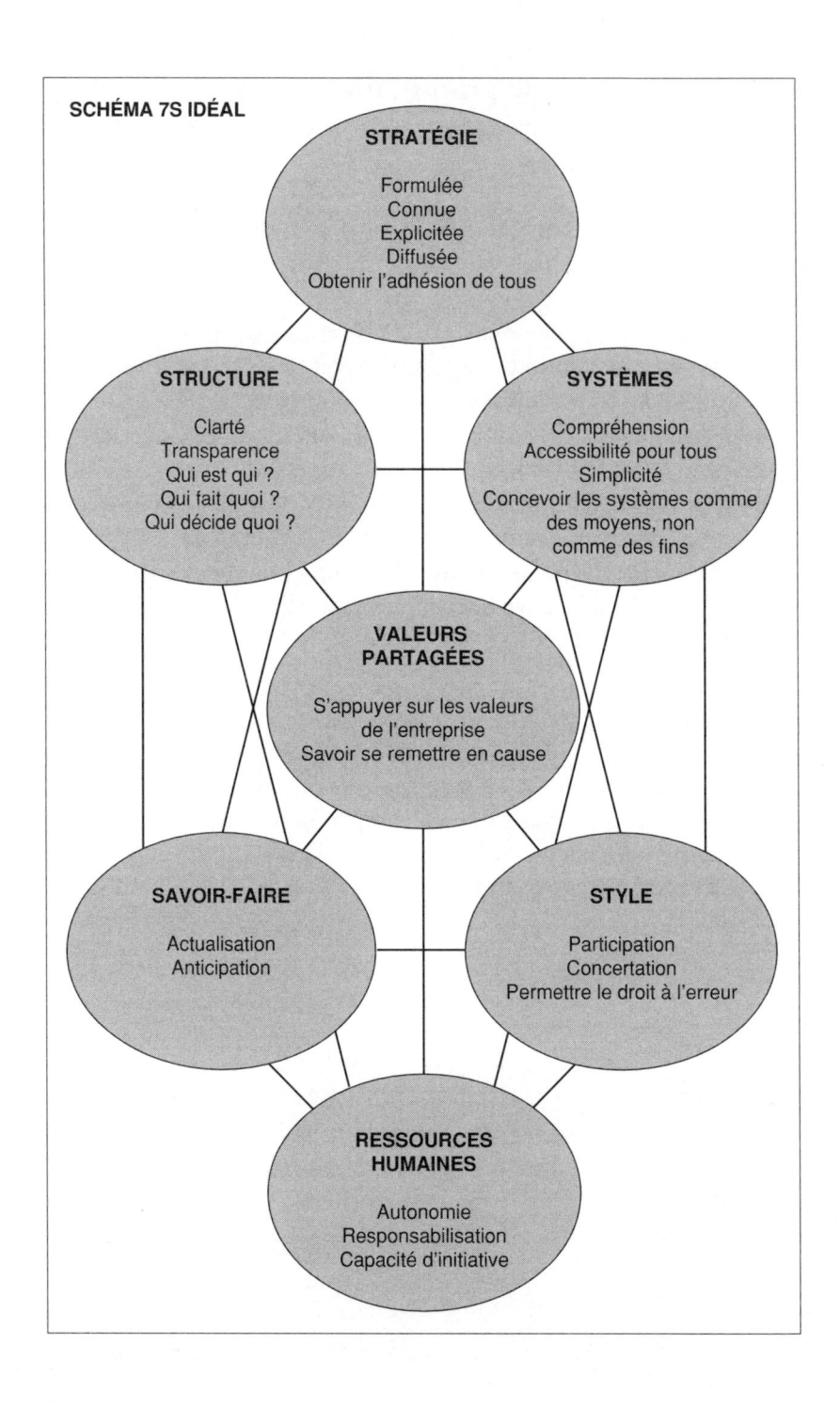

STRATÉGIE
- Formulée
- Connue
- Explicitée
- Diffusée
- Obtenir l'adhésion de tous

STRUCTURE
- Clarté
- Transparence
- Qui est qui ?
- Qui fait quoi ?
- Qui décide quoi ?

SYSTÈMES
- Compréhension
- Accessibilité pour tous
- Simplicité
- Concevoir les systèmes comme des moyens, non comme des fins

VALEURS PARTAGÉES
- S'appuyer sur les valeurs de l'entreprise
- Savoir se remettre en cause

SAVOIR-FAIRE
- Actualisation
- Anticipation

STYLE
- Participation
- Concertation
- Permettre le droit à l'erreur

RESSOURCES HUMAINES
- Autonomie
- Responsabilisation
- Capacité d'initiative

2. L'APPROCHE ANALYTIQUE

Nous présentons cette approche à partir de la démarche de Jacques Lacan sur le nœud borroméen.

Nous voulons simplement expliquer comment nous utilisons ses concepts ; pour rendre ces derniers pragmatiques, nous avons utilisé le métier même de consultant comme champ d'application.

2.1. Les trois dimensions du modèle

L'entreprise dans laquelle va intervenir le consultant est un champ composé de 3 dimensions qui vont s'interpénétrer et s'influencer les unes les autres.

Ces 3 dimensions sont :

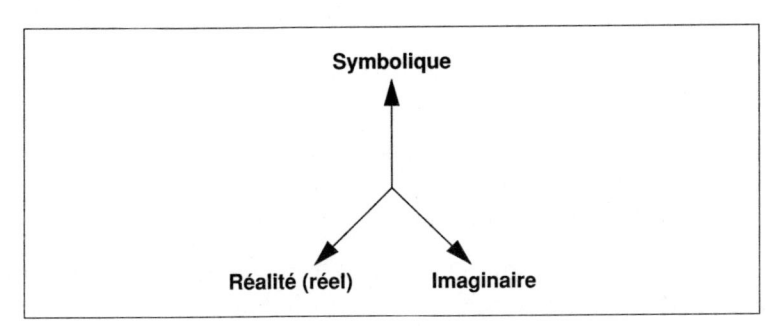

```
                    Symbolique
                        ↑
                        |
                       / \
                      ↙   ↘
            Réalité (réel)   Imaginaire
```

On peut définir ces 3 dimensions de la manière suivante :

La réalité

Pour l'entreprise, la réalité est de voir les choses telles qu'elles sont. C'est faire en sorte de ne pas masquer les problèmes et les dysfonctionnements. Nous pouvons vérifier si l'entreprise accepte la réalité, notamment si elle a mis en place les capteurs telles que les veilles technologique, concurrentielle, sociologique, pour appréhender le marché, les produits, les consommateurs.

Si l'entreprise n'agit pas ainsi, elle est dans le réel. Le réel est la perception, l'illusion de soi-même. L'entreprise se voit belle, forte, courageuse. Elle considère que son produit (ou ses produits) est le meilleur, sa force commerciale unique, ses concurrents inexistants. Son produit n'a pas bougé depuis 10 ans mais ses clients la suivent et la suivront toujours.

Si l'entreprise ne met en place aucun capteur de la réalité, elle risque de prendre comme vraie cette « illusion », cette perception d'elle-même.

Parce que la réalité va l'obliger à changer, bouger, modifier sa stratégie, sa structure, ses systèmes, l'entreprise a souvent tendance à se la masquer.

L'entreprise est-elle prête à voir la réalité en face ? Oui, lorsqu'elle fait appel à un consultant qui, par un état des lieux (ou diagnostic) demandé par une direction générale, va l'aider à appréhender la réalité voire les réalités.

Le symbolique

Les codes, les normes explicites et implicites, le langage constituent le symbolique. Il relie les choses entre elles, les gens entre eux. Il permet la socialisation de tout individu et l'appartenance à une même société. L'être humain ne peut vivre en société que s'il respecte les codes, entre autres, de cette même société.

Chaque entreprise a son symbolique. Même si chacun n'adhère pas au symbolique de l'entreprise dans laquelle il travaille, il devra nécessairement le reconnaître, se soumettre à celui-ci s'il veut y être accepté et intégré.

Le consultant doit prendre en compte le symbolique de l'entreprise dans sa méthode d'intervention et ses principes d'action sinon il risque d'être rejeté, voir même éjecté.

La méthode d'intervention du consultant doit donc respecter le symbolique de l'entreprise, ne pas trop s'écarter des habitudes ritualisées de celle-ci. Cependant, le consultant doit être vigilant : s'il s'adapte totalement et parfaitement au symbolique de l'entreprise, à sa culture, il n'y aura pas de changements possibles.

L'imaginaire

C'est la dernière et troisième dimension proposée.

Dans l'entreprise, l'imaginaire peut être représenté par des projets, des objectifs ambitieux, la politique de recherche, des perspectives de développement, le prestige de l'entreprise, le charisme du manager, l'image du dirigeant, par exemple.

Approches

Le rôle du consultant est d'aider l'entreprise à révéler son propre imaginaire. Pour cela, le consultant propose une méthode d'intervention, des principes d'action, des outils, des recommandations assorties de plans d'action élaborés par le personnel de l'entreprise lui-même.

2.2. État des lieux de l'entreprise où le consultant intervient

Par rapport aux trois dimensions « réalité, symbolique et imaginaire », précédemment développées, le consultant peut intervenir dans une entreprise où la réalité est niée, l'imaginaire hypotrophié, le symbolique hypertrophié.

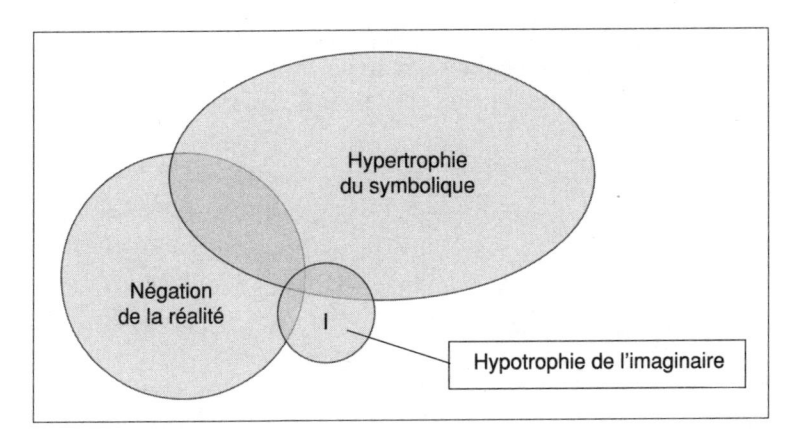

Négation de la réalité

Si l'entreprise a des problèmes, subit des dysfonctionnements, cela peut signifier qu'elle a vécu dans la négation de la réalité, qu'elle n'a pas mis en place le minimum de veille nécessaire, qu'elle n'accepte pas de se voir comme elle est. Elle n'est pas capable de regarder « la réalité en face ».

Hypotrophie de l'imaginaire

Les maîtres mots des entreprises sont souvent réduction des coûts, plan social, notamment. De fait, il est difficile de susciter l'imaginaire. Imagination et créativité sont proscrites.

Hypertrophie du symbolique

Des dirigeants d'entreprise ont parfois hypertrophié le symbolique en ayant nié la réalité et n'ayant pas su susciter l'imaginaire et permettre le développement de l'imagination et de la créativité chez les salariés.

Ces dirigeants accordent une importance démesurée aux symboles : le bureau (avec meubles *design*, fauteuils en cuir, double fenêtre), la performance de la voiture de fonction, la place de parking réservée. Ces symboles sont représentatifs de leur fonction et renforcent leur puissance et leur pouvoir face aux autres.

2.3. Le rôle du consultant : équilibrer les trois dimensions « réalité, symbolique et imaginaire »

Le consultant interviendra donc dans l'entreprise où négation de la réalité, hypotrophie de l'imaginaire et hypertrophie du symbolique sont consacrées. Le consultant aidera l'entreprise à réaliser l'équilibre entre ces trois dimensions.

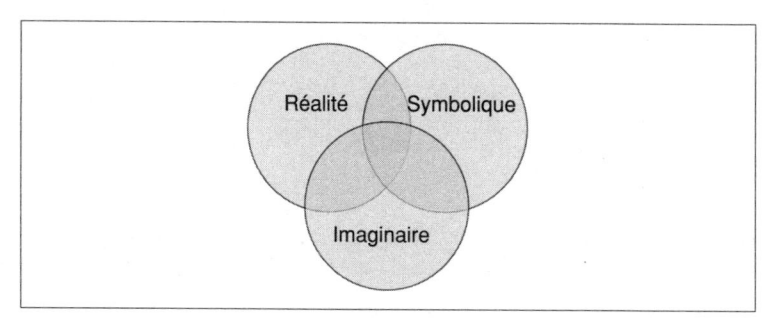

Sur la réalité

Le consultant doit aider l'entreprise à regarder la réalité en face. Il doit lui permettre d'accepter les indicateurs de performance, les outils de bechmarking, d'admettre les veilles technologique et concurrentielle comme une opportunité, et non plus comme une menace. L'opportunité, ici, est d'adapter sa stratégie, sa structure, ses systèmes aux réalités du marché.

Sur l'imaginaire

L'intervention du consultant doit être révélatrice de l'imaginaire de l'entreprise.

Approches

Ses recommandations doivent être vécues comme un projet qui, non seulement, fait vivre l'entreprise par son chiffre d'affaires et sa marge, mais aussi, permet le développement des personnels, privilégie la prise d'initiatives, de risques, potentialise leurs compétences.

Sur le symbolique

L'intervention du consultant doit créer du lien social, S'il doit respecter le symbolique de l'entreprise, il doit surtout l'aider à bouger, changer.

Après l'intervention du consultant, un nouveau symbolique, de nouvelles façons de travailler, de nouveaux comportements apparaîtront et permettront à l'entreprise un fonctionnement transversal et non plus hiérarchique.

Naturellement, le fonctionnement par projet remet en cause les modes de fonctionnement habituels mais il est créateur de lien social, il constitue le vrai travail d'équipe et l'esprit de l'entreprise et il renforce ainsi le symbolique.

2.4. Applications

Analyser l'intervention du consultant à partir des trois dimensions « réalité, symbolique, imaginaire » est une façon de montrer qu'il est difficile de réaliser l'équilibre entre ces trois dimensions au sein d'une entreprise.

En effet, un consultant n'est pas un gourou (qui est dans l'hypertrophie du symbolique), ni un expert qui ne sera jamais un révélateur d'imaginaire puisqu'il sait et fait tout. Un consultant doit être un méthodologue qui, par l'apport de ses méthodes et par sa personnalité, permettra à l'entreprise et ses personnels de retrouver confiance en eux-mêmes. Les méthodes, outils et principes d'action proposés par le consultant aideront les personnels de l'entreprise à apporter eux-mêmes les solutions aux problèmes ou aux dysfonctionnements repérés. Conçues par eux, ces solutions se mettront naturellement en place.

L'approche analytique et ses trois dimensions « réalité, symbolique, imaginaire » permettent :
– d'appréhender la culture de l'entreprise,
– de percevoir si l'entreprise a mis ou mettra en place les indicateurs pour capter la réalité,

- de détecter les lieux ou les personnes porteurs d'imaginaire,
- de repérer le symbolique existant dans l'entreprise pour assurer le lien entre les individus.

UN MODÈLE ORIGINAL DE CONSULTATION : LA DYNAMISATION SOCIALE

Les éléments exposés dans cette partie correspondent à ceux qui sont présentés dans l'ouvrage de Christian Michon et Patrice Stern, « *La dynamisation sociale* »[1].

Qu'est-ce que la dynamisation sociale ?

Selon la définition qu'en donnent ses auteurs, c'est : « *l'action de rendre une organisation sociale entreprenante, par la stimulation de son corps social* ».

Pour découvrir ce qu'est réellement la dynamisation sociale, nous proposons de l'aborder d'une part, en présentant la philosophie et les objectifs d'une telle action, puis de voir comment mettre en œuvre ces objectifs à travers un processus, des principes et un plan d'intervention.

1. PHILOSOPHIE ET OBJECTIFS

1.1. La philosophie

« ***Les ressources humaines d'une organisation constituent sa force première*** » : le personnel d'une entreprise est une ressource et non un coût, un levier de compétitivité et non un frein au dynamisme.

« ***Impulser le changement et non l'imposer*** » : on ne décrète pas le changement, il se réalise à partir du corps social, qui devient partenaire du changement.

---

1. Éditions d'Organisation, Paris, 1985.

« *La participation de tous à la marche de l'entreprise est une condition de réussite* » : si les membres de l'entreprise ne participent pas à la conception des procédures dans lesquelles ils vivent, ils ne les reconnaîtront pas comme les leurs, ne les comprendront pas, ne les utiliseront pas de manière efficace.

« *Ne plus vouloir poser les problèmes de l'entreprise en terme de luttes internes* » : les membres d'une entreprise (ou de toute organisation sociale) ont un objectif commun de réussite. Il s'agit d'établir un rapport d'efficacité entre les partenaires sociaux, de construire un projet où chacun doit pouvoir y gagner quelque chose où il ne devrait pas y avoir de perdant, un projet qui enrichisse le corps social.

« *Améliorer la performance de l'entreprise en créant à tous les niveaux un véritable esprit d'entreprendre* » : l'enjeu est d'allier progrès économique et progrès social.

« *Réconcilier l'individu et l'entreprise, puis l'entreprise avec elle-même* » : permettre à l'individu de s'approprier son travail, d'être acteur dans son entreprise (ou toute autre organisation sociale), d'être véritablement partie prenante du système dans lequel il s'insère professionnellement.

C'est aussi « *rechercher et affirmer la personnalité socio-culturelle de l'entreprise* » : l'entreprise doit maîtriser le développement de sa personnalité au niveau interne, et pas seulement en termes publicitaires. L'individu doit pouvoir se sentir intégré dans une socio-culture, à son niveau, pouvoir s'identifier à l'entreprise, et en être fier.

Après avoir considéré la philosophie, l'état d'esprit dans lequel est conçue la dynamisation sociale, nous allons voir maintenant quels objectifs elle cherche à atteindre.

1.2. Les objectifs

— Permettre à chacun de se responsabiliser et d'apporter ses idées à l'entreprise.
— Mettre en place des systèmes de motivation, communication et information.
— Intégrer l'innovation comme ressource essentielle de l'entreprise, à développer constamment.
— Intégrer la dimension culturelle : l'entreprise doit prendre conscience de son identité et de ses valeurs.

- Maîtriser un changement de trois ordres :
  - Changer les comportements, parce que le corps social ne peut agir vers de nouvelles voies que s'il modifie ses comportements habituels.
  - Changer les politiques, car une entreprise ou une organisation sociale qui cherche à se développer doit avoir une capacité à redéfinir ses orientations stratégiques.
  - Changer les messages, parce qu'il faut informer et porter à la connaissance de tous les buts et les objectifs de l'entreprise et tout changement qui la concerne.
- Impliquer l'ensemble du personnel – cadres et employés – dans la marche globale de l'entreprise.
- Permettre une meilleure circulation de l'information, favoriser la participation aux discussions et aux décisions des personnels concernés.
- Mettre en place un management participatif, c'est-à-dire un style de direction qui va favoriser le dialogue social, en prenant en compte les aspirations des acteurs sociaux pour impliquer, animer et motiver l'ensemble du corps social, permettant ainsi la multi-spécialisation des hommes (où ceux qui exécutent ont aussi le droit de concevoir), et favorisant une souplesse organisationnelle (agrandir le champ de communication, de diversité des structures et d'articulation des fonctions). C'est donc instaurer de nouveaux rapports d'autorité où le supérieur hiérarchique n'est plus un chef qui ordonne et donne des consignes sans explication sur les objectifs, mais un « communicateur » qui relaie l'information du sommet vers la base et de la base au sommet, un animateur qui s'emploie à orienter et guider son équipe. Il doit alors convaincre par une autorité de compétence et non de statut.

2. COMMENT METTRE EN ŒUVRE CES OBJECTIFS ?

2.1. Le processus

La dynamisation sociale est un processus visant à créer un flux de communication et de mobilisation, balisé par différentes étapes. Ce processus se met en place par une méthode, c'est-à-dire un ensemble organisé d'étapes articulées les unes aux autres. S'il n'existe pas de « volonté politique » de la Direction Générale, il n'est pas question d'entamer ce processus. Il faut être certain du soutien constant de la Direction Générale qui, par sa décision, fixe elle-même clairement l'enjeu.

Deux branches se répondent dans ce processus :
- la première est celle d'un plan d'intervention proposé par des consultants externes,
- la deuxième est celle des décisions politiques d'impulsion.

Le plan d'intervention vise à créer les conditions de la dynamisation, c'est-à-dire à faciliter d'une part les décisions politiques qui vont impulser le changement et d'autre part à mettre en place les conditions psychologiques et organisationnelles dans lesquelles vont s'inscrire ces décisions. Le plan d'intervention et les décisions politiques d'impulsion vont produire un mouvement dynamique permanent qui, en prenant de l'ampleur, va créer la dynamisation sociale comme une résultante du système.

Le plan d'intervention vise donc à faciliter la production de changement, mais ne le décrète pas.

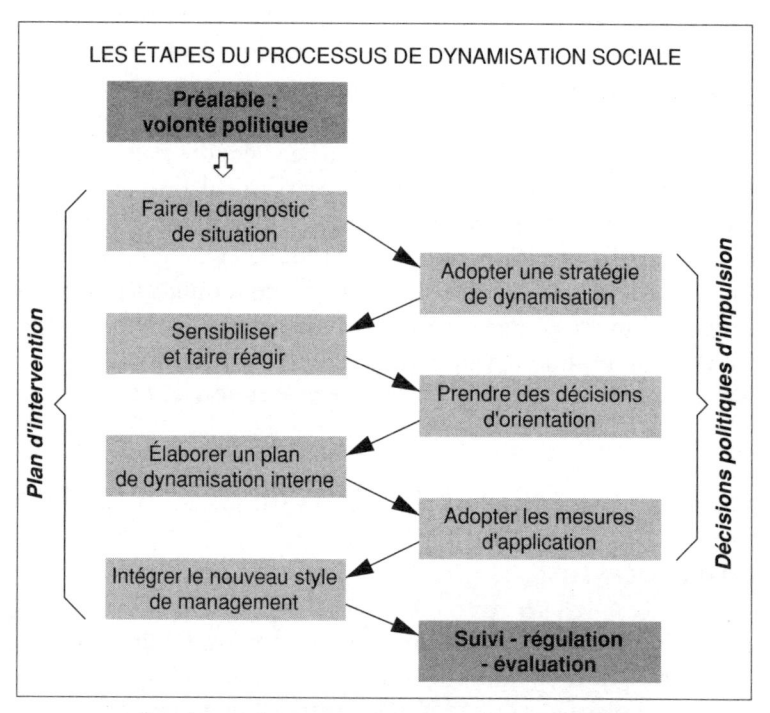

LES ÉTAPES DU PROCESSUS DE DYNAMISATION SOCIALE

Préalable : volonté politique

Plan d'intervention :
- Faire le diagnostic de situation
- Sensibiliser et faire réagir
- Élaborer un plan de dynamisation interne
- Intégrer le nouveau style de management

Décisions politiques d'impulsion :
- Adopter une stratégie de dynamisation
- Prendre des décisions d'orientation
- Adopter les mesures d'application
- Suivi - régulation - évaluation

Les étapes du processus de dynamisation sociale

Le schéma ci-dessus fait apparaître le processus de dynamisation et ses différentes étapes. À sa lecture, nous repérons 4 grandes phases qui créent la dynamique de mouvement :

Lors de la Phase 1
- Les dirigeants s'engagent effectivement dans l'action.
- Un inventaire des problèmes de l'entreprise est établi.
- Le vécu interne est mis à plat.
- Un projet d'entreprise et des objectifs de travail sont définis pour servir de levier à la dynamisation.

Lors de la Phase 2
- Le corps social est informé et impliqué dans l'opération. Un climat de concertation se crée.
- L'expression libre des salariés et la transparence de l'information deviennent la règle.
- Les aspirations du corps social, ses réactions face au projet d'entreprise, sont répertoriées.

Lors de la Phase 3
- La dynamisation gagne l'ensemble des services dans le cadre d'une mobilisation générale.
- Les problèmes spécifiques aux unités opérationnelles et fonctionnelles sont abordés.
- Des groupes de travail ou « groupes de dynamisation » sont constitués.
- Des solutions ou actions à mener sont regroupées et les dirigeants adoptent des mesures à court, moyen ou long terme.

Lors de la phase 4
- La démarche participative devient courante au sein des services.
- L'entreprise entre dans une dynamique d'évolution permanente.

2.2. Les principes d'action

Ils sont au nombre de cinq.

Principe n° 1 : S'appuyer sur tous les acteurs

Le chef d'entreprise, la hiérarchie dirigeante, le personnel d'encadrement, le personnel non cadre et les syndicats.

- **Le chef d'entreprise** est un personnage clé dans le processus de dynamisation ; c'est lui qui donne l'impulsion d'une dynamique de changement. Il doit être conscient de son image interne, de son rôle et de son pouvoir, des symboles qu'il véhicule au niveau du corps social de l'entreprise. Il est la valeur sûre dans l'impulsion du changement.
- **La hiérarchie dirigeante**, comme tout acteur de l'entreprise, peut être facteur de résistance et un frein à la dynamisation. Si elle ne s'implique pas en tant que partie prenante du changement, son attitude influencera les cadres qui eux-mêmes influenceront l'attitude de la maîtrise.
- **L'encadrement** peut également exprimer des résistances à l'implication, son ouverture au dialogue social peut être tout aussi difficile à obtenir que l'implication du personnel d'exécution.
- **Le personnel d'exécution** est l'objet de nombreuses sollicitations dans le management participatif. Il peut témoigner d'une grande aptitude à percevoir les finalités stratégiques de l'entreprise et d'un esprit d'entreprendre. Le management participatif a pour objet de favoriser cette réalité, l'émergence de ce potentiel.
- **Les syndicats.** Sans être des partenaires actifs au projet, ils ne sont pas considérés comme des « adversaires ». L'information et la transparence de l'action sont des principes respectés auprès de l'ensemble du corps social mais aussi à l'égard des syndicats.

Principe n° 2 : S'appuyer sur la communication interne

Il faut veiller à la transparence de l'information tout au long de l'action. De l'opération, aucun personnel, aucun service, ne doit redouter une manipulation. Aussi, il est primordial de veiller à la transparence de l'opération. Chacun doit pouvoir accéder aux travaux effectués par les autres pendant toute la durée de l'opération. Dans cette ligne, il est souhaitable de prévoir un véritable plan de communication interne.

Dans le contexte de dynamisation, il est nécessaire d'échapper à l'étroitesse des canaux de communication formelle traditionnels (de haut en bas) ne permettant pas d'écouler le flux d'information, et insuffisants pour satisfaire le besoin d'information des individus sur le plan social.

Élargir les canaux de communication et s'appuyer sur la communication interne, c'est considérer la communication comme un levier de progrès de l'entreprise pour promouvoir l'action de dynamisation, et faciliter la communication à double sens.

Pour promouvoir l'action de dynamisation, il faut donc maîtriser la communication interne. L'impact de la démarche pour créer un effet psychologique doit toucher le maximum de personnes en un minimum de temps et limiter la rumeur pour qu'une contre-information ne déforme pas le contenu du message, de l'action.

Faciliter la communication à double sens, c'est établir une voie de communication directe et authentique du sommet vers la base, et *vice-versa*. Cette condition nécessaire est à établir ou à garantir au cours de l'action de dynamisation sociale. Cette communication à double sens répond à deux objectifs :

– *l'ajustement de la « volonté politique »* et des choix de développement à la réalité de l'entreprise (connaissance du vécu du corps social par un discours authentique des membres du personnel de toutes les catégories),

– *l'ajustement du corps social* de l'entreprise au développement de l'entreprise et à son avenir : en considérant le désir de chacun de mieux vivre l'organisation dans laquelle il travaille, il s'agit de donner à chacun les moyens de se sentir bien dans un comportement productif et de reprendre à son compte les propositions stratégiques pour en rechercher les meilleures applications.

Principe n° 3 : Créer une dynamique de mouvement

La méthodologie de la démarche doit être facteur de dynamisation puisque la démarche elle-même a pour objectif évident la dynamisation.

Deux éléments jouent le rôle de dynamisation : l'apport de techniques actives impliquant le personnel et la pression du critère temps.

Les différentes techniques utilisées ont un effet non seulement par leur apport fonctionnel, mais également par le simple fait de les utiliser. Les techniques doivent ou peuvent entraîner un changement de comportement.

Le schéma traditionnel qui veut qu'un changement d'attitude doit précéder et induire le changement de comportement est inversé par les techniques actives : on attend un changement de comportement par un changement d'attitude.

La pression du temps a pour objectif d'éviter la dilution de l'action, non pas se consacrer exclusivement à l'opération au détriment des activités quotidiennes, et de considérer le projet comme une priorité réelle.

Principe n° 4 : Ne pas faire « du politique »

La finalité de la dynamisation sociale, qui est de faire partager l'esprit d'entreprendre, n'a pour but ni de renforcer le pouvoir technocratique ni d'introduire de nouveaux schémas de développement de l'entreprise imposés par les consultants. Il ne faut pas confondre décisions politiques et plan d'intervention clairement dissociés dans la démarche.

Le plan d'intervention doit permettre de trouver un meilleur terrain de compromis entre les aspirations internes et les conditions de développement stratégiques de l'entreprise dans son environnement concurrentiel. Il veut faciliter la prise de décision mais se garde bien d'intervenir sur le contenu même des décisions et se veut profitable envers le corps social de l'entreprise mais aussi envers les dirigeants.

L'intégration des décisions politiques dans le plan d'intervention favorise l'organisation des étapes de l'intervention par leur valorisation et leur promotion. Pour éviter qu'un malaise n'existe dans l'entreprise, il faut communiquer et promouvoir les objectifs politiques et économiques à tout le corps social pour clarifier et convaincre du bien fondé de ces objectifs. Il ne s'agit en aucun cas d'imposer des objectifs ou des décisions si elles sont rejetées par le corps social. Cependant, il n'est pas question non plus de renoncer à ces objectifs tant que ces idées n'auront pas été promues auprès du corps social et qu'un dialogue authentique existe.

Principe n° 5 : Adopter une démarche rigoureuse

Le respect des procédures permet à chacun :
– de ne pas se perdre dans la recherche d'une manière d'agir,
– de se concentrer sur les objectifs fixés pour chaque étape.

La rigueur d'une méthodologie favorisera la liberté d'expression et le foisonnement des idées.

2.3. Le plan d'intervention

Le plan d'intervention est la source des décisions politiques d'impulsion, elles-mêmes mises en œuvre par le plan d'intervention. Quatre phases principales constituent le plan d'intervention. Elles se succèdent et permettent la mise en œuvre du processus de dynamisation.

Les quatre phases du plan sont :
   Phase 1 : Faire le diagnostic de situation
   Phase 2 : Sensibiliser et faire réagir
   Phase 3 : Élaborer un plan de dynamisation interne
   Phase 4 : Intégrer le nouveau style de management

Il est nécessaire d'exposer les différentes phases d'une intervention de dynamisation sociale pour trois raisons :
— en avoir une vue globale,
— en comprendre les différents éléments méthodologiques,
— c'est sur ce modèle que s'est déroulée l'action en Mairie de M. que nous présentons en cinquième partie de notre ouvrage.

La décision de mettre en œuvre une telle action revient à la Direction générale de l'entreprise avec concertation de l'équipe dirigeante. Cette action peut s'insérer, au niveau de l'entreprise dans un projet plus global de définition de nouvelles stratégies ou d'amélioration de la qualité ou de l'image de l'entreprise. Les dirigeants auront auparavant fait part d'un certain nombre d'intentions quant aux perspectives et aux attentes d'une telle action.

Phase 1 : Faire le diagnostic de situation

Le diagnostic de situation consiste, dans la démarche de dynamisation sociale, à dresser un bilan d'aptitude de l'entreprise et à établir un guide des dangers ou des points d'appui qui conduira l'entreprise à se prendre en charge. L'objectif n'est pas de proposer un modèle de gestion. Le bilan d'aptitude repose sur l'idée de repérage des « points chauds » et « points froids »[2] ; il explore la culture de l'entreprise, le vécu et les perceptions du corps social et la relation entreprise/environnement.

---

2. Ensemble des éléments descriptifs de l'entreprise dans son fonctionnement social et économique spontanément perçus (points chauds) ou non perçus (points froids) par le corps social.

Dans les méthodes traditionnelles, l'étape « diagnostic de situation » consiste à repérer les points forts et les points faibles de l'entreprise, visant à établir un diagnostic de fonctionnement et à corriger les dysfonctionnements internes.

Le diagnostic de situation est élaboré par le corps social lui-même sous forme de groupes de travail : les groupes Scanner[3]. Les points chauds et les points froids peuvent être des points positifs ou négatifs, subjectifs ou objectifs. Ils ont avant tout la caractéristique d'être intégrés dans le vécu des individus. Ils sont considérés comme « chauds » si les acteurs sont particulièrement sensibles, comme « froids » si les acteurs sont indifférents. Les points « chauds » sont des points sensibles capables de faire évoluer la personnalité de l'entreprise, son système culturel et sa relation à l'environnement.

Dans une méthode traditionnelle, on cherche à repérer et à corriger les points faibles (par exemple : amélioration de la qualité de la communication interne).

Dans la démarche de dynamisation sociale, le principe de diagnostic est de chercher à apprécier comment va jouer la perception de la mauvaise qualité de la communication interne. Quelle que soit la qualité réelle de la communication interne, ce point ne sera traité que s'il affecte sensiblement le comportement du personnel et par suite l'efficacité de l'entreprise. Il est inutile de mobiliser le corps social s'il n'y a pas perception réelle d'un problème de communication interne, dans le seul but d'atteindre une norme idéale de fonctionnement ou de management. Traiter un point non ressenti comme important par le personnel peut l'amener à se demander « à quoi l'on joue ». Cette action pourra générer des angoisses et de fait, développer des effets pervers.

Faire le diagnostic de situation consiste à :
– comprendre l'entreprise à travers le discours de son corps social (discours spontané ou en fournissant au corps social les éléments d'information sur lesquels il va réagir pour authentifier le vécu du diagnostic),
– cerner comment fonctionne l'entreprise au travers d'une véritable analyse socio-culturelle de l'organisation, analyse qui constitue une

---

3. Groupe de 8 à 10 personnes se réunissant avec un consultant pour exprimer leurs opinions et sentiments sur une liste de problèmes ou de faits relatifs au fonctionnement de leur entreprise afin de dégager les points perçus comme « sensibles », et cf. Partie 5 – chapitre 2 – point 2.

Un modèle original de consultation : la dynamisation sociale

mise en évidence de perceptions par le corps social de la situation de l'entreprise.

Nous pouvons dès lors confirmer que cette méthode est participative : elle fait s'exprimer le corps social sur ce qu'il perçoit du fonctionnement interne de l'entreprise et de la relation à son environnement. Une telle sensibilisation est un premier acte de changement en ce qu'elle peut modifier les attitudes. Elle est d'autant plus utile que les individus qui participent à l'analyse sont les acteurs qui rechercheront par la suite des solutions aux problèmes posés et mettront en œuvre leurs propositions d'action.

Le diagnostic de situation, élaboré à partir de la technique des groupes Scanner et de l'utilisation d'un schéma d'analyse de l'entreprise, le « 7 S »[4], aboutira à l'élaboration d'un projet d'entreprise[5] ou projet mobilisateur.

Deux options pour l'élaboration du projet d'entreprise sont possibles :
– élaboration par l'intermédiaire des groupes Scanner. Le projet doit être ensuite soumis à l'équipe dirigeante ;
– ou élaboration par l'équipe dirigeante à partir des informations et réflexions émises par les différents groupes de travail.

Le choix entre ces deux options est effectué lors du plan d'intervention. Il est fixé par une « négociation » entre l'équipe de consultants et l'équipe dirigeante, selon la nature des objectifs, des contraintes et de la culture propre à chaque organisation. Le projet d'entreprise prend en compte les aspirations et le vécu du corps social. Il s'intègre dans la démarche stratégique de l'entreprise, dans sa relation avec le marché et l'environnement.

Dans ce sens, la démarche de dynamisation est adaptative :
– adaptation aux aspirations du corps social,
– adaptation aux contraintes de l'environnement.

À l'issue de cette première phase et selon l'option choisie, les décisions politiques de l'équipe de direction consistent soit à proposer un projet d'entreprise, soit à se déterminer sur le projet soumis par les représen-

---

4. Cf. chapitre précédent et l'ouvrage de PASCALE, R.T, ATHOS, A.G. *Le management est-il un art japonais ?*, Éditions d'Organisation, Paris, 1984.
5. Action mobilisatrice de toutes les parties prenantes de l'entreprise pour réussir à atteindre un objectif déterminé, retenu comme priorité stratégique.

tants des groupes Scanner (refus ou acceptation, avec ou sans réserve). Dans les deux cas, cette décision aura non seulement un effet direct sur la poursuite du processus mais aussi un effet psychologique, afin de :
- réduire le scepticisme du début par des prises de décision et établir une certaine crédibilité auprès du personnel,
- montrer que le dialogue social débouche sur des réponses au niveau le plus élevé et constitue un acte de management et non un abandon des responsabilités ; il ne faut pas induire, pour les cadres, une perte de confiance en leur rôle hiérarchique, et pour le personnel d'exécution, un processus revendicatif. Il s'agit là d'une nécessité de contrôler le processus par une série de décisions politiques au niveau le plus élevé.

L'adoption du projet d'entreprise conduit à la deuxième phase du plan d'intervention.

Phase 2 : Sensibiliser et faire réagir

Pour impulser le changement et ne pas l'imposer, il y a nécessité d'une réflexion authentique, une participation à la construction du projet. C'est autour du projet d'entreprise que se mobilisera le corps social. De fait, l'ensemble du personnel sur le projet sera le premier acte marquant le processus de dynamisation sociale. Après ce premier test, se situe le point de non-retour sur le plan politique.

Il faut cependant souligner trois points :
- L'un des objectifs du projet d'entreprise est de faire partager la capacité d'entreprendre à partir d'une orientation stratégique. Il n'est pas question de remettre en cause la fonction dirigeante, ni de déplacer le pouvoir stratégique dans l'entreprise du sommet vers la base. En effet, le projet d'entreprise n'est pas discutable qu'il soit élaboré par le personnel ou par l'équipe de direction. Il ne s'agit pas ici d'une prise de décision collective inscrite dans un processus autogestionnaire. Il n'est pas question non plus de donner au corps social le pouvoir de trancher sur des propositions d'objectif stratégique de la direction.
- Le projet d'entreprise peut ne pas recevoir l'adhésion du corps social. Il ne s'agit pas d'imposer mais d'obtenir une réelle adhésion par une réflexion participative. Le résultat de cette démarche constituera la mesure de l'engagement du corps social. Faire réagir, c'est mesurer cet engagement. À ce stade, le dirigeant peut avoir à renoncer à son projet. Quel que soit le degré d'adhésion au projet, il sera marqué par un

certain scepticisme quant à son application. L'effort de sensibilisation sur le projet risque également de créer pour ceux qui s'impliquent un état d'inconfort psychologique dû à la perspective du changement. Pour favoriser cette ouverture au changement, la méthode de dynamisation sociale a pour but, dans cette seconde phase, de montrer :
- la réalité du dialogue,
- que l'écoute du corps social fait partie du possible,
- que la capacité d'entreprendre est une valeur qui peut se partager en donnant à chacun la possibilité d'être acteur quelle que soit sa catégorie professionnelle.

Cette seconde phase se fait sous forme de réunions d'information sur le projet d'entreprise. L'ensemble du personnel est concerné, tous domaines d'activité et niveaux hiérarchiques confondus, sur la base du volontariat bien entendu. L'objectif de cette phase est de susciter la participation du personnel aux groupes de dynamisation[6].

– Troisième et ultime point : l'adhésion au projet d'entreprise doit être authentique. Obtenir une attitude authentique est un pari difficile qui pour être gagné demande des techniques spécifiques de participation. L'effort de sensibilisation sur le projet d'entreprise va créer un état d'inconfort psychologique comme nous l'avons déjà souligné. Les participants vont vivre l'ouverture au changement dans un environnement culturel chargé de scepticisme. La mesure de l'engagement du corps social, ses perceptions et ses réactions vont permettre de prendre les premières décisions d'orientation à mettre en œuvre en tenant compte de la spécificité de chaque entité organisationnelle (direction technique, financière, etc.).

La troisième phase du plan d'intervention permet de définir la méthodologie et la manière de mettre en œuvre les décisions d'orientation. C'est l'objet du plan de dynamisation interne.

Phase 3 : Élaborer un plan de dynamisation interne

La première phase « Faire le diagnostic de situation » est une phase de consultation et une première sensibilisation à la prise en charge par

---

6. Groupe de 8 à 10 personnes appartenant à toutes les catégories de personnel se réunissant sous l'animation d'un « animateur interne » pour émettre des propositions pratiques d'action permettant d'appliquer à leurs services les décisions stratégiques découlant du projet d'entreprise.

chacun des problèmes de l'entreprise. Peu d'impact est en fait réellement obtenu, en dehors des cadres et de la maîtrise qui ont participé.

La deuxième phase « Sensibiliser et faire réagir » sollicite la participation de tout le personnel et déclenche des aspirations plus profondes et le risque d'une frustration plus importante.

La troisième phase que nous abordons maintenant est fondamentale dans le processus de renforcement du nouveau climat de dialogue annoncé dans l'entreprise. L'ensemble de l'encadrement doit permettre à chaque unité opérationnelle d'élaborer à son niveau un plan d'application des décisions d'orientation.

Dans cette phase, des groupes de dynamisation sont mis en place pour proposer des mesures d'application autour des axes mobilisateurs dégagés à l'issue de la phase 2. L'élaboration du plan de dynamisation interne parce qu'il est passage à l'acte permet de réduire l'état d'inconfort psychologique résultant de la phase de sensibilisation (phase 2) et permet à un grand nombre de personnes de commencer véritablement à changer d'attitude.

La méthodologie qui se veut participative est aussi éducative et requiert une grande rigueur.

Une multitude de propositions posent le problème de leur formulation et de leur portée par l'approche participative. On distingue trois types d'actions quant à leur formulation :
- les actions formulées en termes d'objectifs : elles sont une déclinaison des orientations stratégiques (par exemple : renforcer les échanges entre services, renforcer la responsabilité des agents du service K, favoriser la créativité de chacun, etc.),
- les actions formulées en termes d'outils : elles sont une définition des actions à mettre en œuvre sans pour autant que soit déterminé dans le détail l'ensemble des mesures opérationnelles (exemple : production d'un journal d'information de département, modification de telle ou telle procédure, simplication d'une méthode de travail...),
- les actions formulées en termes opérationnels : elles sont très précises et comprennent le détail des procédures de mise en œuvre. Un guide d'action[7] facilite la formulation des actions.

---

7. Cf. Partie 4 – chapitre 2 – point 5.2.

Après la distinction de trois types d'actions quant à leur formulation, abordons la portée des actions dont on distingue également trois types :
- celles qui sont retenues par la hiérarchie dirigeante et sont à mettre en œuvre dans le cadre budgétaire normal des relations entre unités fonctionnelles ou opérationnelles,
- celles qui sont retenues par la hiérarchie mais qui par suite de leur coût financier ou de leur impact organisationnel nécessitent une intégration planifiée et seront soumises à arbitrage,
- celles, enfin, qui sont rejetées par la hiérarchie dirigeante. Les raisons de rejet de certaines propositions doivent être expliquées aux groupes de travail. Le groupe doit saisir le « pourquoi » du rejet et non vivre le rejet comme relevant de la seule volonté du chef.

Le plan de dynamisation interne sera donc le premier test de la capacité de l'entreprise à s'engager dans le management participatif. Si cela échoue, on sera pessimiste sur la capacité de l'entreprise à s'adapter à un environnement compétitif et changeant.

L'élaboration des propositions d'action contenues dans le plan de dynamisation interne conduit les dirigeants à adopter les mesures d'application. Nous arrivons ainsi à la dernière phase du plan d'intervention.

Phase 4 : Intégrer le nouveau style de management

Le plan de dynamisation revêt une volonté politique qui s'inscrit dans la dynamique créée pour produire le changement. L'objectif n'est pas de produire du changement à tout prix mais de rendre quotidien ce changement. L'intégration d'un nouveau style de management permettra d'obtenir en profondeur les changements d'attitude et de comportement souhaités. Cependant, il faut intégrer plusieurs axes majeurs :
- Intégrer de manière durable les groupes de travail autour des axes d'orientation. Les participants à ces groupes sont le relais du nouveau mode de management participatif.
- Intégrer la communication interne dans une direction de la communication. Au même titre qu'une direction financière, commerciale et des ressources humaines, il doit y avoir une direction de la communication qui inclue les aspects de la communication interne et d'innovation ainsi que la promotion de l'image institutionnelle à l'extérieur de l'entreprise.

Le rôle de cette direction est double au niveau interne :
- jouer un rôle d'aide et d'assistance fonctionnelle auprès des unités opérationnelles, des divisions,
- jouer un rôle d'organe de communication opérationnel auprès de l'ensemble du corps social.

– Intégrer l'innovation. Créer une cellule d'innovation centralisée jouerait un rôle important pour rendre exemplaire le courant innovateur au-delà des blocages institutionnels. Cependant qu'il y ait ou non cellule d'innovation, l'innovation reste une ressource de l'entreprise : elle est l'émergence du potentiel humain.

– Intégrer la dimension culturelle. Ce courant considère l'homme au travail dans sa relation sociale et technique en y ajoutant l'aspect culturel, à l'opposé de Taylor et des démarches socio-techniques. Cette dimension culturelle est un des apports les plus importants de la démarche de dynamisation sociale. Il est important que l'entreprise prenne conscience de son identité, de ses attitudes et valeurs et intègre dans son action une véritable philosophie d'entreprise.

La culture de l'entreprise n'est pas un produit neutre, c'est un élément de la relation entre l'entreprise et son environnement qui renforce la compétitivité ou lutte contre elle. L'entreprise doit faire part de son identité à travers des messages-phares qui débouchent sur une charte culturelle, acte volontariste qui comporte des valeurs et des règles de comportement souhaités qui doivent être en cohérence avec les aspirations du corps social. Il s'agit d'une recherche d'entente entre l'intérêt stratégique de l'entreprise et les aspirations du corps social, qui se justifie dans le plan d'intervention.

La charte culturelle ne peut être acceptée par le corps social que lorsque la sensibilisation au changement et l'ouverture des mentalités se seront réalisées. La charte culturelle est la formalisation de cette volonté qui doit progressivement imprégner le nouveau personnel et gagner peu à peu les mentalités de la hiérarchie dirigeante, de l'encadrement et du personnel d'exécution.

DES OUTILS DE CONSULTATION

Nous présentons ici des outils de consultation. Ces outils nous semblent relever de 6 fonctions. Ils sont souvent simples, parfois plus sophistiqués. Ils ne doivent être pour le consultant qu'une aide méthodologique qui ne lui servira à rien s'il n'a pas saisi le problème posé, les différents contextes et l'enjeu de la consultation. Bien évidemment, ici, nous abordons l'intelligence du consultant et c'est une toute autre histoire.

Les outils présentés relèvent de 6 fonctions du métier de consultant :

1. La recherche et l'analyse des causes
   1.1. La méthode des critères

2. La sélection des causes les plus importantes
   2.1. Le Cube de Stern : outil d'analyse d'un problème
   2.2. Le diagramme de classification (causes de satisfaction et de non-satisfaction)

3. La recherche des solutions
   3.1. Les méthodes de créativité rationnelles
   3.2. Les méthodes de créativité infra-rationnelles

4. La sélection des solutions
   4.1. Le Cube de Stern : outil de recherche et de sélection de solutions

5. La mise en œuvre
   5.1. Guide Plate-forme
   5.2. Fiche-Action

6. Le contrôle des résultats
   6.1. Les principes
   6.2. Le contenu de la mesure
   6.3. Les outils de la mesure

1. LA RECHERCHE ET L'ANALYSE DES CAUSES

1.1. La méthode des critères

L'entreprise apparaît comme l'alliance d'un certain nombre de fonctions qu'il importe de combiner. Ces fonctions sont au nombre de cinq :
- fonction production,
- fonction commerciale,
- fonction financière,
- fonction humaine,
- fonction juridique.

Toute décision importante au sein de l'entreprise devra tenir compte de ces différentes fonctions.

La méthode des critères repose sur cette idée. Elle se propose d'éclairer un problème donné en utilisant des filtres différents. Chaque filtre correspond en fait à une fonction de l'entreprise. Un critère est donc un filtre permettant d'éclairer un problème sous un angle particulier.

Le problème sera d'autant mieux perçu qu'il sera analysé à l'aide d'un grand nombre de critères :
- critère Marché/Commercial,
- critère Économique/Financier,
- critère Scientifique/Technique,
- critère Juridique/Politique,
- critère Humain/Psychosocial.

Critères d'analyse et de classification	Faits	Appréciations	Propositions
Marché			
Financier			
Juridique			
Organisation technique			
Psychosocial			

Des outils de consultation

Critères	Informations
Marché	Quelle est l'offre du marché ? • Neuf • Occasion — Particulier / Revendeur • Française ou étrangère
Technique	• Puissance recherchée et vitesse • Sécurité • Robustesse • Nombre de places
Économique	Coût – achat Paiement – comptant Coût – entretien Paiement – crédit
Financier	– Consommation Ressources — actuelles / à venir – Revente ?
Humain	Social – Prestige-statut Psychologique – Esthétisme – Confort
Juridique	– Permis – Assurance — tous risques / tiers

Exemple d'application de la méthode des critères
Problème du choix d'une automobile ?

Critères	Analyse des faits	Hiérarchi-sation	Stratégie	Tactiques	Moyens d'action	Program-mation	
Marché							Marché
Financier							Financier
Humain							Humain
Technique							Technique
Juridique							Juridique

Remarquons que les deux modèles (structuration et critères) peuvent s'allier.

2. LA SÉLECTION DES CAUSES LES PLUS IMPORTANTES

2.1. Le Cube de Stern : outil d'analyse d'un problème

Cet outil est principalement utile dans le travail en groupe pour résoudre un problème. Il facilite :
- la recherche et la sélection des causes d'un dysfonctionnement et l'approche consensuelle dans l'analyse d'un problème,
- la recherche et la sélection des solutions[1] pour réguler les causes du dysfonctionnement et l'approche consensuelle pour résoudre les problèmes.

Première étape : Analyse et sélection des causes (cf. Fiche n° 1)

Les participants repèrent cinq à huit causes explicatives du dysfonctionnement et notent de 0 à 3 chacune des causes en utilisant les 4 critères de notation suivant un problème se définissant comme une situation insatisfaisante où l'on constate un écart entre un objectif souhaité et la réalité d'un résultat et pour laquelle une action doit être envisagée.

Les notes affectées à chaque critère sont additionnées : chaque cause obtenant ainsi une note pouvant aller de 0 à 12.

Les participants sélectionnent les causes ayant obtenu les notes les plus élevées et qui sont bien évidemment les premières auxquelles le groupe devra porter remède.

Exemple de Cube de Stern (cause) utilisé sur le thème de la « circulation de l'information » (cf. Fiche n° 2).

Sur cet exemple on voit que le groupe a sélectionné huit causes de « non circulation » :
- le critère « Urgence » a été noté de 1 à 3,
- le critère « Importance » de 1 à 3,
- le critère « Capacité à trouver des solutions » de 1 à 2,
- le critère « Pouvoir d'action » de 1 à 3.

Le groupe a ainsi sélectionné 4 causes, avec comme première cause : la rétention de l'information. Il lui sera alors possible d'appliquer aux causes sélectionnées la deuxième étape du Cube de Stern : la recherche de solutions.

---

1. Cf. point 4 du présent chapitre : la sélection des solutions.

Fiche n° 1

Première étape : 4 critères

Urgence

Définition

Est-il urgent ou non de traiter cette cause du dysfonctionnement ?
0- Aucune urgence.
1- Une certaine urgence.
2- Très urgent.
3- La plus extrême urgence.

Importance

Définition

Cette cause apparaît-elle comme étant d'importance pour expliquer le dysfonctionnement ?
0- Importance négligeable.
1- Une certaine importance.
2- Une grande importance.
3- Une importance capitale.

Pouvoir d'action

Définition

Avons-nous, à notre niveau, un pouvoir d'action pour agir sur cette cause ?
0- Aucune action ne semble possible à notre niveau.
1- L'action semble difficile à notre niveau seulement.
2- L'action est probablement possible à notre niveau.
3- L'action ressort tout à fait de notre niveau.

Capacité à trouver des solutions

Définition

Nous sentons-nous capables *a priori* de trouver des solutions pour remédier à cette cause du dysfonctionnement ?
0- Aucune solution ne semble envisageable.
1- Solutions difficilement envisageables.
2- Des solutions existent mais avec des difficultés d'application.
3- Des solutions existent et semblent facilement applicables.

Des outils de consultation

CUBE DE STERN

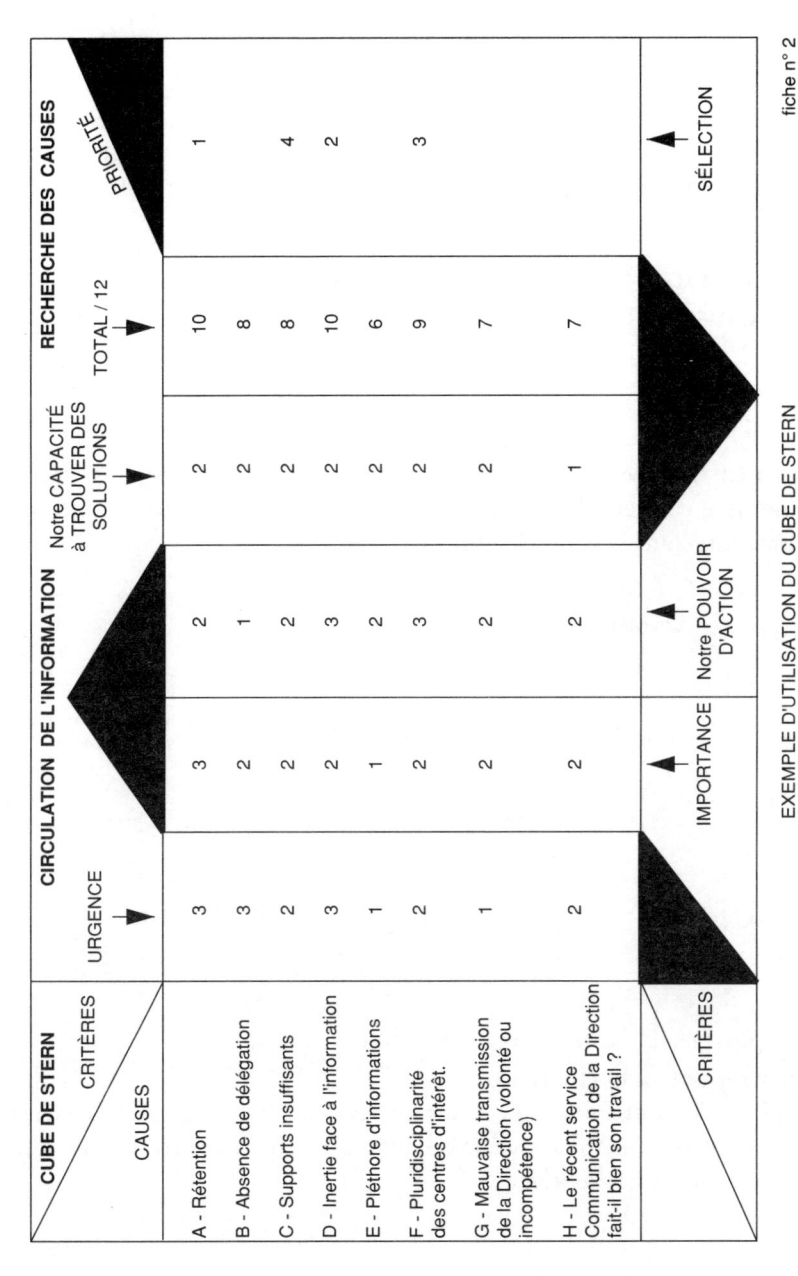

CRITÈRES CAUSES	CIRCULATION DE L'INFORMATION			RECHERCHE DES CAUSES	
	URGENCE	IMPORTANCE	Notre POUVOIR D'ACTION	Notre CAPACITÉ à TROUVER DES SOLUTIONS	TOTAL / 12	PRIORITÉ
A - Rétention	3	3	2	2	10	1
B - Absence de délégation	3	2	1	2	8	
C - Supports insuffisants	2	2	2	2	8	4
D - Inertie face à l'information	3	2	3	2	10	2
E - Pléthore d'informations	1	1	2	2	6	
F - Pluridisciplinarité des centres d'intérêt.	2	2	3	2	9	3
G - Mauvaise transmission de la Direction (volonté ou incompétence)	1	2	2	2	7	
H - Le récent service Communication de la Direction fait-il bien son travail ?	2	2	2	1	7	
CRITÈRES						SÉLECTION

EXEMPLE D'UTILISATION DU CUBE DE STERN

fiche n° 2

Deuxième étape : analyse et sélection des meilleures solutions

Les participants repèrent cinq à huit solutions permettant de résoudre la cause de dysfonctionnement sélectionnée.

NB. S'ils sont en panne de créativité, ils peuvent utiliser la méthode du *brain-storming*[2]. Les participants notent de 0 à 3 chacune des solutions en utilisant les 4 critères de notation suivants (cf. Fiche n° 3)[3].

2.2. Le diagramme de classification (causes de satisfaction et de non-satisfaction)

Le diagramme de classification est surtout utilisé dans les programmes sur la qualité.

Il permet d'analyser les pratiques en fonction de deux critères : nous donnons ici l'exemple d'une boutique de luxe ; les deux critères de satisfaction étant la clientèle et la boutique.

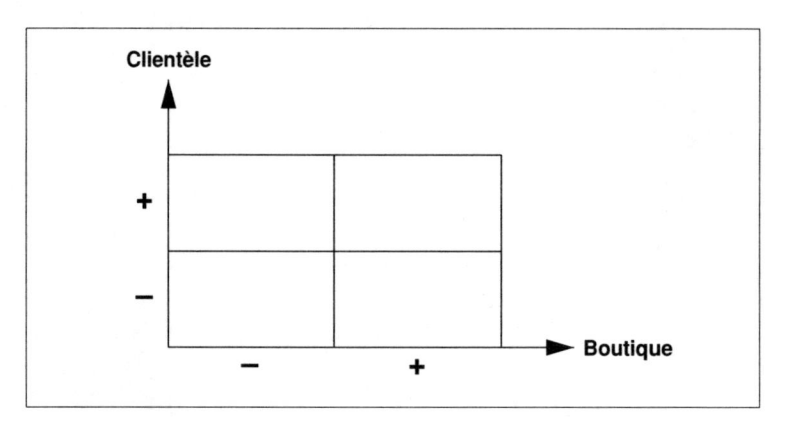

Il est possible de positionner les actions des vendeurs :
- **par rapport à la clientèle :**
  - l'action contribue-t-elle à la satisfaction, à ses attentes ? Le client se sent-il mal à l'aise, gêné ? L'action est-elle un obstacle à la fidélisation de la clientèle ?

---

2. *Brain-storming* : remue-méninges.
3. Cf. point 4 du présent chapitre.

Des outils de consultation

- **par rapport à la boutique** :
  - l'action du vendeur contribue-t-elle à l'efficacité du travail, au meilleur fonctionnement de la boutique, à sa meilleure rentabilité ?

Les quatre espaces délimités par le diagramme :

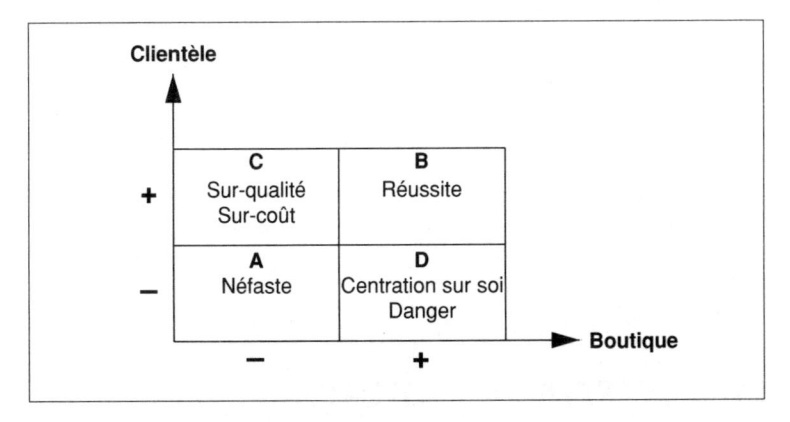

```
          Clientèle
             ▲
      ┌──────┼──────┐
      │  C   │  B   │
   +  │Sur-qualité│Réussite│
      │Sur-coût│      │
      ├──────┼──────┤
      │  A   │  D   │
   −  │Néfaste│Centration sur soi│
      │      │Danger │
      └──────┼──────┴──▶ Boutique
         −      +
```

Cas A Ni le client, ni la boutique ne sont satisfaits de cette action : à supprimer absolument.

Cas B Satisfaction à la fois pour le client et la boutique : voie de la réussite.

Cas C La satisfaction de la cliente est atteinte mais s'oppose à l'efficacité et au rendement de la boutique – Dysfonctionnement possible ; la centration sur le client entraîne une voie néfaste pour l'entreprise (sur-qualité ou sur-coût).

Cas D Opposition entre le mécontentement du client et la satisfaction de la boutique : à court terme.

Exemple : Sur la relation client-boutique de luxe, on classera ses 7 actions dans le diagramme :

1. La cliente est prise en charge en moins de 45 secondes.
2. On se parle de vendeur à vendeur devant les clients.
3. On fait toujours une remise aux clients qui la demandent.
4. On regarde davantage les vêtements que le client.
5. On ne dit pas au revoir au client qui n'achète pas.
6. Le téléphone ne se décroche pas avant 4 à 5 sonneries.
7. On sait laisser le client libre quand on le sent.
8. L'atelier de retouches dit systématiquement oui à toutes retouches.

```
              Clientèle
                 ▲
                 │
         +   │  3 - 8  │  1 - 7
             ├─────────┼─────────
         −   │  5 - 6  │  2 - 4
                 │                 ▶ Boutique
                 −        +
```

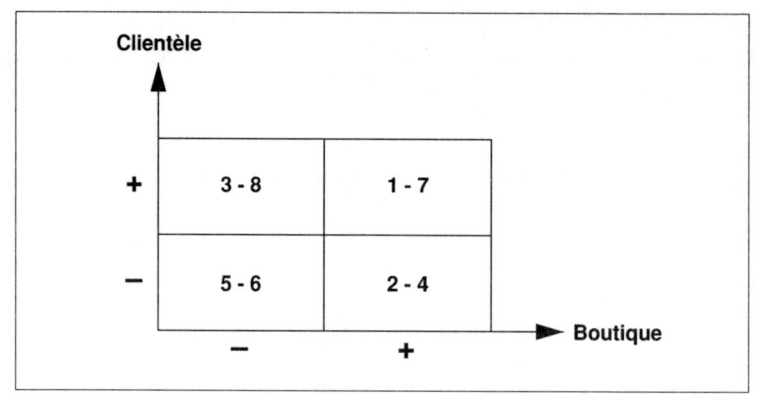

Actions **5 – 6 – 2 – 4** à supprimer ou à changer.
Actions **3 – 8** à faire évoluer.
Actions **1 – 7** à renforcer.

3. LA RECHERCHE DES SOLUTIONS

3.1. Les méthodes de créativité rationnelles[4]

Elles reposent essentiellement sur le principe de l'association. Rationnellement, systématiquement, il s'agira de confronter des éléments, des facteurs qui ne se sont jamais rencontrés, la création éventuelle provenant de la rencontre de ces deux éléments et non de ces éléments eux-mêmes.

Nous proposons trois méthodes :
- **la matrice de découverte** – ou association de deux variables ;
- **les *flash-words*** – ou l'association du problème posé à une liste de mots donnés ;
- **les *check-lists*** – ou confrontation du problème posé avec toute une liste de questions.

3.1.1. La matrice de découverte

La matrice de découverte est un tableau à double entrée, dans lequel différentes variables sont placées horizontalement et verticalement.

---

4. Cf. l'ouvrage de Patrice STERN, *Être plus efficace*, Éditions d'Organisation, 2002.

Des outils de consultation

	VARIABLES			
V \ V'	a	b	c	d
a'				
b'				
c'				●
d'				
e'				

Il s'agit alors d'associer une variable ligne et une variable colonne. La case ainsi créée pouvant soit donner directement un produit nouveau, soit le plus souvent permettre de poser un certain nombre de questions, faisant avancer le problème.

Les réponses nous permettent d'avancer dans la résolution du problème ou de suggérer des directions nouvelles.

Exemple : *la matrice de découverte de Môles*[5].

En croisant systématiquement des noms et des adjectifs appartenant à un univers commun, il est possible de découvrir, parmi des produits déjà existants et des produits utopiques, de nouveaux concepts de produit.

---

5. Exemple donné par la *Revue Française du Marketing*, n° 41.

UNIVERS COMMUNS					
	Slip	Chaussettes	Chemise	Pantalon	Soutien-gorge
Transparent	☐				☐
Coloré					☐
Rafraîchissant					
Déodorant	X				
Antiperspirant		X			

Recherche de nouveaux produits vestimentaires
Croisement, dans l'univers du vêtement corporel
• de noms "supports"
• de qualificatifs "fonctions".
On obtient :
– des produits existants (☐), slip transparent, soutien-gorge coloré ;
– des produits nouveaux (X), chaussette antiperspirante, slip déodorant.

3.1.2. La méthode des flash-words

C'est la confrontation d'une série de noms et d'adjectifs, avec le problème posé. Les mots proposés dans la liste doivent être évocateurs, et les plus diversifiés possibles...

La création naît de l'association aléatoire entre le mot proposé et le problème à traiter.

La méthode des *flash-words* est une façon souvent très riche de destructurer son problème, et de le percevoir sous de nouvelles facettes. Si l'on travaille seul, lire chaque mot de la liste et noter.

En groupe, on émet les mots à raison d'un mot par minute : chacun écoute le mot et note les associations qui lui viennent. On peut ainsi conseiller une liste de mots d'après Kent-Rosanoff.

Des outils de consultation

Liste de mots (d'après Kent-Rosanoff)

1. Table	26. Souhait	51. Tige	76. Amer
2. Foncé	27. Rivière	52. Lampe	77. Marteau
3. Musique	28. Blanc	53. Rêve	78. Assoiffé
4. Maladie	29. Beau	54. Jaune	79. Cité
5. Homme	30. Fenêtre	55. Pain	80. Carré
6. Profond	31. Rude	56. Justice	81. Beurre
7. Doux	32. Citoyen	57. Garçon	82. Docteur
8. Nourriture	33. Pied	58. Lumière	83. Bruyant
9. Montagne	34. Araignée	59. Santé	84. Voleur
10. Maison	35. Aiguille	60. Bible	85. Lion
11. Noir	36. Rouge	61. Mémoire	86. Joie
12. Mouton	37. Sommeil	62. Brebis	87. Lit
13. Confort	38. Colère	63. Bain	88. Lourd
14. Main	39. Tapis	64. Chaumière	89. Tabac
15. Court	40. Fille	65. Rapide	90. Bébé
16. Fruit	41. Eau	66. Bleu	91. Lune
17. Papillon	42. Laborieux	67. Affamé	92. Ciseaux
18. Lisse	43. Sûr	68. Prêtre	93. Tranquille
19. Commande	44. Terre	69. Océan	94. Vert
20. Chair	45. Trouble	70. Tête	95. Sel
21. Tendre	46. Soldat	71. Poêle	96. Rue
22. Sifflet	47. Choux	72. Long	97. Roi
23. Femme	48. Dur	73. Religion	98. Fromage
24. Froid	49. Aigle	74. Whisky	99. Bouton
25. Lent	50. Estomac	75. Enfant	100. Effrayé

3.1.3. La méthode des check-lists

Cette méthode consiste à appliquer au problème posé une série de questions, de propositions et ceci, de manière systématique.

Nous avons choisi 6 exemples de *check-lists* :

1. Questions stimulantes
– Pourquoi ?
– Où ?
– Quand ?
– Comment ?
– Par qui ?
– Etc.

2. Check-list d'Osborn
– Adapter.
– Modifier.
– Substituer.

- Additionner.
- Multiplier.
- Soustraire.
- Diviser.
- Réarranger.
- Renverser.
- Combiner.

3. *Check-list* de Flesch
- Que suis-je en train d'accomplir ?
- Ai-je fait ceci auparavant et comment ?
- Puis-je le faire d'une autre façon ?
- Puis-je utiliser plus, moins, toute, aucune, une, deux ou plusieurs parties ?
- Que se passe-t-il si je fais le contraire ?
- Que se passe-t-il si je ne fais rien ?

4. *Check-list* de Von Fange
- Que puis-je faire d'autre ?
- Que se passe-t-il si je renverse, si je mets l'intérieur à l'extérieur, le haut en bas ?
- Que puis-je faire sur la forme, sur la taille ?
- Que puis-je laisser de côté ?
- Que se passe-t-il si je considère les extrêmes ?
- Que se passe-t-il si je rends symétrique ou asymétrique ?
- L'objet peut-il être plus sûr, moins dangereux ?
- Peut-il être rendu plus économique ?
- Peut-il glisser au lieu de tourner ? Tourner au lieu de glisser ?
- Peut-il se déplacer ? Peut-il être stationnaire ?

5. Liste de Mortimer
Peut-on mieux adapter le résultat en ce qui concerne :
- la forme,
- le temps,
- la place,
- la quantité,

- l'emballage,
- la disponibilité,
- la combinaison,
- l'automation,
- la sélection.

6. Liste de Reiss

À noter que cette liste est parfaitement adaptée au développement personnel.
- En quoi consiste votre principale difficulté ?
- Qu'est-ce qui vous trouble, vous ennuie, vous gêne ?
- Qu'est-ce qui vous fait attraper froid, ou qu'est-ce qui vous salit ?
- Qu'est-ce que vous aimez toucher, sentir, voir ou entendre ?
- Quand souhaiteriez-vous disposer d'une main supplémentaire ?
- Qu'est-ce que vous oubliez ou négligez de faire le plus souvent ?

Les *check-lists* peuvent être très efficaces si le chercheur s'emploie à les utiliser sur son problème de façon systématique – le travail du chercheur devrait être de faire passer *chaque* élément de son problème par *chacune* des caractéristiques de chacune des listes.

S'il faut remarquer que certaines listes s'appliquent moins que d'autres à certains problèmes, il faut souligner aussi que l'aléatoire – l'idée – peut justement naître d'une *check-list* qui, *a priori*, paraissait très éloignée du problème à résoudre.

3.2. Les méthodes de créativité infra-rationnelles[6]

3.2.1. Méthode du brain-storming

Osborn, un consultant américain, avait observé que dans un groupe de travail, plus de 50 % des interventions des participants étaient des interventions *critiques* formulées en termes négatifs.

Ces interventions critiques cassaient le potentiel d'idées du groupe :
« Chacun n'ose plus parler, n'ose plus émettre d'idées, de peur de se voir critiqué, rabroué, voire ridiculisé. »

---

6. Cf. l'ouvrage de Patrice STERN, *Être plus efficace*, Éditions d'Organisation, 2002.

D'autre part, un temps précieux se trouve perdu à l'attaque et la défense des idées... au lieu d'exposer toute la richesse éventuelle de l'idée émise.

Pour éliminer ces différents blocages, Osborn a eu l'idée de séparer chaque réunion de travail en 2 parties bien distinctes :
– la période feu vert,
– la période feu rouge.

La période feu vert

Elle consiste pour le groupe à émettre toutes les idées qui lui passent par la tête (à partir du problème posé, bien entendu).

Durant cette période, aucune critique n'est admise.

C'est la phase « émission des idées » sans aucune censure du groupe, et sans aucune censure personnelle.

Il s'agit de privilégier au maximum la fonction imaginative de façon à épuiser dans un temps relativement court toutes les ressources potentielles du groupe.

Il faut donc exprimer en phrases courtes et en mots concrets toutes les idées dès qu'elles jaillissent à l'esprit.

Il faut aussi se laisser aller aux associations d'idées en reprenant l'idée qui vient d'être émise pour l'enrichir ou la conduire plus loin ou dans d'autres directions.

La période feu rouge

Lorsque la phase d'émission des idées est terminée, chacune des idées est alors reprise, discutée et évaluée par le groupe ou par un autre groupe. On a pu remarquer que le seul fait de distinguer la phase « émission des idées » et la phase « critique » augmentait considérablement le nombre des idées émises.

La phase du dépouillement des idées en vue de leur exploitation est un travail difficile, long, quelquefois fastidieux.

On a coutume de dire qu'à 5 minutes de feu vert correspondent 3 heures de feu rouge.

La phase feu vert a permis une maturité, une production d'idées débordantes, tout ceci doit être maintenant récupéré, analysé, travaillé. Il est faux de croire que la période feu vert du brain-storming donne la solution immédiate au problème posé.

Elle donne le plus souvent des axes, des pistes sur lesquels la réflexion, la rationalité doivent s'expliquer.

3.2.2. La méthode de l'analogie

La méthode analogique de créativité part du principe que mon problème, qui m'apparaît **insolite**, est quelque part dans un autre secteur, quelque chose de tout à fait **familier**, connu, classique.

Exemple : Colt inventa le revolver à barillet à partir de l'observation de la barre d'un navire.

Exemple : la fermeture « éclair » fut inventée à partir de l'observation de mille-pattes entremêlés.

Penser par analogies, c'est une technique permettant de saisir les relations qui existent entre des choses apparemment fort éloignées l'une de l'autre, puis d'utiliser ces ressemblances pour en tirer des idées qui apporteront des solutions au problème posé.

Il existe 4 types d'analogie :

Analogie directe

Il s'agit de mettre en parallèle le problème posé avec des phénomènes existants dans la nature, dans les sciences, dans les techniques.

Dans un premier temps, on s'éloignera du domaine du problème posé pour chercher dans d'autres domaines des phénomènes comparables, puis on transfèrera les analogies trouvées en s'efforçant de chercher comment elles peuvent faire avancer, voire apporter des solutions au problème posé.

Si le problème consiste à trouver de nouveaux systèmes d'**emballage**, on pensera au phénomène **contenu/contenant/fermeture** dans tous les domaines possibles : fleur carnivore, poche de kangourou, terrier de lapin, cheval de Troie, huître, escargot...

Analogie symbolique

Il s'agit de trouver des images, des concepts, des symboles qui sont une représentation symbolique du problème posé.

L'analogie symbolique donne rarement une solution technique, mais conduit souvent à une formulation plus fine ou plus originale du problème.

Par exemple, ce groupe travaillant sur un problème de nouveaux systèmes de « stores vénitiens » donnera les analogies symboliques suivantes : noir-blanc, bien et mal, dichotomie, yin-yang...

Une réflexion sur ces analogies n'apportera pas directement une solution, mais permettra une conceptualisation intéressante du problème posé.

Analogie fantastique

Ce type d'analogie consiste à s'affranchir de toutes les contingences et contraintes actuelles en supposant le problème résolu.

« Nous avons pu, nous avons su, nous avons voulu, nous avons réussi ».

En créant l'image de l'idéal à atteindre, nous nous projetons vers l'avenir, nous stimulons notre potentiel de créativité.

Analogie personnelle

Ce type d'analogie consiste en une identification des chercheurs avec les paramètres de leur problème.

Il s'agit de se vivre « physiquement » l'objet, la machine que l'on doit inventer.

En reprenant le problème des nouveaux systèmes d'emballage, les chercheurs essaieront de se vivre « sac », « enfermé », « s'échappant ».

Ils vont vivre l'opération d'être emballé ou d'emballer – et leurs attitudes, leurs comportements seront analysés.

4. LA SÉLECTION DES SOLUTIONS

4.1. Le Cube de Stern : outil de recherche et de sélection de solutions

Les notes affectées à chaque critère sont additionnées, chaque solution obtenant ainsi une note pouvant aller de 0 à 12.

Des outils de consultation

Fiche n° 3

4 critères

Priorité

Définition

Cette solution doit-elle être mise en place de façon prioritaire ?
0- Aucune priorité.
1- Pas plus prioritaire que d'autres.
2- Plutôt prioritaire.
3- La plus totale priorité.

Efficacité

Définition

Cette solution/action semble efficace pour la résolution du problème posé.
0- Efficacité négligeable.
1- Une certaine efficacité.
2- Une grande importance.
3- Une efficacité capitale.

Facilité de mise en place

Définition

Facilité de mise en place : comment peut être mise en œuvre l'idée (problèmes techniques, matériels et financiers) ?
0- Cette idée pose d'importantes difficultés de mise en place.
1- De sérieuses difficultés de mise en place.
2- Quelques difficultés de mise en place mais facilement surmontables.
3- Cette idée semble pouvoir être facilement mise en place (pas de difficulté de mise en œuvre).

Acceptabilité par le personnel

Définition

De quelle manière le personnel concerné acceptera-t-il l'idée ?
0- L'idée heurtera le personnel. Il faut s'attendre à une grande résistance de sa part.
1- L'idée sera plutôt mal acceptée.
2- L'idée sera acceptée avec quelques réticences.
3- L'idée sera acceptée d'emblée sans aucune réticence.

Les participants sélectionnent les solutions ayant obtenu les notes les plus élevées et qui sont bien évidemment les solutions à mettre rapidement en place.

Exemple de Cube de Stern (solution) utilisé sur le thème de la « rétention de l'information » (cf. Fiche n°4).

Sur cet exemple, on voit que le groupe a sélectionné huit solutions :
– le critère « Priorité » a été noté de 1 à 3,
– le critère « Efficacité » de 1 à 3,
– le critère « Facilité de mise en place » de 0 à 3,
– le critère « Acceptabilité par le personnel » de 0 à 3.

Ainsi le groupe a sélectionné 4 solutions pour résoudre la cause « rétention de l'information » – Reste à agir !

Nous tenons à souligner que cet outil qui peut paraître simple a su montrer son efficacité à tous les niveaux de l'entreprise : des groupes d'ouvriers, des comités de direction l'ont utilisé et s'en sont très bien trouvé !

5. LA MISE EN ŒUVRE

5.1. Guide plate-forme (cf. fiche n° 5)

À l'issue de la première réunion d'un groupe de dynamisation qui en comporte quatre, les participants remplissent le guide plate-forme définissant ainsi le travail du groupe pour les prochaines réunions.

5.2. Fiche-action (cf. fiche n° 6)

La fiche-action permet de repérer les principaux passages obligés pour réaliser la mise en œuvre de solutions. Elle décompose les étapes de la solution d'amélioration retenue.

Des outils de consultation

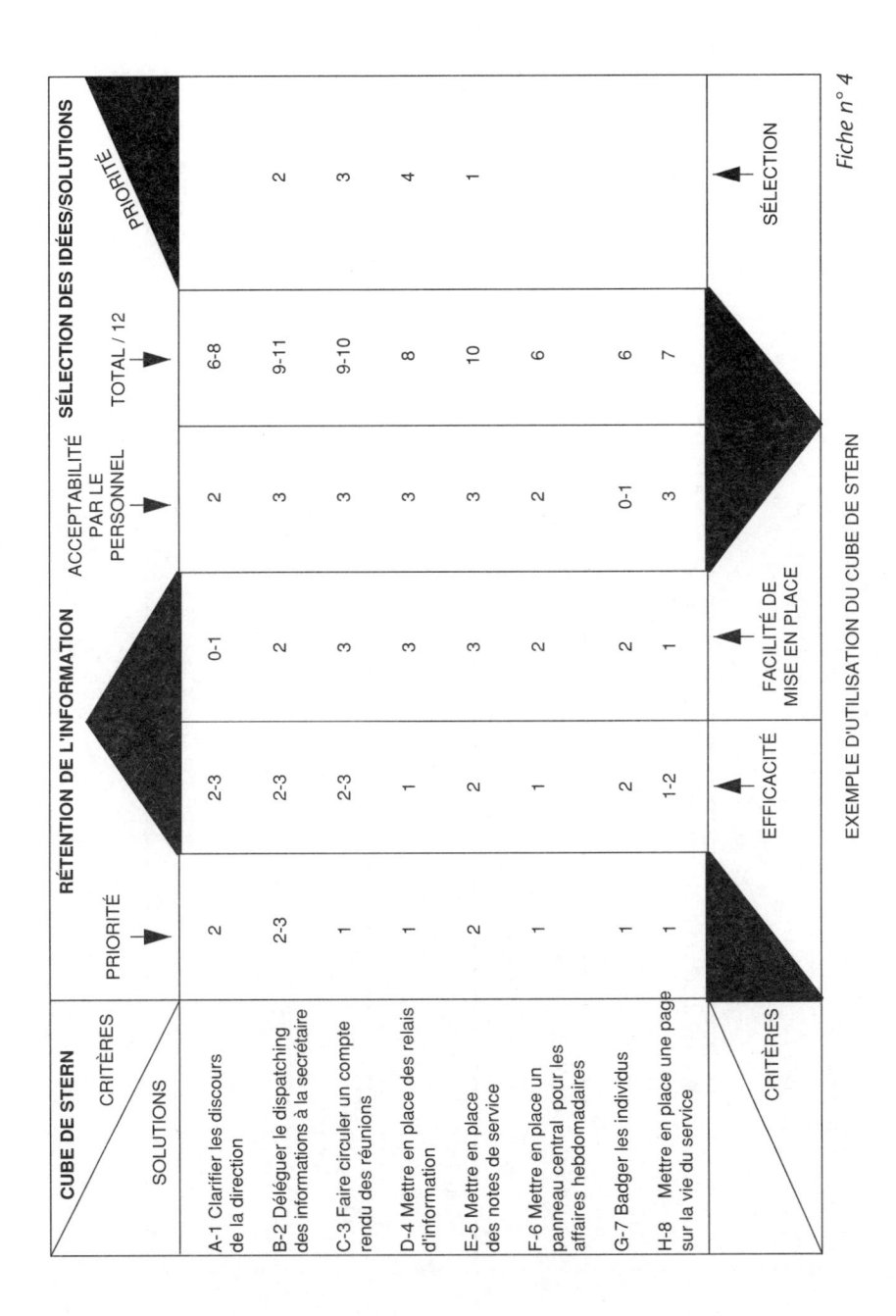

CUBE DE STERN CRITÈRES / SOLUTIONS	RÉTENTION DE L'INFORMATION			SÉLECTION DES IDÉES/SOLUTIONS		
	PRIORITÉ	EFFICACITÉ	FACILITÉ DE MISE EN PLACE	ACCEPTABILITÉ PAR LE PERSONNEL	TOTAL / 12	PRIORITÉ
A-1 Clarifier les discours de la direction	2	2-3	0-1	2	6-8	
B-2 Déléguer le dispatching des informations à la secrétaire	2-3	2-3	2	3	9-11	2
C-3 Faire circuler un compte rendu des réunions	1	2-3	3	3	9-10	3
D-4 Mettre en place des relais d'information	1	1	3	3	8	4
E-5 Mettre en place des notes de service	2	2	3	3	10	1
F-6 Mettre en place un panneau central pour les affaires hebdomadaires	1	1	2	2	6	
G-7 Badger les individus	1	2	2	0-1	6	
H-8 Mettre en place une page sur la vie du service	1	1-2	1	3	7	
CRITÈRES						SÉLECTION

EXEMPLE D'UTILISATION DU CUBE DE STERN

Fiche n° 4

GUIDE PLATE FORME DE TRAVAIL

ANIMATEUR DU GROUPE ....
....

GROUPE DE RÉFLEXION/ACTION

MEMBRES DU GROUPE

1	6
2	7
3	8
4	9
5	10

1. DESCRIPTION DE L'AXE (précisez d'une manière très opérationnelle l'axe choisi) ....
....
....

2. RAISONS AYANT AMENÉ LE GROUPE A DÉTERMINER CET OBJECTIF ....
....

3. RÉSULTATS ATTENDUS ....
....

4. CALENDRIER

REUNIONS	DATES	HEURES	LIEU	DUREE	Documents d'INFORMATION à APPORTER à la REUNION	DEMANDE de PARTICIPATION EXTERIEURE (éventuellement)

ICS-INTERCONSULTANTS

Fiche n° 5

Des outils de consultation

FICHE - ACTION		
1- Description de l'ACTION	**2- Résultats attendus**	
	pour moi	pour les autres
3- Nature de l'ACTION a. Qui est concerné par l'Action ? b. Contenu de l'Action (modalités, précisions,...)		

4- Mise en œuvre de l'ACTION
a. Qui sera responsable de la mettre
   en œuvre ?
 	
b. Quand pourra-t-elle être mise
   en place ?		

5- Ressources à obtenir : • Matérielles • Financières • Organisationnelles • Humaines • Autres		

6- Mise en place du suivi
   Comment pourra-t-on vérifier que
   l'action est efficace ? (si possible
   critères objectifs et mesurables)
	7- Économie à réaliser
	(temps, argent...)	

Fiche n° 6

6. LE CONTRÔLE DES RÉSULTATS

Il ne saurait y avoir d'action sans exigence de mesure. Sans mesure des résultats et de l'analyse de leurs écarts avec les objectifs fixés. Ainsi la consultation suppose un minimum de principes, des méthodologies dans la mise en place des instruments de mesure.

6.1. Les principes

D'une manière conceptuelle on peut dire que le contrôle des résultats d'une consultation doit tenir compte des critères suivants :

■ *Critère de cohérence*

L'action de consultation est-elle :
- cohérente avec les options technologiques et organisationnelles de l'entreprise ?
- cohérente avec les autres systèmes ou procédures déjà en place ?

■ *Critère de synchronisation*

La consultation a-t-elle été programmée « juste à temps » pour pouvoir mettre en œuvre sans retard les actions décidées ?

Le dispositif de la consultation a-t-il été organisé en concordance avec les autres actions, et notamment les actions opérationnelles menées par ailleurs ?

■ *Critère d'efficacité*

Les résultats et les effets de la consultation correspondent-ils aux objectifs définis dans le cahier des charges ?

■ *Critère de conformité*

L'action de consultation respecte-t-elle les accords d'entreprise ?

Les résultats de la consultation sont-ils en phase avec les données réglementaires du Code du Travail et avec les spécificités de la profession ?

Des outils de consultation

Ces quatre critères peuvent être mis en rapport avec un cinquième :

■ *Critère d'efficience*

L'efficience se définissant comme le rapport entre l'efficacité et le coût investi.

Le but de la mesure de l'efficience est d'obtenir le meilleur rapport coût/efficacité. Le décideur de l'action de consultation a-t-il optimalisé ce rapport ?

6.2. Le contenu de la mesure

■ *Conformité du cahier des charges*

Un premier contrôle des résultats peut être fait à partir du cahier des charges de la consultation. Ce contrôle sera d'autant plus facile que le cahier des charges a été clair et précis.

Check-list Conformité au cahier des charges
- A-t-on atteint les objectifs fixés par le cahier des charges ?
- Les moyens prévus ont-ils été les moyens réellement utilisés ?
  - Moyen technique,
  - Moyen humain,
  - Moyen logistique.
- Les procédures, les contenus ont-ils été assurés ?
- Le rythme prévu a-t-il été tenu ?
- La durée a-t-elle été respectée ?
- Le coût global n'a-t-il pas dépassé le budget fixé ?

Effets directs pour l'entreprise
- Connaissance accrue du fonctionnement de l'entreprise.
- Meilleure utilisation des procédures – Mise en place de nouvelles procédures.
- Évaluation des styles de management de l'encadrement.
- Modification des conditions de travail.
- Évolution de l'organisation du travail.
- Accroissement de la polyvalence, des demandes de mobilité.
- Adéquation du plan de formation aux objectifs poursuivis. Augmentation des demandes de formation.

- Renforcement de la motivation.
- Diminution des coûts.

Effets directs par rapport à l'environnement de l'entreprise
- Prise en compte de la concurrence.
- Amélioration des processus de veille technologique.
- Prise en compte des besoins de la clientèle.
- Meilleure compréhension du marché et de ses attentes.

Effets sur les acteurs eux-mêmes
- Connaissance de soi, connaissance des autres.
- Meilleure perception de son image, de son impact sur les autres.
- Valorisation des acteurs.

6.3. Les outils de la mesure

■ *Indicateurs de résultats*

Tous ces effets doivent être mesurés par des indicateurs de résultats. Ces indicateurs représentent les effets mesurés de l'action de consultation sur l'entreprise. Ils doivent être formulés en termes de paramètres d'exploitation les plus sensibles aux effets mêmes de la consultation.

Par exemple :
- La réduction du temps de pause d'une machine.
- La réduction du temps de réponse à une demande du client.
- La vitesse d'acheminement du courrier.
- La diminution du coût financier d'une nouvelle procédure.

Il s'agit bien, là, d'apprécier si l'action de consultation menée a permis des améliorations dans des situations professionnelles réelles.

L'indicateur doit mesurer le degré de présence du critère de performance recherché. Il doit fournir une information significative. Il se doit d'être objectif, quantifiable et facilement repérable.

Outre un système de mesure fiable, l'indicateur doit s'accompagner :
- d'une procédure de décision précisant la – ou les – personne responsable de la mesure, et les modalités de régulation en fonction des résultats mesurés.

Des outils de consultation

■ Les baromètres

Outre les indicateurs, les baromètres dits de satisfaction ou de performance nous semblent les outils les plus efficaces pour mesurer le résultat d'une consultation.

Nous proposons ici deux exemples de baromètres :

Le Baromètre Communal

Outil de sondage, le Baromètre Communal permet de connaître la satisfaction de la population locale envers la mairie et ses services et également de cerner l'image de la commune.

Pourquoi un Baromètre Communal ?

Parce que la qualité de ses services est un enjeu essentiel pour une Mairie.

Aujourd'hui, la population de la commune change, les jeunes arrivent ou s'en vont, les emplois migrent ou se développent, les nouveaux quartiers amènent une nouvelle population, bref les besoins évoluent et la commune doit y répondre avec un souci de qualité.

La qualité de service est un objectif prioritaire dans les secteurs très variés : les affaires scolaires, la voirie, les sports, les ordures ménagères, la police, la bibliothèque, la vie associative, etc.

Le Baromètre Communal permet de juger la progression de la qualité de service et de mesurer le résultat des efforts engagés par la mairie.

Parce que l'usager est devenu un client à satisfaire.

La mairie assume une mission de service public, mais souvent l'usager y trouvait une administration peu soucieuse de la satisfaction de ses administrés. Aujourd'hui de nombreuses communes ont adopté une démarche nouvelle tournée vers les besoins des usagers qui sont devenus des « clients à satisfaire ».

Le Baromètre Communal est un instrument de mesure de la satisfaction qui guide les actions à réaliser et permet d'en apprécier l'impact.

Parce que la commune a besoin d'une image positive.

Être fier d'appartenir à sa commune, être content de vivre dans sa commune, être conscient d'y trouver une qualité de vie, c'est ce qui fait une image positive.

Le gestionnaire d'une commune, parce qu'il a le souci du bien-être communal, ne peut rester aveugle à l'image de sa commune.

Le Baromètre est un outil qui permet un tel éclairage.

Parce qu'il faut suivre l'évolution de son image.

L'effort permanent du personnel municipal, la politique des élus, les mouvements de population font « bouger » l'image.

Une action pour améliorer la circulation, la sous-traitance d'un service jusque là géré par la mairie, un investissement dans une institution culturelle feront sentir leur impact à court terme.

Le Baromètre Communal permet d'en suivre l'évolution de manière fiable à intervalles réguliers.

Le Baromètre Action

Dire qu'un bon climat social et un management reconnu sont des atouts supplémentaires pour réussir une mutation, améliorer les performances de l'entreprise ou tout simplement mieux servir ses clients, relève de l'évidence.

D'où l'intérêt des décideurs pour les indicateurs synthétiques des baromètres, qui leur sont précieux pour rester à l'écoute du climat de leur entreprise, d'en saisir au plus tôt les fluctuations, de communiquer juste avec leur personnel (éviter les dialogues de sourds) et prendre rapidement les meilleures décisions.

Le Baromètre Action : Outil de mesure et instrument de progrès

Ne serait-il pas encore plus intéressant que ces Baromètres soient aussi opérationnels pour les différentes unités de l'entreprise (Service, Département, Atelier, Magasin, Usine, etc.) ?

Qu'ils soient conçus comme de véritables outils de management susceptibles de faire progresser les valeurs du changement en même temps qu'ils les évaluent.

C'est l'objectif que s'efforce d'atteindre le Baromètre Action.

Le Baromètre Action – un outil pour quels projets ?

Voici quelques unes des questions auxquelles le Baromètre Action peut apporter des réponses efficaces :
- anticiper les difficultés inhérentes à toute mutation (Délocalisation, Déménagement, Agrandissement...) ;
- suivre les progrès d'une évolution stratégique, d'un changement d'organisation (Décentralisation, Fusion...) ;
- faire un Bilan Actif du climat social de l'entreprise ou de l'institution ;
- proposer une évaluation dynamique du Management et enclencher des Formations – Actions ;
- amorcer un dialogue professionnel impliquant l'ensemble des acteurs sociaux.

Le Baromètre Action – Un outil de Management

La spécificité du Baromètre Action est d'avoir été conçu comme un outil de Management.

Le questionnaire du Baromètre Action est le pivot d'une démarche participative, qui suppose :
- en amont,
  - la participation des « acteurs » (personnel et encadrement) à la définition de l'outil,
  - l'élaboration consensuelle des règles du jeu,
  - la transparence de l'information.

L'objectif de ce travail d'approche est de permettre aux acteurs de l'entreprise de s'approprier l'outil qui devient dès lors le leur.

De les conforter sur sa finalité qui vise clairement la promotion du changement et non la sanction des performances individuelles.

Il permet aussi de renforcer la cohésion d'une équipe pilote.
- En aval,
  - la participation des « acteurs » (personnel et encadrement) à l'exploitation des résultats.

La démarche Baromètre Action propose alors un suivi-accompagnement des équipes d'encadrement :
  - pour une exploitation active des résultats – le Dossier Action Baromètre.
  - Pour déclencher et faire aboutir des changements concrets à la portée de l'Unité concernée – le Plan d'Action Baromètre.

À cette occasion, il est possible de mettre en place des formations-actions et d'organiser un transfert de compétences vers l'encadrement. L'objectif étant d'autonomiser progressivement l'encadrement en ce qui concerne l'interprétation et l'exploitation des résultats du Baromètre Action.

L'expérience Barométro : un Baromètre de la Décentralisation pour la RATP

Objectifs

Donner aux directeurs des 13 lignes de Métro Parisien des indicateurs opérationnels pour faire progresser les valeurs de la Décentralisation auprès des agents d'exploitation (Délégation, Évaluation, Capacité d'initiative...)

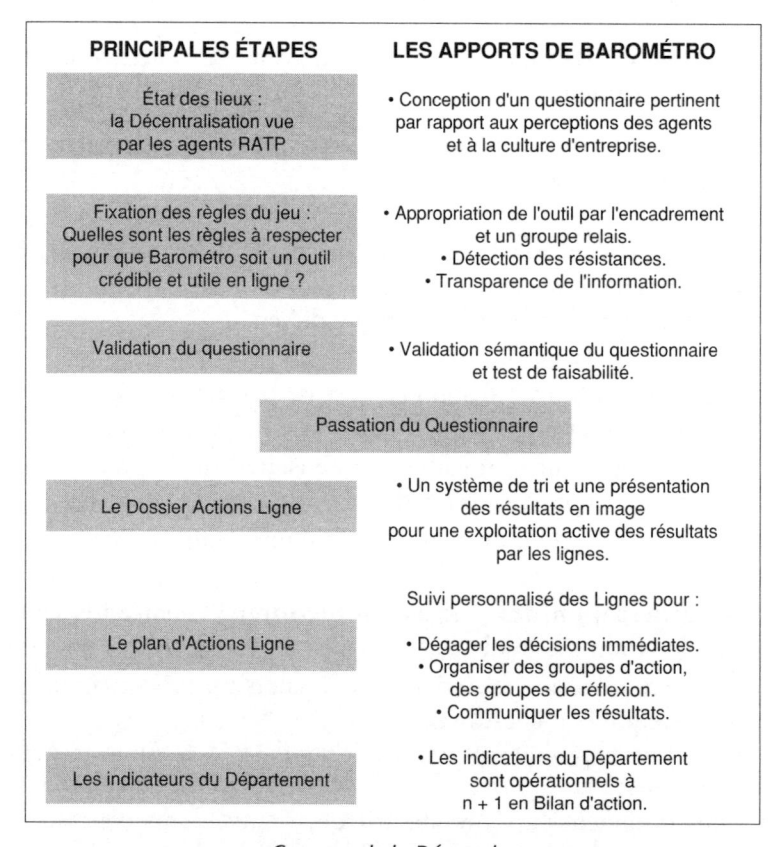

PRINCIPALES ÉTAPES	LES APPORTS DE BAROMÉTRO
État des lieux : la Décentralisation vue par les agents RATP	• Conception d'un questionnaire pertinent par rapport aux perceptions des agents et à la culture d'entreprise.
Fixation des règles du jeu : Quelles sont les règles à respecter pour que Barométro soit un outil crédible et utile en ligne ?	• Appropriation de l'outil par l'encadrement et un groupe relais. • Détection des résistances. • Transparence de l'information.
Validation du questionnaire	• Validation sémantique du questionnaire et test de faisabilité.
Passation du Questionnaire	
Le Dossier Actions Ligne	• Un système de tri et une présentation des résultats en image pour une exploitation active des résultats par les lignes.
Le plan d'Actions Ligne	Suivi personnalisé des Lignes pour : • Dégager les décisions immédiates. • Organiser des groupes d'action, des groupes de réflexion. • Communiquer les résultats.
Les indicateurs du Département	• Les indicateurs du Département sont opérationnels à n + 1 en Bilan d'action.

Canevas de la Démarche

Donner aux responsables du Département Métro un Bilan synthétique de l'évolution de ces valeurs pour chacune des 13 lignes.

Contexte
Un an après l'annonce de la Décentralisation, les Directions de lignes ont acquis une réelle autonomie, mais les effets de la Décentralisation n'ont pas encore concrètement touché les agents d'exploitation.

Pour conclure ce chapitre, nous voudrions citer d'autres outils utilisés par les consultants : les diagrammes d'Ishikawa et de Pareto, et la méthode QQOQCCP, surtout utilisés dans les progammes sur la qualité.

■ Le diagramme d'Ishikawa

Appelé également diagramme « en arête de poisson », il est utilisé dans la phase diagnostic d'un programme qualité. Il permet de s'informer, d'analyser les causes des défauts. Les causes sont hiérarchisées en déterminant les plus importantes (arêtes principales), puis les « sous-causes » qui viendront se greffer sur les arêtes principales[7].

■ Le diagramme de Pareto

Autre outil de la qualité totale, basé sur la loi de Pareto[8], dite aussi « loi des 20-80 » : 20 % des causes produisent 80 % des effets, mais cela peut être 15-85 ou 25-75, etc.

Cet outil existe sous deux formes : le Pareto simple et le Pareto double. Ces diagrammes de Pareto sont efficaces dans le travail en groupe d'un cercle de qualité dans la mesure où, visualisant des faits, ils facilitent le consensus. Le Pareto simple permet de mettre en évidence les causes principales d'un défaut d'un produit. Le Pareto double permettra de s'attaquer simultanément à deux défauts[9].

■ La méthode QQOQCCP

Ces lettres correspondent aux questions que l'on doit se poser pour analyser une situation ou diagnostiquer un problème auquel on veut remédier : Quoi ? Qui ? Où ? Quand ? Comment ? Combien ? Pourquoi ?

---

7. Cf. l'ouvrage de Renaud de MARICOURT, *Les Samouraïs du management, Production, marketing et finance au Japon*, Éditions Vuibert, Paris, 1993, pp. 38-39.
8. Vilfredo Federico Damaso PARETO (1848-1923), économiste et sociologue italien, ingénieur avec une thèse sur L'Elasticité des corps solides.
9. Cf. *Les Samouraïs du management*, pp. 41-42.

C'est une méthode très utile pour un travail en groupe, qui permet d'aborder méthodiquement un problème : on croise les questions entre elles deux à deux (Quoi-qui ? Quoi-quand, etc.) et cela permet d'analyser les causes et les manifestations du problème auquel on s'attaque[10].

---

10. Cf. *Les Samouraïs du management,* p. 40.

PARTIE 5

Les différentes étapes d'un processus de consultation

Le cas de la Mairie de Meylan

••• Sommaire •••

PARTIE 5

Chapitre 1 • PRÉPARATION DE LA MISSION
1. Contact avec le client potentiel
2. Offre de service
3. Rencontre société de conseil et client

Chapitre 2 • ORGANISATION ET MISE EN ŒUVRE DE LA MISSION
1. Phase 1 – État des lieux
2. Phase 2 – Diagnostic participatif
3. Phase 3 – Groupes de dynamisation
4. Phase de communication sur la mission
5. Communication externe : le Baromètre Communal

Chapitre 3 • ÉVALUATION ET SUIVI DE LA MISSION
1. Phase 4 – Mise en place et évaluation des actions
2. Suivi du plan d'action par les consultants

PRÉPARATION DE LA MISSION

1. CONTACT AVEC LE CLIENT POTENTIEL

Dans le cas de la mairie de Meylan, le cabinet de conseil reçut une lettre accompagnée d'un questionnaire. La lettre est ainsi rédigée :

« Monsieur le Directeur,

Meylan est une ville de 18 000 habitants de la banlieue de Grenoble dans laquelle est concentrée, avec la ZIRST, une grande partie du technopole de Grenoble.

Notre équipe municipale s'est donné comme objectif prioritaire le développement d'une réflexion sur la gestion et le management des ressources humaines, dans le but de mettre en place un projet nommé « Meylan Mairie 2000 ».

À l'aube du XXIe siècle, nous voulons doter la commune d'une administration performante et motivée, pour une meilleure satisfaction de l'usager.

Votre cabinet bénéficie d'une certaine notoriété et nous désirons vous poser quelques questions sur votre expérience en la matière.

Ce questionnaire constitue une prise de contact qui nous permettrait, si vous y répondez, de mieux connaître les différentes possibilités d'action et de faire éventuellement appel à vous.

Pour aller plus avant dans notre démarche, nous souhaitons une réponse dans le délai maximum de 4 semaines.

Dans l'attente, je vous prie, Monsieur le Directeur, d'agréer l'expression de mes sentiments les meilleurs.

Pour le Maire, le premier Adjoint délégué ».

Le questionnaire est le suivant :

1) Pouvez-vous nous décrire sommairement votre société et ce qui la caractérise ?

2) Avez-vous déjà travaillé pour le compte de communes ?
– Si oui, lesquelles ?
– À quelle époque ?
– Sur quelles missions ?
  • Enquêtes d'opinion
  • Audit financier
  • Audit d'organisation
  • Management participatif
  • Plans d'amélioration de la qualité
  • Projet d'entreprise
  • Mesure des performances
  • Mise en place de systèmes informatiques
  • Autres

3) Pensez-vous, à travers votre expérience, que dans des actions de ce type il faille (ou pas) une concertation élargie à la base ?

4) À quels problèmes majeurs vous êtes-vous trouvés confrontés ?

5) Comment appréciez-vous vos résultats ?

6) Pouvez-vous fournir des références sur ces actions et sur la notoriété induite pour votre Cabinet (documentation, articles de presse...) ?

7) Selon quelles méthodes avez-vous l'habitude de travailler ?

8) Quels sont vos moyens en personnel (nombre de consultants, qualification professionnelle, etc.) ?

9) Appartenez-vous à un réseau lié aux collectivités locales (formations, colloques, etc.) ?

10) Avez-vous des compétences particulières en Droit Public sur l'organisation municipale et le budget ?

11) Qu'évoque pour vous le terme « culture d'entreprise » ?

12) Avez-vous des capacités d'intervention rapides dans le court terme ?

Préparation de la mission

13) Quel est votre coût moyen journalier d'intervention ?

14) À combien estimez-vous la mise en place et le suivi d'une mission dans une ville de 18 000 habitants (400 salariés) ?

15) Avez-vous des remarques ou considérations particulières à nous faire qui n'auraient pas été traitées à travers les questions précédentes ?

2. OFFRE DE SERVICE

Le cabinet de conseil transmit par lettre la réponse suivante :

« Monsieur,

En réponse à votre questionnaire, nous avons le plaisir de vous communiquer les éléments suivants :
- plaquette de présentation de la société : son domaine d'intervention, sa spécificité, la qualification de ses intervenants (répondant aux questions 1 et 8) ;
- nos références récentes dans le secteur public et privé, et en particulier auprès des collectivités locales ;
- une plaquette sur le Projet Communal – projet d'entreprise adapté aux mairies – présentant la démarche et ses différentes étapes ;
- un dossier de presse fait apparaître la notoriété de notre cabinet en mentionnant les interventions lors de différents colloques ;
- le livret élaboré par le Club pour la Gestion Locale à l'occasion de l'intervention de l'un de nos consultants. Dans ce livret sont abordés très précisément les questions que vous soulevez dans votre questionnaire et nous vous invitons à vous y reporter.

En réponse à la question 3, concernant la concertation élargie, nous croyons fermement que le « Projet Communal doit se construire avec l'ensemble du personnel de la mairie ».

De même, la notion de « culture d'entreprise » est traitée en terme « d'identité culturelle communale » (voir livret).

Quant à nos méthodes, nous les voulons participatives, pour assurer la cohérence entre les objectifs poursuivis et les moyens mis en œuvre. Ce point est développé dans les pages 6 et 7 du livret, où les principes et la démarche sont expliqués et les outils méthodologiques présentés (dans les axes pages 11 et 13), ainsi que dans la plaquette sur le Projet Communal.

En réponse à la question 9, nous pouvons ajouter, en plus des éléments mentionnés dans le dossier de presse et la plaquette : la collaboration avec la Gazette des Communes et notamment l'intervention de l'un de nos consultants aux journées « Financement et management dans les collectivités locales » et « Ressources Humaines ».

Concernant nos capacités d'intervention sur le terrain (question 12), elles sont de l'ordre de 30 à 40 jours après finalisation de la proposition et accord sur le devis.

Il est difficile d'évaluer le coût de mise en place et de suivi d'une mission (question 14) sans avoir d'indication sur la nature de la mission et son ampleur, mais à titre indicatif, nous vous faisons part d'un devis proposé à une mairie de 30 000 habitants pour un Projet Communal, sur la base de 915 euros par jour.

Concernant la question 4, dans le type d'actions que nous menons, qu'il s'agisse du secteur public ou privé, nous nous trouvons confrontés aux problèmes classiques liés aux résistances au changement.

En effet, considérant que le changement ne se décrète pas, mais doit passer par la mobilisation des hommes, l'implication de tous en tant qu'acteurs du changement, ne se fait pas sans difficulté.

La difficulté spécifique aux mairies est de coordonner l'implication tant des élus que des cadres issus du personnel communal, de manœuvrer avec cette « double hiérarchie », qui est quelquefois un des problèmes de fonctionnement de l'Entreprise mairie.

La délicate question de l'évaluation des résultats de ce type d'intervention (point n° 5) est traitée par notre cabinet à deux niveaux :
– au niveau interne tout d'abord : par la gestion et le suivi du Plan de Dynamisation qui récapitule l'ensemble des actions proposées par les groupes de recherche et les planifie autour de quatre critères : décision prise, modalités de mise en œuvre, responsable de la mise en œuvre et échéance. Ainsi on peut suivre et contrôler progressivement la mise en place des actions ;

– au niveau externe : le Baromètre Communal peut être effectué auprès de la population pour mesurer le degré de satisfaction des usagers envers les services communaux et l'évolution de cette satisfaction.

Question 15 : Oui, nous avons des remarques particulières à vous faire !

Ce que nous attendons de nos interventions, c'est avant tout une relation suivie et authentique.

– Une relation suivie
Nous n'aimons pas intervenir ponctuellement pour une mairie, nous aimons avoir avec nos clients une réelle trajectoire, c'est-à-dire un vrai rôle de conseil et pouvoir ainsi mesurer le réel impact des actions menées avec eux.

– Une relation authentique
Nous savons que le management est un métier difficile, nous pensons que le conseil l'est aussi. Nous disons à nos clients qui ils sont, nous attendons d'eux qu'ils disent ce qu'ils pensent de notre travail. Il s'agit de faire ensemble et cela ne peut se faire que dans un climat de confiance et d'authenticité.

D'autre part, nous tenons à préciser pourquoi nous n'avons pas souhaité nous spécialiser dans le secteur public ou les collectivités territoriales, mais au contraire rester ouvert tant au public qu'au privé, car il nous semble plus riche et intéressant de permettre un apport réciproque au niveau des valeurs et des modes de fonctionnement propres au public ou au privé.

Pour conclure, nous trouvons votre questionnaire fort intéressant et pertinent, posant les vraies questions et de manière claire, témoignant d'une réflexion déjà avancée sur le management des ressources humaines. Ceci, n'en doutons pas, crée l'envie certaine de travailler pour et avec vous ».

3. RENCONTRE SOCIÉTÉ DE CONSEIL ET CLIENT

À l'issue de cette réponse, le Directeur Financier de la mairie de Meylan contacta la société de conseil, par lettre, pour informer que le Comité de Pilotage de la mairie[1], chargé de prendre une décision concernant le choix du consultant, étudiait sa candidature.

Quatorze cabinets de conseil furent sollicités par la mairie.

Lors d'une première sélection (cinq cabinets restaient en lice), la mairie informa le cabinet par lettre qu'il faisait partie du dernier « peloton », avant la décision finale.

Cependant, avant toute prise de décision, le Comité de Pilotage du projet souhaitait rencontrer le directeur du cabinet et signataire de la réponse adressée à la mairie, pour une présentation de la méthodologie proposée.

De fait, le directeur du cabinet rencontra le Comité de Pilotage de la mairie. Quelques semaines plus tard, le Comité de Pilotage souhaitait, cette fois-ci, rencontrer l'équipe de consultants qui mènerait le projet. L'équipe était constituée de 4 personnes.

L'équipe rencontra les membres du Comité de Pilotage du projet et fut retenue.

Avant de présenter les premières phases du projet, nous retranscrivons ici quelques-uns des arguments prononcés par le directeur du cabinet, lors de sa rencontre avec le Comité de Pilotage, sur le rôle des consultants dans un tel projet.

Les consultants ne sont pas présentés comme des experts dont le rôle serait de diagnostiquer les problèmes ou les dysfonctionnements, ni de proposer ou d'imposer des solutions. Les consultants refusent l'étiquette d'experts au sens technocratique du terme (ceux qui savent et ceux qui imposent) et se considèrent plutôt comme des « méthodologues », conseils en ressources humaines et management, qui apportent des méthodes de travail, des outils de réflexion et d'action, mais qui se gardent d'intervenir sur le contenu de la réflexion. Le mot d'ordre serait : « directif sur la forme, non directif sur le fond ».

Nous présentons maintenant les différentes phases du projet ; elles sont au nombre de quatre :

Phase 1 – État des lieux

Phase 2 – Diagnostic participatif – Repérage des axes mobilisateurs

Phase 3 – Mise en place des groupes de dynamisation

Phase 4 – Mise en place et évaluation des actions

---

1. Ce comité est constitué du Premier Adjoint au Maire, d'élus, du Secrétaire Général, de chefs de service, de membres du personnel et de représentants des syndicats.

CHAPITRE 2

ORGANISATION ET MISE EN ŒUVRE DE LA MISSION

1. PHASE 1 – ÉTAT DES LIEUX

L'état des lieux fut réalisé sous forme d'entretiens de face à face, semi-directifs, auprès des principaux responsables de la mairie : le Maire, quelques adjoints, le Secrétaire Général et les chefs de service.

L'objectif de cet état des lieux était de vérifier les conditions de faisabilité, pour le cabinet de conseil, du projet « Meylan Mairie 2000 ».

La méthodologie utilisée avait pour but d'identifier les perceptions et les motivations des personnes interrogées :

a) Chacune des personnes fut invitée à exprimer les points forts, les points faibles de son service et de la mairie, à partir du schéma « 7S » ;

b) Une liste de 35 besoins et satisfactions au travail fut proposée à chaque personne. Les 35 besoins furent analysés selon les 5 catégories de la pyramide de Maslow.

Chaque personne a sélectionné 10 besoins qui lui semblaient comme les plus importants, les plus motivants, ressentis par le personnel et pour chacun de ses choix, indiquait si le besoin était existant à la mairie.

Les résultats furent une véritable surprise pour l'équipe de consultants : en effet, lorsqu'ils prirent connaissance de la demande de la mairie de mettre en place une action de dynamisation, ils perçurent à travers le questionnaire et les premières rencontres une équipe dirigeante bien organisée, sachant ce qu'elle souhaitait. Cela les incita à répondre et à proposer leurs méthodes de travail. En revanche, les constats établis lors de l'état des lieux révélèrent un nombre important de dysfonctionnements.

À l'issue de cet état des lieux, un document de 4 pages[1] présentant l'opération « Meylan Mairie 2000 », signé par le Maire et le Premier Adjoint, fut envoyé à l'ensemble du personnel pour informer de l'action qui se mettait en place.

Ce document était de nature informative et non consultative, la décision d'entreprendre l'action était déjà prise par les dirigeants.

2. PHASE 2 – DIAGNOSTIC PARTICIPATIF

2.1. Mise en place et déroulement des groupes Scanner

Dans le cadre du Projet « Meylan Mairie 2000 », le Diagnostic Participatif (Phase 2) avait pour objectifs de :
a) repérer les points forts et les points faibles concernant le fonctionnement de la mairie de Meylan aujourd'hui, et d'élaborer ainsi un constat, autour du schéma « 7S »,
b) élaborer des objectifs d'amélioration du fonctionnement de la mairie, à l'aide, toujours, du schéma « 7S ».

Pour élaborer le diagnostic du fonctionnement interne de la mairie de Meylan et envisager des solutions d'amélioration pour l'avenir, des groupes d'expression dits « groupes Scanner » furent mis en place.

Un document d'information fut remis à l'ensemble du personnel pour inviter chacun à participer à ces groupes.

Douze groupes d'expression furent constitués : 1 groupe « Élus », 1 groupe « Chefs de service », 2 groupes « Responsables de secteur et d'équipement » et 8 groupes « Agents ».

Se sont ainsi exprimé 9 Élus, 8 Chefs de Service, 26 responsables de secteur et d'équipement et 97 Agents, soit un total de 140 personnes[2].

Le principe de constitution de ces groupes était d'obtenir un échantillon représentatif du personnel de tous les services de la mairie.

Ces groupes inter-services ont travaillé une journée complète, prise sur le temps de travail.

---
1. Cf. Annexe n° 3.
2. L'effectif de la Mairie est constitué de 400 personnes titulaires et vacataires.

Toutes les personnes qui participèrent à ces groupes furent volontaires.

L'anonymat fut respecté par les consultants.

À l'issue de l'état des lieux réalisé auprès des principaux responsables de la mairie, apparurent un certain nombre de dysfonctionnements.

Ces dysfonctionnements furent, en partie, transformés en une série d'items, formulés de manière affirmative pour constituer les questionnaires sur lesquels travaillèrent les groupes.

Le premier questionnaire portait sur l'organisation au sein de la mairie.

1) Les objectifs sont clairement définis et explicités au personnel communal.
2) L'organigramme de la mairie est cohérent et fonctionnel.
3) Les services travaillent ensemble à la poursuite d'objectifs communs clairement définis.
4) Entre les élus et l'encadrement, la délégation de pouvoir est bien organisée.
5) Les personnels sont la plupart du temps consultés et participent à l'élaboration des solutions concernant leur service.
6) L'organisation administrative et les différentes procédures sont rigoureuses et efficaces.
7) Il existe un véritable système de gestion du personnel prenant en compte l'évaluation, la motivation, la promotion, la gestion des horaires et le recrutement.
8) On ressent bien dans le fonctionnement interne de la mairie un encadrement qui impulse et coordonne.
9) Il existe un plan de formation dynamique qui prend en compte les problèmes de polyvalence et de mutation.
10) Les compétences du personnel communal sont valorisées et reconnues.
11) La qualification du personnel communal est très convenable.
12) « Faire toujours mieux dans l'intérêt des usagers » est un objectif prioritaire et partagé par tous.

Le second questionnaire portait sur la communication externe et interne de la mairie.

1) **La population est bien informée des activités proposées par les différents services de la mairie.**

2) La mairie bénéficie d'un climat de confiance favorable auprès de la population.
3) Les habitants de la ville sont bien informés sur les actions de la mairie.
4) L'information donnée par la mairie est politiquement neutre.
5) Il règne une bonne entente et un bon état d'esprit au sein des services.
6) La coordination entre les services et les élus répond de manière satisfaisante aux demandes de la population.
7) La circulation de l'information est bien organisée entre l'Hôtel de Ville et le personnel des services extérieurs.
8) L'information circule bien entre les différents services de la mairie.
9) Les réunions dans les services sont efficaces.
10) Le personnel communal perçoit qu'il y a une bonne cohésion entre les élus et les agents.
11) La circulation des informations entre les élus et le personnel communal est satisfaisante.
12) Il existe une information complète sur ce que réalisent les différents services.

Enfin, chaque participant avait la possibilité de rédiger une treizième proposition et de prendre position.

La même méthodologie fut proposée à l'ensemble des 12 groupes : la technique Scanner qui comporte deux étapes :

Tout d'abord, une prise de position individuelle :

a) chaque personne consigne par écrit 2 points forts et 2 points faibles caractérisant le fonctionnement interne de la mairie aujourd'hui ;
b) la technique Scanner elle-même : lors de la séance de travail, les participants furent invités à prendre position individuellement sur une série d'affirmations à partir des deux questionnaires présentés ci-dessus, selon la procédure de l'Abaque de Régnier qui utilise une symbolique de couleurs, basée sur les feux de la circulation :
- Vert foncé : avis très favorable
- Vert clair : avis favorable
- Orange : avis partagé
- Rose : avis plutôt défavorable
- Rouge : avis très défavorable
- Blanc : sans opinion
- Noir : ne veut pas se prononcer

Les votes furent instantanément enregistrés sur écran informatique.

Une synthèse visuelle de l'ensemble des prises de position fut ainsi restituée au groupe et constitua un support pour la discussion de groupe.

Puis, une discussion de groupe ayant pour but de :
– permettre à chacun de s'exprimer sur sa perception du fonctionnement de la mairie,
– recueillir de l'information sur le fonctionnement de la mairie,
– dégager les éléments de consensus entre les participants.

Au cours de la discussion, l'image restait présente et constituait un support d'attention et d'expression.

Le « 7S » Constats fut élaboré à partir des points forts/points faibles évoqués par chacun et de la discussion autour des questionnaires. Les informations ainsi recueillies furent classées avec l'aide du consultant dans chaque point du schéma « 7S », afin d'avoir une vision structurée sur le fonctionnement actuel de la mairie.

Une réflexion commune s'engageait pour transformer les constats en objectifs de fonctionnement global de la mairie, toujours à partir du schéma « 7S ».

Le « 7S » Objectifs de chaque groupe fut validé par l'ensemble des membres du groupe.

Deux consultants participaient à ces séances de travail : l'un animait, le second prenait des notes.

Ces réunions constituaient le premier contact du personnel communal avec les consultants.

En début de séance, les consultants présentaient le domaine d'activité du cabinet, sa philosophie, ses principes d'action, sa présence à la mairie. Puis, ils exposaient aux participants le déroulement du Projet « Meylan Mairie 2000 » et les objectifs de la séance.

Chaque participant savait pourquoi il était là. D'une part, parce qu'il avait reçu le document l'invitant à participer, d'autre part, parce qu'il avait fait la démarche de s'inscrire. Tous les participants étaient volontaires. Aucun n'a été « obligé » de venir. Certains disaient : « Ce projet, c'est notre dernière chance de voir changer les choses à la mairie ». Tous réagissaient avec enthousiasme. À l'issue des séances, ils remerciaient les consultants pour leur sympathie, leur patience, leur écoute.

Les participants à ces groupes de travail ne furent pas consultés dans le choix de la démarche proposée par le cabinet de conseil. Cependant, ils étaient libres d'y participer ou de ne pas y participer. La demande de participation du personnel communal ayant été très forte, 2 groupes supplémentaires d'agents furent constitués et ajoutés aux 6 groupes initialement prévus.

Le rôle des consultants, pendant le déroulement des groupes Scanner, consistait principalement à aider les participants à s'exprimer sur le fonctionnement interne de la mairie, à produire 2 documents, le « 7S » Constats et le « 7S » Objectifs, à partir des discussions engagées, et surtout à faire respecter la méthodologie.

Lorsque les consultants soumettaient les questionnaires Organisation et Communication aux participants, la consigne était de répondre au niveau global de la mairie et non pas au niveau de son service. Cette consigne gênait parfois quelques personnes. Il leur était difficile de répondre pour l'ensemble de la mairie parce qu'ils ne connaissaient, bien souvent, que leur service, ou ils étaient nouvellement embauchés, ou ils étaient vacataires, ou bien encore ils appartenaient à un équipement communal dont le lieu géographique était éloigné de l'Hôtel de Ville.

La consigne transmise par les consultants ne fut donc pas toujours respectée par les participants. C'était au moment de la discussion que les consultants s'en rendaient compte. N'oublions pas toutefois que ces votes n'étaient qu'une perception, à un moment donné, du fonctionnement de la mairie.

Lors de la discussion autour des questionnaires et des votes émis par les participants, il arrivait au consultant-animateur d'interrompre une personne qui parlait de son service ou de ses préoccupations quotidiennes.

Nous voudrions citer ici un autre exemple qui concerne le rôle du consultant dans ce type de démarche.

À l'issue d'une journée de travail avec un groupe Scanner, deux consultants furent invités à rencontrer le Premier Adjoint au Maire entouré du Secrétaire Général, de la Responsable des Ressources Humaines et du Directeur Financier de la mairie. Le Premier Adjoint au Maire désirait les entretenir d'un problème interne à la mairie. Un groupe d'aide à la décision s'était récemment constitué avec des membres du personnel. Le Premier Adjoint considérait ce groupe comme un obstacle au bon déroulement du Projet « Meylan Mairie 2000 ». En réponse à une lettre des membres de ce groupe qui souhaitaient que la Direction de la mairie reconnût son existence, le Premier Adjoint annonça que ce groupe était informel et qu'il n'était pas question de le reconnaître. Cette affaire fit grand bruit dans la mairie. Profitant de la présence des consultants à Meylan, le Premier Adjoint sollicita leur aide pour résoudre ce conflit.

Les consultants « conseillèrent » au premier Adjoint de rencontrer les membres du groupe d'aide à la décision et de le reconnaître en tant que groupe de travail et de réflexion sur les rémunérations du personnel puisque tel était son objectif.

Ils proposèrent que le groupe travaillât sur les mêmes bases que les groupes de dynamisation qui allaient se mettre en place.

Les consultants n'ont jamais rencontré ensemble les membres du groupe d'aide à la décision et le Premier Adjoint. Le conflit fut rapidement évacué : les conseils des consultants furent suivis et acceptés spontanément par les deux parties concernées.

À partir des « 7S » Objectifs élaborés par les 12 groupes Scanner, le Projet Communal ou charte de fonctionnement fut réalisé par les consultants. Les « 7S » Objectifs furent construits en opposition aux « 7S » Constats et dans les deux cas, il a été recherché le consensus dans les groupes. Il n'était pas question de conclure un document si un seul des membres du groupe s'y opposait. De fait, n'ont été conservés que les éléments représentant le consensus total. Au moment de l'élaboration des documents dans chaque groupe de travail, il a été demandé par le consultant l'accord de tous les membres. Évidemment, certaines personnes s'opposaient à ce qu'apparaisse tel ou tel point dans le document, ou bien que soit ajouté tel autre point. De vives discussions eurent lieu entre les participants. Le consultant régulait la situation en prenant parfois la décision de garder ou d'abandonner tel point. Peu de participants, sur l'ensemble des groupes de travail, s'opposèrent aux décisions du consultant.

2.2. La charte de fonctionnement

Voici finalisée par l'équipe de consultants la **charte de fonctionnement** ou Projet Communal de la mairie d'après les « 7S » Objectifs :

Stratégie

Clarification – Ajustement – Déclinaison en objectifs par service – Priorités

■ *Principe – Objectifs*
- Préciser les axes prioritaires partagés par l'équipe municipale.
- Expliciter à l'ensemble du personnel les priorités et les objectifs municipaux définis par les élus au niveau de la mairie, afin que chacun ait une vision plus claire de son rôle et de sa contribution au fonctionnement de la mairie.

■ *Moyens*
- Définir clairement les axes stratégiques pour chaque secteur d'activité et décliner pour chaque service des objectifs à atteindre.
- Planifier les objectifs dans le temps en ayant connaissance des moyens disponibles et des contraintes de service.
- Définir des échéances pour se repérer dans la réalisation et le suivi des missions ou dossiers.
- Accroître la consultation pour mieux s'ajuster aux évolutions de la demande de la population et associer plus le personnel à la mise en œuvre des objectifs.

Structure

Cohérence – Clarté – Adaptation – Décloisonnement

■ *Principe – Objectifs*
- Avoir une vision précise sur les activités des services et les rôles de chacun : savoir qui fait quoi (personnel et élus).
- Mettre en place une structure de fonctionnement cohérente et souple pour maintenir la qualité et la diversité des prestations municipales.

■ *Moyens*
- Clarifier et redéfinir les délégations de pouvoir et la répartition des rôles entre élus et responsables de service.
- Clarifier les responsabilités des différents niveaux hiérarchiques dans un même service.
- Créer des instances de coordination inter-services et intra-service pour permettre des échanges transversaux et décloisonner les services.
- Mettre en place des instances de coordination ponctuelles et/ou structurelles entre les services d'un même secteur ou pour des missions inter-services.
- Définir un profil de poste pour chaque fonction.

– Élaborer, diffuser et actualiser un organigramme complet sur les services de la mairie contenant comme informations : les activités du service, ses responsables, les effectifs et les missions du personnel.

Systèmes

Transparence et respect des procédures – Formalisation

■ Principe – Objectifs
– Définir des procédures permettant d'améliorer le fonctionnement des services et de la mairie en général, les expliciter auprès de tous afin qu'elles soient respectées.
– Créer un véritable système de gestion des Ressources Humaines intégrant l'ensemble des systèmes de recrutement, d'évolution de carrière, d'évaluation et de rémunération.
– Améliorer et formaliser les réseaux d'information entre les services, au sein des services, entre les chefs de service, entre les élus et entre élus et personnel.

■ Moyens

Système de gestion des Ressources Humaines
– Concevoir et mettre en place un réel système d'évaluation en fonction d'objectifs et de critères clairement définis et permettant des évolutions de carrière adaptées.
– Concevoir un système de rémunération (primes…) clair, explicite et stimulant.
– Améliorer le recrutement en définissant des profils de poste et en mettant en place des procédures faisant appel à une consultation élargie.

Système de communication interne
– Améliorer et formaliser les réseaux de circulation d'informations ascendantes, descendantes et transversales.
– Formaliser les procédures de délégation élus / fonctionnaires.
– Mettre en place des procédures de prise de décision plus participatives et plus rapides.
– Améliorer l'information et la communication avec les services extérieurs.
– Instaurer des moments de dialogue entre élus et agents pour mieux connaître le travail et les contraintes.

- Organiser des réunions de concertation entre agents et responsables de service.
- Développer les systèmes informatiques.
- Organiser le suivi des actions, expliciter les choix et les décisions prises.

Savoir-faire

Professionnalisme – Mobilité – Plan de formation évolutif – Reconnaissance des potentiels

■ *Principe – Objectifs*
- Accroître le professionnalisme de l'ensemble des personnels.
- Sensibiliser tous les acteurs à l'importance de la formation pour faire évoluer les compétences professionnelles.

■ *Moyens*
- Concevoir et mettre en place des outils d'évaluation permettant une meilleure utilisation des compétences, un recueil des besoins de formation, ainsi qu'une reconnaissance des potentiels et des souhaits d'évolution.
- Élaborer un plan de formation dynamique qui prenne en compte les attentes individuelles, les besoins des services, les objectifs de la mairie et favorisant la mobilité.
- Valoriser les savoir-faire et les potentiels existants.
- Anticiper les savoir-faire à acquérir.
- Se donner les moyens humains et organisationnels (remplacements…) d'aller en formation.
- Favoriser l'accès aux formations hors CNFPT.
- Améliorer par la formation les savoir-faire en matière d'animation d'équipe, de conduite de réunion, de gestion du temps, d'utilisation de l'informatique.

Style de management

Écoute – Participation – Délégation – Impulsion et suivi

■ *Principe – Objectifs*
- Adopter à tous les niveaux de l'encadrement un style de management des hommes de type participatif s'appuyant sur le dialogue et la responsabilisation.

- Tendre vers une reconnaissance du rôle de la hiérarchie pour permettre un respect mutuel encadrement/personnel.

■ *Moyens*
- Favoriser une meilleure écoute des élus vis-à-vis du personnel.
- Développer et améliorer par la formation le savoir-faire de l'encadrement en matière d'animation d'équipe.
  Un responsable doit être à l'écoute, prendre en compte les propositions de son personnel, être présent sur le terrain, soutenir son équipe, impulser et coordonner des projets.
- Définir et respecter les principes de délégation élus/fonctionnaires.
- Redonner à l'encadrement ses vraies responsabilités.
- Redéfinir les rôles et les responsabilités des différents niveaux hiérarchiques au sein d'un même service.

Ressources humaines

Initiative – Créativité – Motivation – Consultation – Reconnaissance

■ *Principe – Objectifs*
- Prendre conscience des aspirations du personnel et y répondre de manière satisfaisante afin de maintenir et/ou développer sa motivation.
- Favoriser la responsabilisation du personnel en instaurant la consultation et le travail d'équipe comme principe de travail.
- Développer les capacités créatives à trouver de nouvelles méthodes d'organisation.

■ *Moyens*
- Concevoir et animer une véritable politique de gestion des Ressources Humaines, plus cohérente et plus équitable.
- Permettre à chacun d'affirmer sa volonté de s'impliquer, d'informer et d'être informé, de participer et d'être reconnu.
- Permettre à chacun d'avoir un suivi des dossiers auxquels il participe et un retour d'information sur les résultats.
- Améliorer les conditions de travail contribuant à maintenir la motivation.

- Organiser une concertation régulière du personnel à propos des problèmes les concernant directement.
- Élaborer une procédure d'accueil des nouveaux embauchés pour améliorer leur information générale et faciliter leur intégration.
- Valoriser les activités, le métier de chacun à l'extérieur comme à l'intérieur de la mairie.
- Systématiser la mise en place d'un entretien annuel d'activité pour tous afin de faire un bilan individuel constructif.
- Favoriser la mobilité du personnel.

Valeurs

Mission de Service Public – Cohésion – Sentiment d'appartenance

■ *Principe – Objectifs*
- Faire toujours mieux pour satisfaire le public, en fonction des moyens de la mairie.
- Préserver la mission de Service Public.
- Développer la confiance de la population envers « l'entité mairie »

■ *Moyens*
- Renforcer la cohésion entre élus, encadrement et personnel pour mieux satisfaire l'intérêt général des habitants de la ville.
- Développer le sentiment d'appartenance à une même collectivité.
- Améliorer l'image du fonctionnaire territorial.
- Respect de l'individu quelle que soit sa fonction, chacun contribuant à son niveau au fonctionnement et à l'image de la mairie.
- Accorder toute sa valeur à l'accueil du public.
- Renforcer le rôle du COS (Centre d'Œuvres Sociales).
- Favoriser des rencontres pour mieux se connaître.

2.3. Thèmes des groupes de dynamisation

De ce Projet Communal, ont été dégagés les thèmes des groupes de dynamisation (Phase 3).

2.3.1. Organisation du travail
- Transmission de l'information au sein de chaque service (information ascendante et descendante).

- Formalisation des procédures de travail :
  - suivi des dossiers,
  - prises de décisions plus rapides,
  - contrôle des résultats.
- Amélioration des conditions de travail.

2.3.2. Information – Communication

- Transmission de l'information entre les services, en particulier avec les services extérieurs.
- Coordination et partenariat entre les services.
- Information générale sur la mairie (les services, les projets etc.).
- Communication entre le personnel et les élus.
- Accueil des nouveaux embauchés.

2.3.3. Gestion des ressources humaines – formation

- Méthode pour élaborer un plan de formation.
- Départs en formation et problèmes de fonctionnement des services.
- Entretien annuel d'activité, évaluation des compétences et reconnaissance des potentiels individuels.
- Mobilité du personnel, polyvalence.
- Procédures de recrutement.
- Rémunération et motivation.
- Évolution de carrière.

2.3.4. Définition des rôles

- Contribution des élus au fonctionnement des services.
- Rôle et responsabilités respectives des différents niveaux hiérarchiques d'un même service.
- Organigrammes des services avec définition de fonction.

2.3.5. Management – consultation-initiative

- Consultation et participation du personnel à certaines décisions.
- Responsabilisation du personnel.
- Disponibilité des responsables et gestion du temps.

- Innovation, initiatives, projets.
- Systèmes de motivation.

2.3.6. Communication externe

- Faire connaître les services, leurs missions, leurs activités auprès du public.
- Accueil du public.
- Faire valoir le rôle de la mairie.
- Améliorer l'image du fonctionnaire territorial.

Ce Projet et ces thèmes furent d'abord présentés au Comité de Pilotage de la mairie, aux chefs de service et aux élus.

Aucune modification n'étant apportée au travail effectué par les consultants, des réunions d'information auprès du personnel furent organisées.

Des réunions eurent lieu sur deux journées. Huit plages horaires furent proposées au personnel de la mairie.

De fait, 8 réunions se déroulèrent et 230 personnes[3] y participèrent.

Ces réunions d'information avaient pour objectifs de présenter :
- les résultats des groupes Scanner,
- la charte de fonctionnement,
- les principes, les objectifs et le fonctionnement des groupes de dynamisation.

Les animateurs de ces réunions furent les chefs de service de la mairie et 2 consultants.

Les participants travaillèrent en sous-groupes pour prendre connaissance des résultats bruts des 12 groupes Scanner et du rapport de synthèse. Les 4 animateurs (mairie et consultants) répondirent aux questions posées dans ces sous-groupes.

3. PHASE 3 – GROUPES DE DYNAMISATION

Les groupes de dynamisation sont la seconde étape, après le Diagnostic Participatif et les Groupes Scanner, d'une participation de tous à la marche et à la vie de la mairie.

---

3. Sur 400 au total.

Organisation et mise en œuvre de la mission

Ils ont pour objectif de rendre concrets et opérationnels les axes d'orientation dégagés de la charte de fonctionnement.

Ils sont un cadre temporaire de travail destiné à favoriser l'épanouissement des ressources créatives et d'action de chacun.

Les groupes de dynamisation fonctionnent sur la base du volontariat. Ce sont des groupes de 8 à 10 personnes, inter-services. Ils sont animés par des « animateurs internes ». Ils fonctionnent sur 3 ou 4 réunions de 2 h à 3 h chacune.

3.1. Mise en place et déroulement des groupes de dynamisation

Deux possibilités de participation furent offertes au personnel :
- être participant à un groupe de dynamisation : être intéressé par un thème, vouloir apporter ses idées ;
- être animateur d'un groupe : prendre la responsabilité d'un groupe et recevoir une formation d'une journée avec un consultant pour l'animation.

Vingt-six personnes appartenant aux divers services de la mairie se sont inscrites en tant qu'animateurs de groupes de dynamisation.

Deux groupes furent constitués comprenant 13 participants chacun. Une journée de formation consacrée à la conduite des groupes de dynamisation fut proposée aux futurs animateurs internes, tous volontaires.

Deux journées de formation furent organisées et animées par 2 consultants.

La matinée fut consacrée à la présentation de la méthodologie pour l'animation d'un groupe de dynamisation. Un livret Animateur fut remis à chaque personne.

L'après-midi, les participants furent mis en situation d'animation. Un temps d'analyse de ces mises en situation et des recommandations sur l'animation par rapport aux difficultés rencontrées lors de ces exercices furent prévus.

À l'issue de chacune des 2 journées de formation, les « nouveaux animateurs » évoquèrent les points suivants :
- Qui détermine la date de la première réunion ? Eux-mêmes avec les participants ? Les consultants ? La personne chargée du Projet en mairie ?

- Où auront lieu ces réunions ?
- Demande de participation extérieure : peut-on solliciter des élus, des chefs de service, des responsables de secteur et d'équipement ? Peut-on également solliciter des personnes extérieures à la mairie, par exemple le Centre de Gestion, le CNFPT ?
- Le remplacement, dans les services des personnes participant aux groupes (animateurs et participants), est-il prévu ?
- Les élus préciseront-ils pourquoi ils ne retiendront pas certaines décisions ?
- Peut-on créer un comité chargé de superviser l'application et le suivi des actions qui seront mises en place à l'issue des groupes ?

Autant de questions et de réflexions montrant l'implication de ces personnes dans le Projet !

Les consultants répondirent à chacune des questions et proposèrent une rencontre avec les animateurs des groupes, avant le démarrage de la première réunion. Les 26 personnes furent favorables à cette proposition et souhaitèrent que les consultants les aident, notamment sur la clarification du thème de leur groupe de dynamisation. Ils conseillèrent aux animateurs de se préparer un lexique des termes qui leur posaient problème.

À l'issue de la formation, les animateurs semblaient peu convaincus de leur capacité à animer un groupe. Trop d'informations, de conseils leur étaient transmis et ils doutaient de pouvoir assurer une telle animation.

Les consultants énoncèrent quelques recommandations quant au rôle de l'animateur d'un groupe de dynamisation avant et pendant les réunions, à savoir : faire le plan de la réunion, régler les préparatifs matériels (local, tableau de papier...), créer et préserver une atmosphère de collaboration, faire réfléchir et faire parler les participants, guider et synthétiser les discussions.

Les consultants rencontrèrent 15 (sur les 26) animateurs des groupes de dynamisation, en compagnie de la Responsable des Ressources Humaines de la mairie. L'objectif de cette réunion était de faire le point sur le déroulement des groupes qui s'achevaient. Les 15 animateurs soulevèrent un certain nombre de points et posèrent quelques questions, notamment :
- Qui va mettre en œuvre les « Fiches-Action » ?
- Les consultants vont-il pouvoir conseiller les élus dans le choix des actions ?

- Quel est le rôle du Secrétaire Général dans le Projet « Meylan Mairie 2000 » ? Quelle est sa place ?
- Qu'adviendra-t-il du Projet s'il y a un changement de municipalité ?
- Il semblerait que l'encadrement intermédiaire ait une certaine crainte par rapport aux groupes de dynamisation mais surtout envers les personnes formées à l'animation. Les animateurs des groupes de dynamisation proposèrent une formation de tous à l'animation de ces groupes.

Enfin, le point fort de la mise en place et du fonctionnement des groupes fut que cette phase permît aux gens de se rencontrer, se connaître et créer des réseaux de communication.

Vingt et un groupes de dynamisation furent constitués, mobilisant ainsi 145 participants et 26 animateurs. Ces groupes travaillèrent à partir de la méthodologie des groupes de dynamisation qui empruntent à la fois aux principes de cercles de qualité (recherche des causes de dysfonctionnements) et des groupes de créativité (utilisation de la technique du remue-méninges[4]) en vue de produire, à l'issue de 3 ou 4 réunions, des propositions d'actions concrètes pour remédier aux causes de dysfonctionnements repérées lors de la phase Diagnostic Participatif (groupes Scanner).

Des 21 groupes de dynamisation sont nées 177 « Fiches-Action ». Les consultants les ont organisées en 2 documents :
- « Fiches-Action » nécessitant un budget de mise en place (54 au total sur 177),
- « Fiches-Action » ne nécessitant pas de budget de mise en place (123 sur 177).

Un consultant rencontra pendant 2 journées les chefs de service et 2 représentants issus du groupe des animateurs pour les aider à clarifier certaines Fiches-Action incompréhensibles et à établir un premier classement des priorités à proposer à l'équipe des élus. Ce sont les élus qui prennent la décision finale d'application de telle ou telle action. Ils justifient leurs décisions à l'ensemble du personnel communal.

---

4. *Brain-storming.*

3.2. Propositions des consultants pour un plan d'action

Dans un premier temps, les propositions de plan d'action, de la part des consultants, portaient sur cinq axes :
1) Stratégie/Organisation
2) Communication
3) Conditions de travail
4) Carrières/Rémunération
5) Formation

1er axe : Stratégie/Organisation – 4 points forts

■ *La définition d'objectifs par les élus*

Formaliser par écrit des objectifs généraux, par service, pour la gestion des ressources humaines tout en précisant les formes d'évaluation.

■ *L'amélioration de l'organisation*

Préciser l'organigramme et définir les fonctions, améliorer la coordination et la direction générale, traiter la polyvalence et les remplacements, clarifier les statuts du personnel auxiliaire, améliorer la fonction accueil-standard et la documentation et favoriser les responsabilités transversales.

■ *La clarification des procédures*

Mettre à jour les règles du jeu générales et particulières.

■ *L'amélioration des outils de gestion*

Informatiser le service du personnel, mettre en place une comptabilité analytique, recenser les potentiels techniques et technologiques, créer des banques de données informatisées.

2e axe : Communication

■ *Communication interne – 3 points forts*
– Améliorer la circulation de l'information.
– Favoriser la concertation.
– Faciliter les arbitrages.

■ *Communication externe* – 3 points forts
- Faciliter l'accès aux locaux.
- Accroître l'information.
- Diversifier les supports utilisés.

3ᵉ axe : Conditions de travail – 3 points forts
- Réorganiser et mieux adapter les locaux aux fonctions.
- Mieux affecter les moyens humains et matériels en fonction des besoins réels.
- Améliorer la sécurité et renforcer les actions de prévention.

4ᵉ axe : Carrière et Rémunération – 4 points forts
- Définir et mettre en œuvre de nouvelles procédures d'évaluation des personnels.
- Définir et mettre en œuvre une politique claire de gestion des carrières.
- Clarifier les objectifs et les procédures de mobilité et de reclassement des personnels.
- Définir un nouveau système indemnitaire et assurer la transparence des informations dans ce domaine.

5ᵉ axe : Formation – 3 points forts
- Clarifier et améliorer l'organisation et les procédures de formation.
- Diversifier les situations formatrices.
- Renforcer la formation de l'encadrement.

3.3. Le plan d'action ou plan de dynamisation

Les actions retenues par les élus, en termes de priorités pour l'année 1991-1992, constituèrent ainsi le **Plan de Dynamisation** de la mairie de Meylan :

1ᵉʳ axe : Stratégie/Organisation
- Rédaction et diffusion des orientations municipales.
- Définition et mise en œuvre de la coordination CUF/GDI (Comité Unités Fonctionnelles et Groupe de Direction Inter-Services).
- Mise à jour de l'organigramme **général**.

- Clarification de la situation des personnels auxiliaires.
- Réalisation d'un premier bilan d'activité par service.

2ᵉ axe : Communication
- Mise en place de réunions d'information dans chaque service.
- Diversification des supports d'information.
- Présentation des services et de leurs actions régulièrement dans le journal municipal.
- Réactivation des instances de concertation.

3ᵉ axe : Conditions de Travail
- Mise à jour de la réglementation.
- Conception et mise en œuvre d'un plan de prévention alcoolisme et tabagisme.

4ᵉ axe : Carrière et Rémunération
- Définition des critères d'évaluation pour l'appréciation et l'avancement.
- Organisation d'entretiens de face à face à l'occasion de la notation 1991.
- Redéfinition des compléments de rémunération.

5ᵉ axe : Formation
- Élaboration d'une charte de la formation.
- Formation de l'encadrement aux techniques de management.
- Formation à l'accueil – standard.
- Formation à la prévention incendie.

Dans l'avenir, des groupes de dynamisation peuvent avoir lieu et être intégrés, de manière durable, autour des axes mobilisateurs issus du Diagnostic Participatif (phase 2) ou autour d'autres axes selon les besoins d'un service ou de la mairie dans sa globalité.

4. PHASE DE COMMUNICATION SUR LA MISSION

Une action de communication sur le projet mené en mairie fut mise en place pour informer le personnel du déroulement de ses différentes étapes. Cette action fut réalisée par des documents écrits[5] et des réunions d'information. Il était important et nécessaire que chaque acteur de la mairie, participant ou non au Projet, soit régulièrement informé de ce qu'il se passait.

5. COMMUNICATION EXTERNE : LE BAROMÈTRE COMMUNAL

Parallèlement à l'action de dynamisation mise en place au sein de la mairie, une enquête fut réalisée auprès d'un échantillon représentatif de la population de la ville, afin de connaître la satisfaction des usagers envers la mairie et ses services, d'en suivre l'évolution et de cerner l'image de la commune : c'est le Baromètre communal.

À la demande de la mairie, les consultants effectuèrent cette enquête auprès d'un échantillon de 257 personnes. Cet échantillon fut constitué d'après les statistiques de l'INSEE, selon la méthode des quotas.

Complémentaire au projet « Meylan Mairie 2000 », le Baromètre effectué en début et en fin d'action permet d'apprécier la progression de la qualité de service et de mesurer le résultat des efforts engagés par la mairie et son personnel. Le Baromètre est aussi un instrument de mesure de la satisfaction qui guide les actions à mener et permet d'en apprécier l'impact.

L'enquête fut réalisée sur quatre journées, dans les rues de la ville, sur la base d'un questionnaire établi par les consultants. La structure du questionnaire proposé à la population fut conçue en trois parties selon les spécificités de la commune :
– la satisfaction envers les services municipaux et les activités qu'ils proposent ;
– la relation mairie/usagers ;
– l'image de la commune et la relation affective avec la ville.

---

5. Cf. Annexe n° 3.

Nous ne présentons pas ici le détail des résultats mais nous renvoyons le lecteur aux annexes du présent ouvrage, où il découvrira la synthèse des résultats à travers un document d'information réalisé par la mairie et les consultants. Les résultats du Baromètre furent transmis à l'ensemble du personnel de la mairie, ainsi qu'à la population de la ville.

Suite à cette enquête, des mesures d'amélioration furent prises par l'équipe municipale.

ÉVALUATION ET SUIVI DE LA MISSION

1. PHASE 4 – MISE EN PLACE ET ÉVALUATION DES ACTIONS

Le Plan d'Action, élaboré à l'issue des groupes de dynamisation, a fait l'objet d'un livret[1] remis à l'ensemble du personnel de la mairie. Ce document précisait pour chaque axe :
– les actions à réaliser,
– les responsables de chaque action,
– la date de mise en œuvre,
– la nécessité ou non d'un budget,
– la décision,
– les éventuelles observations.

La mise en œuvre du Plan d'Action nécessite une vigilance importante au niveau du respect des échéances, de la cohérence entre les actions et de la régulation de l'ensemble du dispositif. C'est là qu'intervient le suivi du plan d'action par les consultants.

2. SUIVI DU PLAN D'ACTION PAR LES CONSULTANTS

Si les missions de respect des échéances, de cohérence entre les actions et de régulation de l'ensemble du dispositif, relèvent bien des ressources propres de la mairie, en particulier la Direction des Ressources Humaines et le Comité de Pilotage, la présence d'un consultant exté-

---

1. Cf. Annexe 4.

rieur peut plus facilement garantir la réussite du projet. En effet, ce partenaire extérieur, tout en ayant une connaissance du terrain, a le recul suffisant pour dépasser les éventuels blocages internes et faciliter la recherche de solutions innovantes.

L'objectif de ce suivi est d'aider à l'analyse des difficultés rencontrées et à la recherche de solutions pour une mise en œuvre partagée et efficace mettant l'accent sur la cohérence du Plan d'Action.

La méthode et les moyens proposés par les consultants concernent la participation aux réunions du Comité de Pilotage, à raison d'une réunion tous les trois mois pendant un an, et l'assistance personnalisée de la Direction des Ressources Humaines sur le dossier.

Enfin, l'intervention des consultants pour l'évaluation des résultats a pour objectif de permettre de mesurer progressivement la mise en œuvre du Plan d'Action, son niveau de réussite et son impact dans les services, auprès des agents et des usagers.

Deux méthodes sont proposées par les consultants :
- ***Au niveau interne***, deux démarches sont possibles :
    1) soit une évaluation directe auprès des agents sous forme d'entretiens (auprès d'une douzaine d'agents représentatifs) et d'un questionnaire pour l'ensemble du personnel portant sur la première année de mise en œuvre du Plan d'Action. L'intérêt est d'avoir une vision du niveau de satisfaction générale pour les actions déjà mises en place. Un questionnaire complémentaire auprès des cadres et des élus peut être réalisé par ailleurs ;
    2) soit la réalisation du Baromètre Action pour lequel les consultants assurent la conception et le traitement des informations et qui peut être repris régulièrement.
- ***Au niveau externe*** : la réalisation d'un nouveau Baromètre Communal semble la démarche la plus appropriée si le client veut mesurer le chemin parcouru et les améliorations apportées.

PARTIE 6

Histoires de consultation

Sommaire

PARTIE 6

Chapitre 1 • MISE EN PLACE D'UN DISPOSITIF D'ENTRETIEN ANNUEL D'ACTIVITÉ AU CNRS

1. Le contexte
2. La demande
3. Le dispositif d'intervention
4. La valeur ajoutée des consultants
5. Les résultats dans les laboratoires – Quelques effets des EAA
6. Les réflexions et limites de la démarche

Chapitre 2 • DIAGNOSTIC DE LA FORMATION CHEZ OFTR, UNE EXPÉRIENCE RÉUSSIE D'APPEL AUX RESSOURCES EXTERNES

1. Le problème
2. La mission de conseil

Chapitre 3 • CONSULTATION DU PERSONNEL SUR LA NOUVELLE IMAGE DE L'ENTREPRISE ADP

MISE EN PLACE D'UN DISPOSITIF D'ENTRETIEN ANNUEL D'ACTIVITÉ AU CNRS

1. LE CONTEXTE

Le CNRS (*Centre National de la Recherche Scientifique*) regroupe 26 000 personnes dont 11 000 chercheurs et 15 000 ITA, (Ingénieurs, Techniciens et Administratifs).

Depuis quelques années et en particulier depuis 1988, à la suite de plusieurs études, s'est confirmée la nécessité d'engager une action plus volontariste pour mieux prendre en compte les potentialités des collaborateurs et l'évolution de leurs compétences face aux changements technologiques et organisationnels.

Tout en transformant et en renforçant les structures de gestion du personnel pour aller progressivement vers une véritable gestion des Ressources Humaines intégrant mieux les problématiques de mobilisation de compétences et de prévision et mobilité des emplois, le CNRS souhaitait donc développer des actions d'innovation dans les pratiques de management et d'écoute interne.

L'enjeu est de taille, puisqu'il s'agit de transformer en profondeur des habitudes culturelles qui renvoient à une forte dichotomie entre la réalisation d'un projet scientifique et la gestion des ressources humaines et financières pour le mettre en œuvre. Deux logiques souvent contradictoires et rarement bien vécues par les directeurs de laboratoires, chercheurs avant tout.

À cette réalité fortement présente vient s'ajouter l'éclatement sur l'ensemble du territoire des 1 300 laboratoires environ avec leur statut de laboratoire propre ou associé.

Enfin, la moyenne d'âge des collaborateurs du CNRS, 45 ans, est un élément supplémentaire de résistance au changement non négligeable.

2. LA DEMANDE

Dans ce contexte, la demande de la Direction Générale via la Délégation aux Ressources Humaines était, dans un premier temps, ciblée sur la mise en place d'un dispositif d'entretien d'évaluation des ITA afin de valoriser ces derniers en améliorant le dialogue dans les unités de travail.

Très vite, le Comité de Pilotage chargé du suivi de ce dossier s'est aperçu que la notion « d'évaluation » trop sensible devait être remplacée par un terme plus approprié et qu'il était souhaitable de s'intéresser à la réalité du travail de l'ITA. « L'entretien annuel d'activité » (EAA) devenait ainsi l'appellation reconnue (ou contrôlée).

Au-delà de l'élaboration et de l'expérimentation du dispositif d'EAA, le CNRS souhaitait un accompagnement méthodologique de la part du Cabinet de Consultant et un transfert permanent de ses savoir-faire dans l'organisation du changement.

3. LE DISPOSITIF D'INTERVENTION

Depuis 1990, en moyenne 2 consultants seniors suivent ce chantier. Cet investissement important correspondait à la volonté du CNRS de construire une réponse très adaptée à sa culture. La réponse devait être par ailleurs progressive pour tenir compte des rythmes différents d'appropriation interne et participative en intégrant au maximum les acteurs de terrain dans l'élaboration des contenus et des outils expérimentaux.

Pour intégrer au fur et à mesure les propositions d'améliorations et les évolutions quant aux attentes des acteurs, les consultants ont eu recours à des entretiens individuels avec des ITA et des Directeurs de laboratoire dans 2 laboratoires pilotes au début puis par l'intermédiaire de remontées d'information des relais par la suite.

Le choix du CNRS était aussi de privilégier la mise en œuvre de la démarche par des collaborateurs mêmes du CNRS, mieux légitimés du fait de leur appartenance au CNRS, plutôt que par l'intervention directe dans les laboratoires de consultants externes. Ainsi 25 conseillers relais chargés d'expliquer les enjeux et mettre en place le dispositif dans les différentes unités du CNRS, ont été formés par les consultants à raison de 20 jours de formation en alternance. Le programme de formation étant axé en priorité sur la sociologie des organisations, la communication, la conduite d'entretien et la réflexion sur les dispositifs de changement.

Ces conseillers relais interviennent auprès des directeurs de laboratoires et de leurs collaborateurs tant au niveau de l'information interne sur la démarche que des méthodologies d'analyse et de synthèse des résultats. Bien entendu leur intervention se fait à la demande des laboratoires et en coordination étroite avec les délégations régionales.

Le chantier d'intervention lui-même s'est déroulé sur 3 axes comme le présente le schéma suivant :

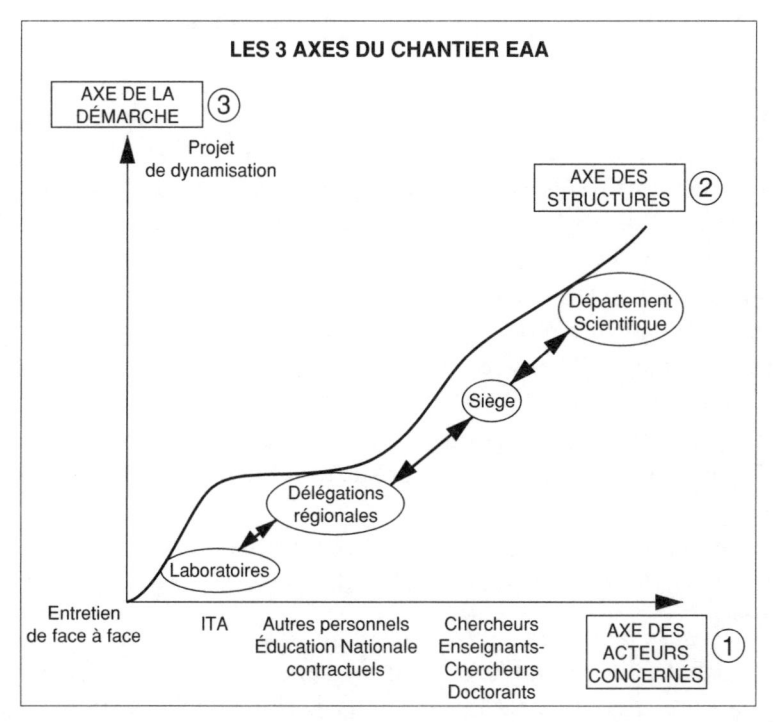

LES 3 AXES DU CHANTIER EAA

- ③ AXE DE LA DÉMARCHE : Projet de dynamisation
- ② AXE DES STRUCTURES : Laboratoires → Délégations régionales → Siège → Département Scientifique
- ① AXE DES ACTEURS CONCERNÉS : Entretien de face à face, ITA, Autres personnels Éducation Nationale contractuels, Chercheurs Enseignants-Chercheurs Doctorants

Commentaires du tableau

De 1990 à 1992, l'expérimentation s'est strictement localisée dans une dizaine de laboratoires sur le public ITA.

En 1992, en plus de l'extension à une trentaine de laboratoires, les délégations régionales et un service du siège ont été concernés, et un laboratoire à partir des résultats des EAA s'est lancé dans un projet de dynamisation.

En 1993, des chercheurs, des enseignants-chercheurs et des doctorants ont accepté d'expérimenter des EAA à leur niveau et l'ensemble des responsables des services des délégations régionales ont été formés à la conduite des EAA.

1994 est la première année d'extension généralisée à toutes les structures et de sensibilisation des départements scientifiques.

4. LA VALEUR AJOUTÉE DES CONSULTANTS

L'essentiel de l'apport des consultants sur ce chantier a consisté à concevoir des méthodes et des outils appropriés à la stratégie et au contexte de mise en place d'un dispositif d'entretien annuel au CNRS et à apprendre à la DRH, aux conseillers relais et aux responsables d'entretiens à utiliser ces méthodes et ces outils sur le terrain. Les principaux outils élaborés par les consultants sont les suivants :
- un livret guide et un support d'entretien tenant compte des attentes des collaborateurs et des objectifs du CNRS,
- la conception et la mise en forme du programme de formation pour les conseillers relais et les conducteurs d'entretien,
- la réalisation de cas pratiques pour simuler des entretiens annuels d'activité à partir des exemples pris dans la vie quotidienne des laboratoires,
- la construction d'un tableau de bord de suivi pour les conseillers relais,
- l'élaboration d'outils d'évaluation du dispositif et des conseillers relais.

En parallèle, les consultants remplissaient une mission de conseil auprès du chargé de mission de la DRH, responsable du projet, qui pouvait aller jusqu'à le « convaincre » d'essayer une méthode et de la diffuser ensuite auprès des conseillers relais et dans les laboratoires.

Le rôle des consultants a été en outre de replacer en permanence l'EAA dans une analyse systémique de l'organisation, car l'entretien interroge à la fois le style du conducteur, l'organisation du laboratoire, la culture du laboratoire et son histoire, la stratégie, les compétences des collaborateurs et des responsables, les procédures de gestion et de communication...

Mise en place d'un dipositif d'entretien annuel d'activité au CNRS

Tout cela n'a pu se réaliser qu'à partir d'un véritable travail de partenariat avec le chargé de mission du CNRS sur l'ensemble du dispositif.

À titre d'information on peut répartir le temps de travail des consultants sur ce chantier de la manière suivante (de 1990 à 1993) :
- 20 % Conseil auprès de la DRH et des différents acteurs et régulation du dispositif,
- 10 % Conception et réalisation de méthodes et d'outils,
- 50 % Animation et formation des conseillers relais et directeurs de laboratoire,
- 20 % Investigation et entretiens.

En précisant que sur 4 ans, les deux premières années ont été davantage consacrées à l'investigation, au conseil et à la conception, les 2 dernières au conseil et à la formation. Toutes ces méthodes et ces outils reposant sur la conception suivante de l'entretien annuel :

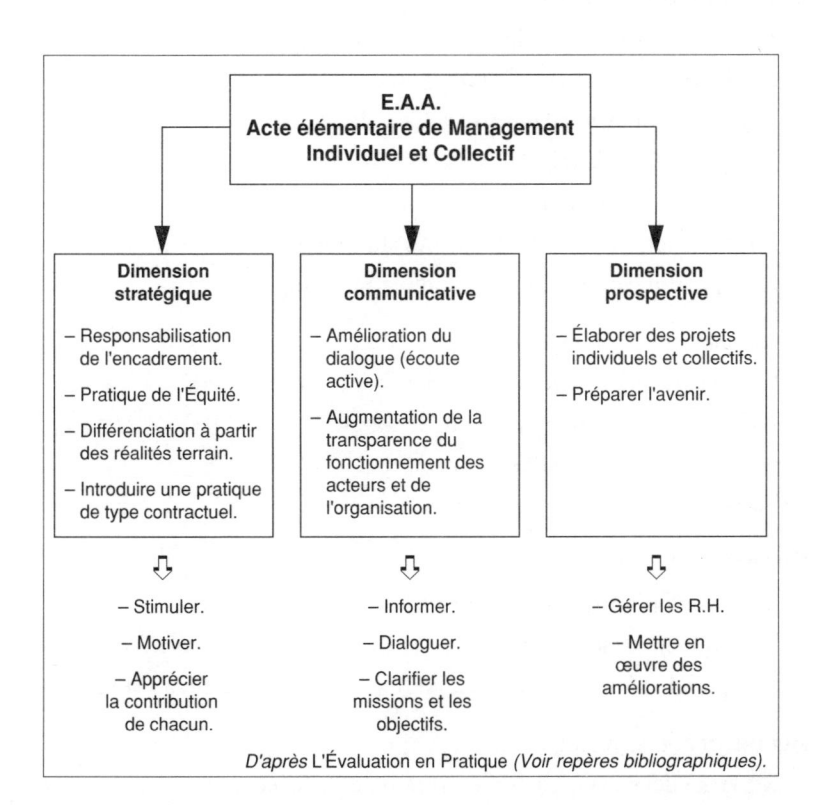

E.A.A.
Acte élémentaire de Management Individuel et Collectif

Dimension stratégique	Dimension communicative	Dimension prospective
– Responsabilisation de l'encadrement. – Pratique de l'Équité. – Différenciation à partir des réalités terrain. – Introduire une pratique de type contractuel.	– Amélioration du dialogue (écoute active). – Augmentation de la transparence du fonctionnement des acteurs et de l'organisation.	– Élaborer des projets individuels et collectifs. – Préparer l'avenir.
– Stimuler. – Motiver. – Apprécier la contribution de chacun.	– Informer. – Dialoguer. – Clarifier les missions et les objectifs.	– Gérer les R.H. – Mettre en œuvre des améliorations.

D'après L'Évaluation en Pratique *(Voir repères bibliographiques).*

5. LES RÉSULTATS DANS LES LABORATOIRES – QUELQUES EFFETS DES EAA

Les effets des EAA dans les unités de travail du CNRS sont beaucoup plus complexes que ne le laisse penser cette « typologie primaire » (présentée ci-dessous) : d'une part, le repérage a été réalisé à partir d'un discours institutionnel (*À partir de 14 bilans d'entretiens annuels d'activités réalisés par des responsables de laboratoires en 1991 et 1992*), d'autre part, les inter-relations entre les différents domaines sont certainement plus importantes dans leurs effets sur la vie quotidienne des laboratoires.

Les résultats ci-dessous sont présentés par ordre d'importance décroissante.

Communication interne
– Meilleure connaissance des collaborateurs et de la réalité de leur travail.
– Meilleure circulation de l'information.
– Augmentation des échanges ITA-Chercheurs.
– Plus grande confiance.
– Plus grande motivation.
– Amélioration de l'accueil des jeunes chercheurs (DEA-Doctorants).
– Amélioration de problèmes relationnels internes.

Organisation du travail
– Clarification de la place des collaborateurs dans l'équipe.
– Aide à la structuration de l'unité de travail.
– Amélioration du travail administratif.
– Planification de certaines tâches.

Compétences
– Meilleure utilisation des compétences des collaborateurs.
– Détermination des plans individuels de formation et de plans d'unités.
– Plus grand recours à une formation interactive entre collaborateurs.

Avenir professionnel
– Repérage des potentialités d'évolution de certains métiers.

> - Meilleure prise en compte des problèmes de gestion des carrières par les responsables.
> - Prise en compte de la carrière des doctorants.
>
> **Stratégie de changement**
> - Détermination de plan d'actions et classement des priorités.
> - Amélioration de la cohérence entre évolution des ressources humaines et projets scientifiques.
>
> **Conditions de travail**
> - Meilleure connaissance des collaborateurs et de la réalité de leur travail.
> - Meilleure circulation de l'information.
> - Augmentation des échanges ITA-Chercheurs.

6. LES RÉFLEXIONS ET LIMITES DE LA DÉMARCHE

L'EAA se développe en partie dans ce que les sociologues des organisations appellent une « zone d'incertitude » de l'organisation bureaucratique. Dans cette zone, les différents acteurs de l'EAA peuvent maintenir ou accroître leurs potentiels de pouvoir.

L'important est donc de repérer comment, à moyen et long terme, les stratégies individuelles et collectives vont se développer à partir des EAA.

Déjà l'EAA soulève de nombreuses questions sur les rapports de pouvoir entre structure centrale et structures locales, en interrogeant directement sur la répartition des compétences en matière de gestion des Ressources Humaines pour mieux répondre à la gestion de proximité des personnels.

L'EAA, par ailleurs, peut être un excellent indicateur de la qualité collective d'innovation au CNRS. Car il est avant tout un outil de négociation et de confrontation du projet personnel et du projet du laboratoire.

Le contenu de l'EAA devra aussi tenir compte des évolutions de la demande sociale interne et de la stratégie du CNRS, d'où la nécessité d'une adaptation permanente du dispositif.

Deux points essentiels restent à creuser dans la démarche :
- L'intérêt de cet outil pour les chercheurs et les enseignants-chercheurs, les premières expérimentations n'apportant pas de résultats suffisamment concluants à ce niveau (en revanche, pour les doctorants l'EAA semble correspondre à leurs attentes).
- La gestion des remontées d'information des EAA par les différents niveaux concernés (délégations régionales pour la gestion des Ressources Humaines : plans de formation, mobilités, etc., le siège en liaison avec l'observatoire des métiers...)

Enfin, avec la généralisation à l'ensemble des 1 300 laboratoires du CNRS d'ici 1995, nous allons pouvoir mesurer en grandeur réelle l'impact d'un tel dispositif sur l'amélioration de la gestion des Ressources Humaines, tout particulièrement la gestion de proximité.

QUELQUES REPÈRES BIBLIOGRAPHIQUES

- « *L'évaluation dans l'administration* » – Centre Universitaire de recherches administratives et politiques de Picardie – PUF 1993.
- « *Premier bilan d'une expérience de dynamisation des Ressources Humaines au CNRS* » – Richard Varin/Jean Laforêt – Délégation aux Ressources Humaines, CNRS, Mai 1991.
- « *La modernisation de la gestion des Ressources Humaines au CNRS* » – Véronique PADOAN – Laboratoire de sociologie du changement des institutions – CNRS, 1993.
- « *L'Évaluation en Pratique* » – Jean-Claude PLACIARD/Sylvie POTIER – Co-édition Ressources/ICS-Interconsultants, 1993.

CHAPITRE 2

DIAGNOSTIC DE LA FORMATION CHEZ OFTR, UNE EXPÉRIENCE RÉUSSIE D'APPEL AUX RESSOURCES EXTERNES

1. LE PROBLÈME

L'acteur et sa situation

Un grand groupe de dimension nationale et internationale, OFTR – 14 000 salariés, 9 filiales – constate le caractère chronique du non-retour d'investissement de ses dépenses de formations aux langues étrangères, à l'anglais en particulier, destinées à son personnel.

Or, la pratique de l'anglais est devenue indispensable dans les relations permanentes de ce grand groupe avec ses homologues étrangers. Le maintien d'une coopération avec les entreprises étrangères et le renforcement des liens existants appellent de la part d'OFTR des mesures radicales quant à la mise à niveau de ses collaborateurs.

Une échéance importante, la tenue sur le territoire français d'une manifestation de portée mondiale engageant la crédibilité de la France et ses intérêts économiques comme culturels, vient à point pour le souligner et pour exiger d'OFTR qu'il s'implique dans une démarche volontariste avec, à la clé, une obligation de réussite.

Cette manifestation doit faire travailler ensemble professionnels français et étrangers. Le cahier des charges stipule que l'anglais sera la langue de travail commune et qu'il importe que toutes les personnes engagées, de près ou de loin, dans la préparation, l'organisation, l'animation, la diffusion, l'exploitation commerciale de cette manifestation maîtrisent de manière satisfaisante cette langue.

Moins que d'autres, la France ne saurait se dérober aux engagements souscrits sous peine de faire échouer l'ensemble de l'opération et, bien entendu, de ruiner à jamais son crédit de grande nation.

Or, en 1990, soit deux ans après ses engagements, OFTR n'a pas encore pu former de manière crédible le moindre de ses collaborateurs alors que l'organisation de la manifestation prévue pour 1992 entre dans sa phase concrète. Les dépenses de formation à l'anglais, depuis la signature de l'accord de prise en charge par la France de l'opération internationale, continuent à s'apparenter à du gaspillage, « *à de l'argent jeté par la fenêtre* ».

Une histoire commune : mêmes causes, mêmes effets

Déplorer l'intérêt limité des Français pour les langues étrangères, par conséquent souligner leur peu d'aptitude à les manier ne témoigne pas d'une grande originalité. Ce n'est un secret pour personne.

Mille arguments ont été avancés pour en expliquer les raisons. Au-delà du monde éducatif, commode et trop facile bouc émissaire d'un échec collectif, le monde de l'entreprise peut fournir bien des éléments explicatifs à la faillite de l'apprentissage des langues étrangères.

Le cas d'OFTR l'illustre fort bien.

OFTR consacre une part non négligeable de son budget de formation à la formation aux langues : en moyenne 20 % et c'est l'apprentissage de l'anglais qui rafle la mise puisqu'il représente plus de 90 % de cette dépense. Les méthodes pratiquées par OFTR pour sélectionner les candidats à la formation aux langues ne se différencient en rien de la plupart des entreprises françaises :
– il accueille tous les volontaires sans aucune définition ni de ses besoins, ni de sa stratégie pour les satisfaire ;
– aucune enquête préalable n'a été faite ni sur les motivations de c es derniers ni sur l'éventuel profit que leurs services pourraient en tirer ;
– les cours extensifs l'emportent largement sur les cours intensifs, cette dernière formule, rare et conjoncturelle, étant le fait de services qui ont une mission ponctuelle exigeant une (re)mise à niveau des personnels ;
– aucun contrôle des présences, de l'assiduité et du travail n'est imposé *a priori* ;
– aucune évaluation digne de ce nom n'est véritablement envisagée.

Les résultats enregistrés sont globalement les mêmes que dans les autres entreprises :
- après la période d'engouement, les cours, bondés lors de la phase de démarrage, sont de moins en moins fréquentés, voire désertés. Mais la dépense continue ;
- les quelques rares agents ayant suivi avec assiduité les cours ne peuvent aller au-delà d'un certain mode de gestion du cours : exercices laborieux de prononciation, conversations –aussi sympathiques soient-elles– avec un lecteur étranger peu au fait de la pédagogie élémentaire et livré à lui-même, autocorrection et évaluation impossibles par manque d'encadrement pédagogique (professeur, documents d'accompagnement...) ;
- les services de formation se contentent de justifier une consommation d'enveloppe sans se préoccuper du bilan à tirer ;
- insatisfaction générale mais aucune remontée des mécontentements.

Un faux débat

Inquiets, les dirigeants d'OFTR réunissent les responsables de la formation et invitent les cadres opérationnels à exprimer leur avis sur la situation. De la réunion, il ne ressort pratiquement rien, la confusion des esprits et des intérêts ne permettant pas d'entendre les rares voix qui dénoncent la procédure et les méthodes jusqu'alors empruntées.

Comment ces voix pourraient-elles être d'ailleurs entendues, elles qui mettent en cause un fonctionnement collectif et une carence en stratégie pédagogique ? Comment la direction ne se sentirait pas concernée elle qui, en dehors du discours annuel des bonnes intentions prononcé en Comité d'Entreprise pour l'adoption du Plan de Formation, n'a jamais fait la preuve sur le terrain de sa réelle préoccupation pour les questions liées à la formation des personnels ? Comment les responsables de la formation pourraient-ils accepter une critique qui, peu ou prou, risquerait de mettre en lumière leur légèreté, leur négligence, voire leur incompétence, et qui démontrerait leur tendance à s'enfermer dans le quantitatif (justifier la consommation d'enveloppes) au mépris du qualitatif (stratégie, contenus, retour d'investissement...) ? Enfin, comment les services recevraient sans broncher les reproches qui flétrissent leur incapacité à évaluer les résultats de la formation ?

Cette situation de blocage classique ne peut résister cependant à l'urgence que constitue l'échéance de 1992. Aussi, nécessité faisant loi, la suggestion (émise par une des personnes critiques) de recourir aux conseils d'un cabinet spécialisé dans la formation, est-elle finalement retenue.

2. LA MISSION DE CONSEIL

L'appel à un médiateur

Le groupe OFTR qui est membre d'un Fonds d'Assurances Formation fait appel à ce dernier afin qu'il lui apporte son concours dans la recherche d'un cabinet de conseil. Pour la petite histoire, il ne serait pas inutile de préciser que l'attitude d'OFTR au sein de son FAF n'a pas toujours été très constructive. Et d'autant moins qu'entreprise la plus influente du fait de son poids et de sa mission, elle a fait la sourde oreille aux propositions d'action du FAF. Notamment en matière de formation à l'anglais expérimentée avec succès par d'autres sociétés adhérentes.

Le cabinet de conseil retenu, appelons-le FOLANG, dépêche un consultant qui entreprend un diagnostic dont les conclusions, présentées avec les formes et les précautions d'usage sont sans ambiguïtés. Retenons-en les principales :
- inscrit dans le cadre légal de la Formation Continue, le Plan de Formation (choix de formations, désignation des agents à former) relève de l'initiative du seul chef de l'entreprise et de ses services compétents. Cela concerne, par conséquent, les formations aux langues étrangères par trop considérées comme un libre choix des personnels, une liberté inaliénable des salariés ;
- ce rappel de la loi n'empêche nullement la concertation avec les personnels et les syndicats ;
- toute formation inscrite dans le Plan de Formation doit être liée à un objectif professionnel, à une étude sur les moyens à adopter et sur une évaluation des résultats ;
- l'échec de la formation aux langues étrangères est imputable à plusieurs facteurs :
  - à la confusion institutionnelle qui ne distingue plus le CIF de la Formation Continue. Une telle confusion débouche sur une démocratie mal comprise. Laisser une liberté totale de choix aux agents, d'une part, encourage les pratiques velléitaires, d'autre part, prive l'entreprise de toute stratégie de formation dynamique volontariste et cohérente ;

- au laxisme de l'entreprise qui n'a jamais pensé qu'elle pourrait définir ses besoins et arrêter une stratégie pédagogique susceptible de les satisfaire ou d'y répondre ;
- à l'absence de contraintes élémentaires inhérentes à toute formation à tout apprentissage, à toute acquisition de connaissance et de savoir dignes de ce nom ;
- à la carence en matière de contrôle autre que financier et en matière d'évaluation autre qu'une vague mesure de la satisfaction personnelle des participants. À cet égard, les résultats négatifs enregistrés n'ont pas incité aux corrections de tir auxquelles l'on pouvait s'attendre.

Le miracle

Comme par enchantement, tout ce qui, d'une part, avait été débattu au sein du FAF, d'autre part, avait suscité des réactions critiques, autrement dit tout ce qui n'avait jamais été pris en compte par les responsables d'OFTR, allait l'être grâce à la médiation du consultant.

Son habileté s'est exercée sur le terrain de la présentation d'un diagnostic accréditant la thèse d'un constat de la situation dressé par l'ensemble du collectif dirigeant, des services de la formation et des collaborateurs critiques. Reprenant à son compte les arguments de ces derniers sans donner cependant l'air d'être allé puiser ses informations à leur source, il a fait triompher leurs points de vue. Toutefois, il s'était bien gardé de désigner des vainqueurs et des vaincus. Le fait que le FAF ait également milité depuis quelques années en faveur d'une rénovation de la formation aux langues lui permettait d'inscrire ses contributions dans un vaste ensemble au sein duquel chacun ne pouvait trouver que sa place. En d'autres termes, son humilité valorisait, voire exagérait l'apport de tous les acteurs

Cette habilité du consultant qui ménageait tout le monde et restaurait le crédit de chacun a ainsi pu faire passer l'essentiel, c'est-à-dire ses recommandations et ses préconisations.

La solution

Tirant les conclusions de son diagnostic, le consultant a proposé le respect d'un certain nombre de principes comme préalable à la mise en œuvre d'un plan d'action.

Ces principes étaient au nombre de 4 :
- l'entreprise doit donner la priorité à la formation des agents servant les missions de l'entreprise et satisfaisant à ses obligations. À cet égard, la manifestation de 1992, par son caractère d'urgence, entrait dans ce champ de préoccupation ;
- les missions et les obligations constituent en soi des éléments de motivation car elles sont liées à des objectifs et à des échéances. Objectifs et obligations ne peuvent que concourir à la motivation des personnels et, plus encore, à une certaine émulation profitable à tout apprentissage, celui des langues notamment ;
- la motivation étant le moteur essentiel, elle rend d'autant moins contraignants les efforts à consentir pour garantir la réussite. Au plan de l'entreprise, elle justifie l'investissement, par conséquent, en assure le retour d'investissement. Au plan individuel, elle fait accepter la part d'effort et de discipline personnels perçus comme les conditions de la réussite ;
- contrôle permanent et évaluation de l'acquisition des connaissances à périodicité régulière font partie de la méthodologie pédagogique.

Le respect de ces principes servait un plan d'action dont les grands axes étaient les suivants :
- une formation sur-mesure soucieuse des finalités de l'entreprise. Textes, vocabulaire et documentations lexicales étaient adaptés à la nature de l'activité spécifique d'OFTR et de ses filiales ;
- une formation « écrite », une formation « orale ». L'ensemble de ces formations représentait 12 modules de niveaux progressifs (ou 6 modules, chacun d'entre eux comprenant une partie écrite et une partie orale) à acquérir pour parvenir à une excellente pratique de la langue ;
- un parcours de deux ans en moyenne ;
- deux mois pour franchir chaque niveau, le « *redoublement* » étant admis une fois. Ce rythme de progression tenait parfaitement compte des réalités professionnelles et personnelles de chacun ;
- une formation « écrite » hors du temps de présence obligatoire de l'agent dans l'entreprise (4 à 6 heures de travail par semaine) ;
- des stages intensifs de formation « orale » une fois achevée avec succès la phase écrite du niveau correspondant. Le temps des stages était pris sur le temps de travail de l'agent. Autrement dit, en échange d'un travail personnel pris sur ses loisirs, chaque agent était libéré de sa charge de travail pour suivre la formation pratique (une semaine tous les deux mois) ;

- des devoirs par correspondance à remettre chaque semaine, une permanence téléphonique à la disposition des stagiaires. Auprès de cette dernière, les stagiaires pouvaient trouver renseignements, conseils et aides pour leur travail à domicile ;
- des prestations de FOLANG à Paris comme dans les régions. Un accord passé avec les Chambres de Commerce et d'Industrie sur tout le territoire français assurait une qualité de service égale pour tous les collaborateurs d'OFTR au plan national comme au plan régional. Compte tenu de la dispersion géographique des emprises d'OFTR, ce point revêtait un caractère d'une importance cruciale.

Les réactions

Vivement discuté, ce plan d'action n'a pas été adopté sans réticence. Notamment de la part des responsables de la formation qui craignaient les réactions des personnels, et de la part les syndicats qui dénonçaient les atteintes à la liberté individuelle autant que les « *économies ainsi réalisées par l'entreprise sur le dos des travailleurs* ». Prenant appui sur certains leaders d'opinion et sur une direction qui ne pouvait contester le caractère aussi novateur qu'efficace de la formule (déjà expérimentée avec succès ailleurs, notamment au sein du FAF), le consultant a pris son bâton de pèlerin pour convaincre les leaders syndicaux. Il leur a fait valoir deux arguments :
- la liberté n'a aucun sens si au bout de la route elle se paye d'un échec assuré. La liberté totale peut concourir à une incapacité à gérer son temps et ses choix, (en témoignait l'ancien mode de formations aux langues) ;
- la nouvelle formule exige un effort financier mais aussi un effort de suivi pour garantir le retour d'investissement. Elle sert par conséquent autant les intérêts des dirigeants que des salariés.

Craignant de faire la preuve de leur incapacité à débattre sur le fond avec un expert étranger à la société et tenant compte d'un mouvement d'opinion au sein de l'entreprise favorable à la démarche proposée par FOLANG, les syndicats finirent par donner leur accord.

Pouvait alors commencer la négociation commerciale. Les dirigeants d'OFTR confièrent cette mission au FAF qui fort de son expérience et des marchés déjà passés avec FOLANG put obtenir les meilleures conditions financières.

Épilogue

En moins de temps que les plus optimistes l'avaient rêvé, les résultats dépassèrent les attentes. Le taux d'abandon avait été dérisoire et tous les agents formés s'étaient déclarés très satisfaits de leur formation. Quant à leur « opérationnalité », elle fut atteinte dans les délais prévus. À la plus grande surprise comme à la plus grande satisfaction des organismes étrangers associés à l'OFTR pour l'organisation et l'animation de la manifestation. La réussite de l'opération a eu, par ailleurs, un triple effet d'entraînement :
- au sein d'OFTR dont toutes les filiales abandonnèrent les anciennes formules de formation au profit de celle conçue et mise en œuvre par FOLANG ;
- parmi les adhérents du FAF qui, constatant les résultats positifs enregistrés chez l'un des leurs, se décidèrent de marcher sur ses brisées ;
- au sein du FAF même puisque la décision fut prise non seulement d'inscrire l'enseignement des langues parmi les rares actions prioritaires du FAF mais aussi de le financer avec les fonds mutualisés (les entreprises bénéficient de prestations proportionnelles à leurs besoins et non plus à leurs cotisations annuelles).

Conclusions

Que retenir de cette expérience ? Sans reprendre, point par point, tous les éléments de la première partie de ce document (*Pourquoi ?*), et sans se référer non plus à la démarche mentionnée dans la deuxième partie (*Comment ?*) retenons de la situation de blocage (à l'origine du diagnostic et du projet) que :
- l'entreprise malgré sa dimension, son effectif, ses ressources internes, ne bénéficie pas toujours de toutes les compétences pour résoudre un problème spécifique. L'appel à des ressources extérieures s'impose donc ;
- quelle que soit l'urgence, les acteurs de l'entreprise ne disposent ni de la lucidité, ni de l'humilité, ni du sens des responsabilités nécessaires pour jeter un regard objectif sur la nature de leurs problèmes. La rationalité des acteurs ne va pas forcément avec les intérêts de l'entreprise ;
- l'on ne peut attendre des « *fautifs* », direction et cadres opérationnels notamment, qu'ils fassent leur autocritique ou qu'ils avancent les verges pour se faire battre ;

- la loi du silence et une solidarité fondée sur le plus petit commun dénominateur s'instaurent automatiquement en période de crise. Ceux qui veulent les transgresser dans cette période de crise s'exposent à un rejet ;
- les quelques rares personnes critiques, parce qu'elles appartiennent trop à la « famille « , ne peuvent pas être entendues. Leurs remarques, suggestions, propositions dont beaucoup se rapprochent de celles faites et avancées par un consultant ne seront jamais reçues. À moins d'un conflit dont il sortira un gagnant et un perdant avec tous les risques qui résultent d'un jeu à somme nulle ;
- lorsque le blocage fait courir un danger à tout le monde, il faut trouver le moyen de sensibiliser la hiérarchie à la nécessité de faire appel à un médiateur ;
- lorsqu'il y a recherche de solution, le « *statut d'étranger* » du consultant constitue un atout considérable. L'étranger est le seul à disposer d'une pensée et d'une parole libres, le seul à pouvoir suggérer des actions susceptibles de motiver le plus grand nombre ;
- pour garder son crédit, le consultant doit permettre aux uns de sauver la face, aux autres de se réintroduire dans le processus de décision et d'action de l'entreprise ;
- un diagnostic, un plan d'action ont d'autant plus de chances de réussir qu'ils sont portés par le collectif de travail et qu'ils donnent à ce dernier le sentiment d'avoir sa large part dans les conclusions, les recommandations, les préconisations, les propositions.

CHAPITRE 3

CONSULTATION DU PERSONNEL SUR LA NOUVELLE IMAGE DE L'ENTREPRISE ADP

C'est en 1983 que nous avons rencontré Pierre Marion et Jean Costet respectivement Président et Directeur Général de l'Établissement Public Aéroports de Paris.

Ces derniers souhaitaient mettre en place une vaste consultation du personnel sur la nouvelle image de l'entreprise proposée par l'agence conseil en communication[1].

Dès le début de notre collaboration, Pierre Marion manifesta sa volonté de s'engager dans une opération de dynamisation sociale de l'entreprise Aéroports de Paris, de jouer totalement la carte du dialogue social et de pratiquer une forme de démocratie directe, quitte à remettre en cause le style de management de l'établissement.

La volonté affirmée de Pierre Marion, sa volonté d'aller jusqu'au bout nous a incités à tenter une expérience démogestionnaire à notre connaissance exceptionnelle en France.

Au début, la difficulté nous est apparue dans toute son ampleur. L'entreprise craignait la crise du transport international alors même qu'au plan national s'achevait une autre tranche de la plate-forme aéroportuaire de Roissy. De plus, l'opération concernait une entreprise du secteur public où nous pouvions craindre que la sécurité de l'emploi soit un frein à toute idée nouvelle. Dans ce cas, toute perception d'un changement par le personnel peut amener une réaction de défense disproportionnée par rapport à l'objectif, avec cette pensée omniprésente « Quoi, on veut toucher à notre statut ! ».

Le terrain était donc sensible et le risque de « dérapage » était élevé. Heureusement, quelques éléments d'optimisme rendaient le pari

---

1. Rémy Ossard et François Schwebel : « *Le Creative Business* ».

gagnable. Ainsi, le problème d'image, la faible identité d'Aéroports de Paris assimilé à des lieux géographiques, la nécessité d'un nouveau logo étaient partagés par l'ensemble du personnel.

Les syndicats consultés furent favorables en dépit d'un scepticisme de fond sur la réussite de l'opération. Par ailleurs, cette période ne se prêtant pas aux conflits sociaux aigus, il n'y avait pas de tension syndicale au début de l'opération.

Enfin, la « fonctionnarisation » du personnel constitua plus un atout qu'un handicap. La sécurité de l'emploi à long terme laissait entrevoir un attachement certain du personnel à l'établissement en dépit d'une morosité ambiante. Stimulés par le défi et en considérant avec réalisme nos chances de succès ou d'échec, nous avons alors tout mis en œuvre pour appliquer la méthode démogestionnaire et rechercher les techniques d'intervention spécifiques à cette organisation.

Réussir sans connaître à fond la culture de l'entreprise était impossible. L'entreprise détacha pour nous aider à piloter l'ensemble de l'opération M. Alain Nutkowicz. C'est avec lui que nous avons fait équipe. Sa connaissance de la culture de l'entreprise a été une aide fondamentale.

Laissons-lui la parole pour décrire cette opération.

« Depuis plusieurs années, le sentiment prévalait au sein des dirigeants d'Aéroports de Paris que l'image de cet établissement public chargé notamment de gérer les Aéroports de Roissy-Charles de Gaulle et Orly manquait de dynamisme et disons-le d'existence. L'Aéroport de Paris était une gare, un lieu de passage sans image et derrière lequel personne n'imaginait une entreprise de plus de 5 000 personnes, la trentième en importance par son effectif dans la région Ile-de-France.

Plusieurs études concernant l'image institutionnelle, dont celle menée par une agence de conseil en communication, confirmèrent le sentiment des dirigeants. Ce diagnostic semblait se confirmer tant auprès de l'environnement, qu'auprès des compagnies aériennes, des sous-traitants et des passagers.

Le personnel lui aussi confirmait cette image : l'institution était perçue comme triste, inerte avec cependant une certaine fierté d'appartenance due à la qualité des réalisations et au sérieux du métier.

La volonté de se doter d'une image institutionnelle nouvelle fut inscrite au plan d'entreprise 1984-1988 et plusieurs approches furent envisagées à partir des propositions de l'Agence-Conseil.

Le profil de cette personnalité nouvelle telle qu'elle apparut souhaitable fut résumé en trois points : physique, caractère et style. Aéroports de Paris retenant cette approche dite du « Star System »[2] adopta une personnalité fondée sur :

Un physique   • une affirmation de son *autorité* de compétence ;
Un caractère   • une *volonté de gagner* les défis fixés ;
Un style   • une *vitalité* de tous les instants.

La volonté de communiquer cette image de manière crédible a amené à poser le problème de la cohérence entre l'image externe et l'image interne. Il fut alors décidé de sensibiliser le personnel à l'opération et de le faire réagir.

Pour le personnel, ce devait être une manière de vivre le problème et donc de rendre le concept de cette personnalité plus présent dans leur comportement de tous les jours.

Il fallait alors sensibiliser une bonne partie du personnel autour de cette opération.

Après une négociation avec les syndicats, nous nous arrêtons sur le chiffre de 2 000 personnes, soit plus d'un tiers du personnel :
– 1 000 cadres et agents de haute maîtrise ;
– 1 000 agents de maîtrise et d'exécution.

Pour mobiliser ces 2 000 personnes, deux méthodes s'offraient à nous : ou bien accueillir celles-ci dans une grande réunion-spectacle ; ou bien par une méthode plus traditionnelle avec animateur, organiser la réunion durant plusieurs semaines de 200 groupes d'une dizaine ADP personnes.

La première méthode fut éliminée car d'une part, elle n'était pas participative, c'était tout au plus un spectacle qui pouvait être motivant mais ne permettait pas au participant de s'impliquer. D'autre part, les mentalités n'étaient pas prêtes à ce type de « congrès » de grande ampleur que l'on rencontre pourtant dans certaines entreprises pour notamment dynamiser des forces de vente pouvant représenter plusieurs centaines de personnes.

---

2. Cette approche aujourd'hui largement connue dans le milieu publicitaire a été diffusée et appliquée par J. Séguéla.

La deuxième méthode s'avérait plus conforme aux objectifs. Mais programmer 200 groupes sous la conduite d'un animateur faisait perdre l'impact de « forte impulsion » en raison de l'étalement dans le temps et cela même si l'on envisageait plusieurs groupes en parallèle.

L'effet psychologique attendu risquait de disparaître et chaque réunion n'aurait été perçue que comme une réunion de plus. Il était important de créer l'événement et même que l'ampleur de la mobilisation soit l'événement lui-même. Étant donné le nombre de personnes et le planning serré, il fallait imaginer une méthode d'animation permettant à des groupes de grande taille (50 à 60 personnes) de travailler avec le maximum d'efficacité, de créativité, et permettre à chacun dans le groupe d'être reconnu individuellement et de pouvoir s'expliquer en toute franchise.

Il fallait concevoir en conséquence une méthode d'animation originale permettant au cours d'un séminaire de gérer simultanément cinq groupes de travail de 8 à 12 agents. Cette méthode devait être rigoureuse pour éviter au maximum les phénomènes parasites qui ralentissent ou réduisent la productivité d'un groupe. Nous ne pouvions mobiliser en permanence cinq spécialistes de l'animation.

Ce fut là le premier pari : pouvait-on imaginer que 200 groupes puissent se réunir et travailler efficacement sans animateur professionnel ? Comment gérer la dynamique du groupe, ses conflits, les horaires, le recueil de l'information ? Non seulement le risque de dérapage du dialogue était préoccupant, mais toute l'opération ne serait-elle pas un échec, si seulement le quart des groupes échouait. L'impact de cet échec irait alors bien évidemment à l'encontre de l'effet dynamisant recherché.

Loin de se décourager, Christian Michon, Patrice Stern et moi-même relevèrent le défi et proposèrent une méthodologie tenant à la fois de la réunion en petits groupes et d'une procédure individuelle d'expression.

C'est ainsi que fut élaborée la technique des groupes autonomes d'expression permettant de recueillir l'information, de faire réagir les groupes sans qu'aucun animateur ne gère en permanence la dynamique du groupe.

La première séance réunit cinq groupes au Sofitel Roissy durant une journée. Nous étions tous là passant d'un groupe à l'autre pour expliquer les consignes et jouer les observateurs non sans une certaine appréhension.

Ce fut une réussite. Il fallait modifier certaines procédures, rendre les consignes plus claires, mais la technique a fonctionné et 156 réunions de groupes eurent lieu avec cette méthode. Chaque réunion durait une journée. Les groupes désignèrent eux-mêmes leurs animateurs.

La plupart des animateurs désignés n'avaient pas reçu de formation spécifique.

Ce qui par la suite me frappa le plus fut d'ailleurs le sentiment d'authenticité dans le dialogue entre les participants qui ne sentaient aucune contrainte. Cette libre expression fut vécue comme sincère et si à cette occasion on enregistra certaines « lamentations » comme le dirent certains « on déballa le linge sale », tout aussi surprenant fut l'aspect constructif du dialogue.

Chacun exprima son scepticisme dans le discours, mais paradoxalement chacun aussi s'impliqua profondément et cet espoir « qu'enfin quelque chose allait vraiment se passer » se diffusa créant un nouvel état d'esprit chez les participants. En quelques mois, le quart du personnel d'Aéroports de Paris et la quasi-totalité des cadres participèrent à une journée de travail en groupe sur le thème de l'image.

En quelques mois, 1 247 personnes furent sensibilisées et purent réagir à ce projet d'entreprise.

Il fallait alors faire une synthèse du travail des 156 groupes sans pour autant que cette synthèse ne déforme l'information exprimée dans chaque groupe et, au bout de la démarche participative, organiser une rencontre de dialogue et d'information entre un groupe de porte-parole et la direction de l'établissement. À ce stade, il était d'une extrême importance que personne dans l'établissement ne puisse contester le contenu de l'information. Chaque participant à un groupe de base devait pouvoir reconnaître ce qu'il avait « dit » dans le rapport de groupe.

Une technique de synthèse par étapes fut élaborée et permit d'atteindre une information plus réduite mais incontestée. Le principe de transparence de la méthode et des résultats consolida le message d'une authentique volonté de dialogue participatif.

À ma connaissance, ce fut une expérience unique dans le milieu des entreprises privées à la fois par l'ampleur de la participation réalisée en quelques mois, par l'impact sur les attitudes et par le faible coût de la mise en œuvre. Mais cette réussite technique ne devait pas nous faire perdre de vue l'objectif final de l'opération : dynamiser chacun au sein d'Aéroports de Paris, faire en sorte que l'image que l'entreprise s'était volontairement choisie soit cohérente avec l'image interne et donc avec les comportements internes.

On peut dire que ces journées que l'on avait appelées « les séminaires image » sensibilisèrent le personnel à un projet d'entreprise et permirent qu'un dialogue s'instaure avec la Direction.

Des problèmes autres que l'image proprement dite furent abordés dans les groupes de travail mais il n'y eut jamais confusion entre revendications sociales et les problèmes faisant obstacle à une amélioration de l'image de marque.

Ce sont ces aspirations et l'attitude « responsable » des participants à jouer le jeu qui créèrent un climat exceptionnel de confiance entre le personnel et les dirigeants.

Changer « l'image » se traduisit par un changement de sigle, le nom également fut légèrement modifié, 26 mesures immédiates furent prises et 9 axes d'orientation allant dans le sens d'une nouvelle personnalité furent adoptés. Les axes d'orientation répondaient aux axes majeurs qui résultèrent des séminaires « image ».

Les 9 axes d'orientation :
1) Motivation et responsabilisation de l'encadrement et du personnel.
2) Nouveaux types de relations et de fonctionnement internes.
3) Prise en compte des besoins du client.
4) Préoccupation prioritaire de la qualité de service.
5) Communication interne permanente.
6) Action de promotion/communication externe.
7) Réaffirmation de la politique de diversification.
8) Développement des actions d'ingénierie internationale.
9) Nouvelle identité/personnalité d'ADP.

À ce moment, je pris conscience que la phase de sensibilisation nous avait permis d'atteindre le camp de base mais que la route devant nous était encore longue et le sommet très loin.

Si on avait tout lieu d'être satisfait de l'instauration de la démocratie directe au sein d'Aéroports de Paris, il ne fallait pas que cette opération d'exception devienne une pièce de musée, bref l'exception devait devenir un processus normal. Il fallait passer la vitesse supérieure. *Ce fut le second pari.*

Il avait fallu plus de temps que prévu pour définir le nouveau logo et cela avait quelque peu mis au second rang les préoccupations de dynamisation. À ce moment précis, il restait trois mois avant les vacances d'été, période importante de congés mais aussi période de pointe pour certaines de nos activités aéroportuaires.

Le nouvel objectif était que chaque direction propose un *plan de dynamisation interne*, c'est-à-dire fasse passer dans des actions concrètes les 9 axes d'orientation toujours suivant une démarche participative. Il fallait se garder du « concoctage technocratique », les propositions devaient être réalisées par des groupes de travail animés par des cadres représentant les différentes catégories de personnel. C'était là une révolution dans l'esprit des méthodes de travail. Était-il bien réaliste en deux mois de mettre en place une centaine de groupes de travail que l'on appela « groupes de dynamisation », travaillant dans un nouvel état d'esprit et suivant une méthodologie inhabituelle ?

Allons plus loin, n'était-ce pas téméraire de faire subir une telle évolution à une entreprise dont la culture et le style de management n'étaient peut-être pas faits pour supporter un tel choc en si peu de temps ? N'y avait-il pas un risque de s'essouffler à courir si vite ?

D'un autre côté, il était impossible d'attendre octobre pour mettre en place le deuxième volet de la dynamisation, l'effet psychologique n'aurait plus joué. Rien encore n'était bien traditionnel, car nombreux sont les consultants en ce domaine qui préconisent une formation longue d'animateurs de groupe, une mise en place progressive de tels groupes.

L'expérience des cercles de qualité – aujourd'hui très répandue – montre que faire fonctionner une centaine de groupes prend plusieurs mois et que leur production n'est abordée dans le système que plusieurs années après le lancement d'une telle opération.

Or, la conception de groupes de dynamisation bien qu'ayant un objectif plus large et concernant un niveau d'encadrement plus élevé n'était-elle pas à situer dans un contexte similaire de mise en place ?

Nos structures allaient-elles être assez solides pour absorber de véritables chocs culturels malgré la volonté et l'engagement des dirigeants de l'entreprise ? La première réponse fut apportée par un sondage effectué environ un mois après la mise en place des premiers groupes de dynamisation et après une campagne de communication interne.

Le sondage donna son premier verdict :

1) Le projet d'entreprise connu par la quasi-totalité du personnel reçut un accueil favorable même par ceux qui n'avaient pas participé à la consultation.
2) Les buts du projet apparaissent clairement c'est-à-dire améliorer l'image de marque d'Aéroports de Paris. Aucune suspicion ne se montrait quant à des buts inavoués ou cachés de la direction. Un climat de confiance s'était établi dans le dialogue.
3) L'action elle-même, un mois après le lancement des groupes de dynamisation, avait entraîné un début de prise de conscience d'un changement. Plus d'une personne sur cinq déclarait qu'un changement positif était en train de se produire.
4) Plus de 90 groupes de dynamisation comprenant près de 15 % du personnel avaient commencé à fonctionner.

Ce premier verdict était encourageant et les résultats obtenus par la suite confirmèrent le sondage.

Près de 200 propositions d'actions immédiatement applicables résultèrent des groupes de dynamisation. Le « feu vert » fut donné aux directions pour que leur mise en œuvre se fasse sans délai, la dynamisation sociale était en route.

Comment expliquer les premiers résultats favorables ?

Il y a deux éléments pour moi qui me semblent prépondérants dans ce succès :
– la volonté des dirigeants d'aller jusqu'au bout ;
– la manière de le faire savoir.

D'une part, il ne pouvait y avoir d'opération sans qu'une impulsion puissante et affirmée n'apparaisse dès le début et ne confirme à chaque instant, la résolution du président, la confiance du directeur général.

D'autre part, les techniques audiovisuelles, la réalisation de deux films « vidéo » ont apporté à tous la confirmation de la profondeur de l'engagement et ont permis à chacun d'écouter avec plus d'attention qu'habituellement le message proposé.

L'impact du président et du directeur général à travers ces deux films fut une clé du succès et loin de vouloir passer sous silence le travail technique de méthodologie et le formidable appétit participatif qui ne demandait qu'à s'exprimer, le fait de pouvoir vivre par le film la rencontre des porte-parole avec le président fut un facteur de convivialité fondamental, un dialogue tout simplement humain qui donna *une envie de faire ensemble*.

Aujourd'hui, l'action : Dynamisme et Personnalité continue et nous devons consolider cette dynamique du changement. Une charte culturelle est en préparation, elle deviendra le guide de chacun, à chaque instant, dans chaque département et dans chaque service. »

Propos recueillis auprès d'Alain Nutkowicz – décembre 1984 – chargé de mission à la Direction Générale d'Aéroports de Paris.

1– Décision d'ADP, conformément au plan 1984-1988, de se doter d'une image institutionnelle volontariste.
2– Adoption d'une nouvelle personnalité aéroportuaire après un diagnostic de l'image et les propositions d'une agence-conseil en communication.
3– Campagne de sensibilisation des personnels et recueil des propositions au cours de 156 réunions de travail (mai à novembre 1983).
4– Dialogue direct des dirigeants avec 18 porte-parole et rédaction d'un rapport de synthèse destiné à orienter le programme d'action (décembre 1983).
5– Adoption des décisions d'orientation et de certaines mesures immédiates ou à mettre en œuvre dans le court terme (mars 1984).
6– Communication à tous les niveaux de ces orientations par un film ainsi que d'autres moyens de communication (avril 1984). Mesures de l'impact de la communication.
7– Élaboration d'un plan de dynamisation interne (P.D.I.) par la direction (mai et juin 1984) après mise en place de 90 groupes de travail (groupes de dynamisation).
8– Adoption d'un plan général de dynamisation interne et d'une charte culturelle d'entreprise.
9– Communication de la charte culturelle.

Tableau 9
Les points clés de l'action « Dynamisme et Personnalité »
menée par Aéroports de Paris

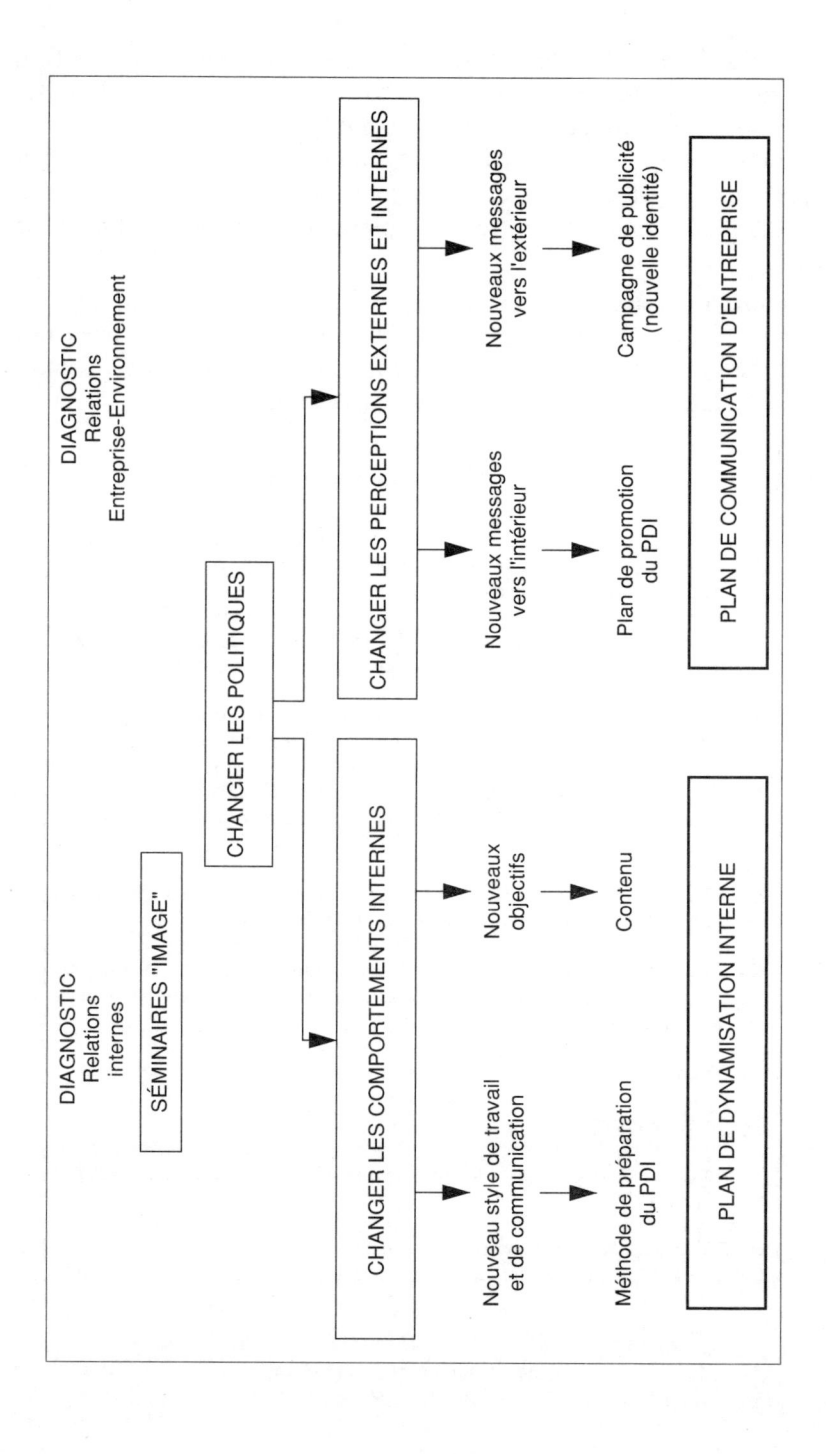

```
                                          ┌─► Nouveaux messages ──► Campagne de publicité
                                          │   vers l'extérieur       (nouvelle identité)
         CHANGER LES PERCEPTIONS
         EXTERNES ET INTERNES ─────────────┤                                                    PLAN DE COMMUNICATION D'ENTREPRISE
                                          │
DIAGNOSTIC                                └─► Nouveaux messages ──► Plan de promotion
Relations                                     vers l'intérieur        du PDI
Entreprise-Environnement


                         CHANGER LES
                         POLITIQUES

SÉMINAIRES "IMAGE"
                                          ┌─► Nouveaux objectifs ──► Contenu
DIAGNOSTIC
Relations                CHANGER LES COMPORTEMENTS INTERNES                                     PLAN DE DYNAMISATION INTERNE
internes
                                          └─► Nouveau style de travail ──► Méthode de préparation
                                              et de communication         du PDI
```

Aéroports de Paris : les séminaires « Image » (1983)

La phase de consultation

1re étape – Information

Le personnel a été sensibilisé à l'opération « Image » par des articles contenus dans « Propos en l'Air », journal interne d'entreprise à la fois sur le fond de l'opération et sur la forme. Une invitation personnelle à participer à la journée de séminaire a été envoyée sous la signature du directeur général à chaque membre du personnel.

2e étape – Réunion de travail – Durée d'une journée

37 journées de travail auxquelles ont participé 1 287 personnes, se sont déroulées de mai à septembre 1983, en trois lieux (SOFITEL Roissy, PLM Saint-Jacques, Hilton Orly). Il n'y a pas eu de réunion pendant les mois de juillet et août.

Ces 1 287 personnes ont constitué 156 groupes de travail. Fonctionnant suivant la méthode des groupes autonomes d'expression, trois objectifs étaient assignés à ces réunions :
– informer sur les propositions de l'agence de communication pour la nouvelle image ;
– faire réagir ;
– faire proposer.

Chaque réunion était introduite par un message audiovisuel (film vidéo de 20 minutes) du président.

Chaque groupe de 7 à 12 personnes a désigné un rapporteur pour le représenter. Celui-ci élaborait un rapport de synthèse comprenant 2 dimensions :
– axes d'action ;
– moyens d'action.

3e étape – Réunions de rapporteurs – Durée d'une demi-journée

Les 156 rapporteurs se sont rencontrés au cours de 6 séances, puis ont été répartis par groupe de 8 à 10 personnes. Ces réunions se sont déroulées en novembre 1983.

Elles ont permis d'élaborer 17 rapports de synthèse sous forme :
– d'un tableau de détermination des axes ;
– d'un tableau de formulation contenant, pour chaque axe, les principes et moyens d'action, tant individuels que collectifs.

Chaque groupe de rapporteurs a désigné, à l'issue de sa réunion un porte-parole chargé de le représenter et de participer à une rencontre avec le président et le directeur général.

La désignation du porte-parole s'est faite selon des règles démocratiques et souvent par des élections à bulletin secret.

4e étape – Rencontres

Trois rencontres avec le président, le directeur général et les porte-parole désignés (suivant la taille des groupes, on peut dire que chaque porte-parole représente de 50 à 100 personnes).

Les rencontres ont eu pour objectif de transmettre au président et au directeur général le travail de réflexion et les propositions d'action des participants.

La communication interne

Elle a accompagné l'ensemble de l'opération durant et après les séminaires « Image ».

Les moyens d'information ont pris la forme suivante :
- Un film audiovisuel diffusé sur magnétoscope reprenant les différentes phases de l'opération de dynamisation interne.

  Le film comprend des interviews du président, du directeur général, et des porte-parole désignés au cours des séminaires « Image ».

  Le film a été disponible pour diffusion à l'ensemble du personnel chaque département ayant l'initiative d'organiser cette diffusion.
- Une série de numéros spéciaux de 4 pages-couleurs appelée : « Spécial ADP n° 1, 2, 3, etc. » Cette série était un ensemble de reportages sur l'opération. Elle a été réalisée à l'issue du séminaire « Image ». Cette série distribuée à chaque membre du personnel comprenait plusieurs numéros au cours de l'année 1984. Elle a été rédigée par les journalistes d'Aéroports de Paris, sous la responsabilité du département des relations publiques.

La charte ADP (1985)

- Aéroports de Paris est une entreprise publique novatrice et dynamique qui met son ambition au service du transport aérien.
- Nos clients sont nos partenaires ; leur satisfaction doit être notre critère de performance.
- La qualité de service est notre objectif, elle est garantie par notre savoir-faire et nos comportements.
- ADP a la volonté de favoriser l'épanouissement professionnel et de développer l'esprit d'équipe et le sens de l'initiative.
- La communication et la participation sont nos principes de management.
- Notre gestion efficace et rigoureuse est le moteur de notre compétitivité.
- Nos compétences de concepteurs, de réalisateurs et d'exploitants font d'ADP une autorité aéroportuaire et une entreprise de pointe.

L'image de l'Entreprise : C'est avec les agents qu'elle se construira !

Extrait de "Propos en l'air" n° 188 de juillet août 1983

L'article sur « l'image de l'entreprise » du numéro de mai a suscité beaucoup de réactions et de questions ... notamment sur la suite donnée à cette première réflexion. Depuis la fin du mois de mai des séminaires-groupes de travail, gérés par DG R, ont réuni déjà un certain nombre d'agents. Patrice Stern et Christian Michon, Conseils en communication, chargés de mener à bien cette phase concrète des opérations en collaboration avec Alain Nutkowicz de DH.H. FP, nous en expliquent le déroulement.

PPA : *Pouvez-vous nous rappeler l'objectif des séminaires ?*

P. Stern : ces séminaires ont un triple objectif : d'abord d'information ; il est nécessaire en effet que chaque agent comprenne parfaitement la nouvelle personnalité souhaitée pour ADP, pourquoi le cabinet conseil « Créative Business » est arrivé à préconiser pour l'entreprise telle personnalité plutôt que telle autre. Le deuxième objectif, nous l'appelons de réaction : nous voulons que les agents réagissent au message transmis, nous voulons entendre et comprendre leurs accords ou désaccords et cela sans aucune censure. Le dernier objectif est bien sûr un objectif d'action. Nous voulons utiliser l'ensemble de l'expérience des agents. Ils ont beaucoup de choses à dire et eux seuls peuvent dire ce qu'il faut faire et comment le faire pour construire cette nouvelle image.

PPA : *Une journée de travail pour un tel programme, n'est-ce pas un peu court ?*

C. Michon : bien sûr, si tout s'arrêtait là. Mais ces journées s'inscrivent dans un programme plus large. Les groupes de travail, une quarantaine au total, ont fonctionné en mai et juin et reprendront de septembre à novembre, à raison de cinquante participants par réunion : deux mille personnes pourront ainsi s'exprimer. Dans chaque réunion, cinq groupes de travail de dix agents sont constitués, soit au total, deux cents groupes : deux cents rapports feront le point, la synthèse des informations ainsi obtenues. Ce qui veut dire qu'il y a deux cents rapporteurs désignés par les groupes eux-mêmes. En novembre, quand on aura terminé ces séminaires, ce seront les rapporteurs qui se réuniront : il est prévu alors cinq réunions de quarante rapporteurs qui mettront en commun les rapports pour essayer d'en tirer 20 rapports de synthèse. En décembre, tout ce travail doit remonter à la direction : quatre réunions sont prévues avec le président et le direc-

L'image de l'Entreprise

teur général avec cinq rapporteurs à chaque réunion. Normalement, vers la mi-décembre des axes d'action pourront être dégagés.

PPA : *Bien, mais revenons à ces groupes de travail qui sont à la base de tout. Comment se déroulent-ils ?*

P. Stern : la journée commence à 9 h 30 par une présentation générale des objectifs, puis le cabinet conseil extérieur « Créative Business » expose le déroulement de l'étude, la méthode suivie et les choix qui ont été faits. Après discussion avec les participants, les agents sont répartis en groupes de travail et désignent leur rapporteur : pendant un peu plus d'une heure ils vont réfléchir ensemble sur la façon de construire quotidiennement, dans chaque activité, l'image de l'entreprise. Après le déjeuner, le groupe continue son travail et rédige un compte-rendu. En fin d'après-midi, tout le monde est réuni et les rapporteurs font l'exposé des comptes rendus.

PPA : *Un planning aussi serré suppose, je pense, une méthodologie bien précise !*

P. Stern : en effet, nous avons mis au point cette méthodologie avec Alain Nutkowicz du service formation : sa connaissance du milieu ADP et son expérience psycho-pédagogique nous ont beaucoup aidés. Notre méthodologie a surtout consisté à laisser aux groupes la plus grande liberté d'expression : c'est pourquoi les groupes se gèrent eux-mêmes, désignent leur animateur et leur rapporteur.

C. Michon : le rôle de l'animateur est de conduire la discussion du groupe en respectant la procédure des questions auxquelles ils doivent répondre. Le rôle du rapporteur est de noter l'ensemble des commentaires, d'en faire une synthèse en fin de journée et de participer au rapport définitif.

P. Stern : notre rôle a, en effet, consisté à mettre au point les procédures et les divers documents pour aider les groupes à fonctionner et à produire. Nous ne voulions surtout pas intervenir dans les discussion... Les groupes devaient pouvoir se gérer eux-mêmes.

C. Michon : d'ailleurs le fonctionnement des premiers groupes semble nous avoir donné raison sur ce point.

PPA : *En effet, une dizaine de journées de travail se sont déjà déroulées et on peut, sans doute, faire déjà un premier bilan de cette expérience.*

C. Michon : oui, on peut déjà dire certaines choses et notamment que les groupes de travail ont dans la grande majorité bien fonctionné. Ils ont véritablement empoigné le problème à bras le corps. Nous avons noté non seulement une forte participation mais une attention soutenue, une réelle mobilisation comme si chacun n'attendait que ces instants pour s'exprimer, pour dire ce qu'il faudrait faire pour construire, pour changer ou aussi parfois ne rien changer.

P. Stern : dans ces premiers groupes, ce n'étaient pas les idées qui manquaient. Je crois qu'il faut dire que cette opération est très originale : jamais on avait mobilisé autant de gens pour les laisser s'exprimer sur un grand objectif de l'Établissement : vous vous rendez compte, permettre à deux mille personnes de parler en leur assurant qu'il y aura une suite à cette action de communication, c'est une « grande première » ! Il y a véritablement une volonté de la direction d'ADP de ne pas laisser « tomber » ces informations dans les tiroirs.

PPA : *Vous parlez de deux mille personnes qui travaillent ensemble quel que soit leur niveau hiérarchique : mais la présence notamment de chefs de service ou de cadres ne crée-t-elle pas des difficultés à l'expression des participants ?*

C. Michon : la méthode utilisée permet l'expression des gens quel que soit leur niveau hiérarchique et cela avec toute la créativité possible. On peut difficilement imaginer une structure qui ne communique qu'horizontalement : elle s'épuiserait à force de cloisonnement, et tout le monde y perdrait. Nous pensons que chacun, à son niveau, a quelque chose à dire pour construire l'image de l'entreprise parce que chacun a une expérience, des contacts et des connaissances différentes de celles de son voisin. J'ai envie de dire qu'une structure qui n'oserait pas communiquer hiérarchiquement serait une entreprise de silence et c'est ce que nous voulons éviter : communiquer dans une entreprise doit être une volonté de la part de ceux qui y travaillent.

PPA : *Je suppose qu'il est exaltant de mener une telle opération... mais c'est aussi très risqué, non ?*

P. Stern : sûrement ! Certaines séances peuvent se transformer en tribunaux, en règlement de compte : mais on peut dire d'ores et déjà que l'opération atteindra son but car les agents ont pleinement compris son sens et son importance pour la construction de l'avenir ; ceci dit, il faut souligner que de telles réunions augmentent sensiblement le niveau d'attente, le niveau d'espoir des agents. Maintenant, il faut que les réponses soient de la même qualité que les idées émises par les groupes. Pour notre part, nous y croyons, mais c'est à n'en pas douter un nouveau défi ■

Propos recueillis par
Michèle Pioline

Le Directeur Général et l'ensemble de la Direction attachent, comme moi-même, une grande importance à l'opération que nous avons engagée l'année dernière et dont le but initial était de permettre, à tous ceux qui le voudraient, de s'exprimer sur le problème de l'image.

La réflexion menée sur ce thème est un des volets d'une réflexion plus globale engagée sur les stratégies, les méthodes de fonctionnement et la communication interne et externe de notre Entreprise.

Il apparaît clairement que nous désirons tous modifier notre image, de manière qu'ADP soit perçu comme un organisme créatif, responsable et dynamique, cherchant à étendre ses activités traditionnelles, à rechercher des voies nouvelles de développement.

Pour être perçu comme tel, il ne suffit pas de le décider : il faut le vouloir à tous les niveaux de la hiérarchie. L'image est la concrétisation de la volonté et du dynamisme de l'Entreprise. L'apparence ne peut durablement masquer une réalité qui ne serait pas conforme à l'image recherchée.

C'est donc une action de fond qu'il faut engager. La Présidence et la Direction Générale y sont fermement décidées. Une grande attente s'est manifestée de la part du personnel lors des séminaires et les idées exprimées par les rapporteurs nous confortent dans la nécessité de nous engager dans cette voie. Mon expérience, entièrement acquise dans le domaine industriel et commercial, me permet d'affirmer que c'est dans des périodes difficiles, comme celle que traverse actuellement le transport aérien, qu'il convient de faire un effort particulier de dynamisation et de réorientation d'une Entreprise qui se trouve engagée, en outre, dans un contexte concurrentiel dont le poids s'affirme tous les jours.

Au moment où la progression de trafic se ralentit, où les grandes réalisations se font plus rares, un changement en profondeur est indispensable : élargissement des objectifs, changement des comportements de la hiérarchie et du personnel dans les relations humaines, évolution des méthodes de travail et changement de l'image.

Il s'agit donc d'une véritable remise en cause du fonctionnement comme des finalités de l'Entreprise et je me réjouis de constater à quel point l'encadrement comme le personnel ayant participé aux séminaires de l'année passée ont adhéré à cette réflexion. La liberté de propos qui marque cette expérience, les liens directs et authentiques qui se sont ainsi créés sans formalisme ni contrainte avec le Directeur Général et moi-même ont été importants pour définir le programme de l'action « Dynamisme et Personnalité » que nous entreprenons aujourd'hui et qui constitue une opération unique à une telle échelle en France.

ADP doit être une équipe puissante et unie à l'écoute de ses usagers et au service du grand public. Pour réussir, tous les agents ADP doivent se sentir concernés par cette action. C'est grâce à eux, à leur volonté de changer et d'entreprendre que nous pourrons ensemble maîtriser notre image et notre avenir.

Le Président
Pierre MARION

Consultation du personnel sur la nouvelle image de l'entreprise ADP

Extrait du spécial ADP n° 1

Action : Dynamisme et Personnalité

Sept axes de réflexion

Entre le 18 mai et le 10 novembre 1983, près de 1 300 agents de toutes catégories et secteurs professionnels ont participé à des réunions de réflexion sur l'image de marque de l'Entreprise. Cent cinquante six groupes au total ont défini, chacun, des axes de réflexion et des moyens d'action visant à améliorer et imposer l'image de l'Entreprise.

Entre le 15 novembre et le 5 décembre 1983, cent cinquante six rapporteurs désignés par les groupes de travail ont élaboré une synthèse des propos tenus dans leurs groupes respectifs. Cette synthèse reprend chaque axe de réflexion avec la définition des principes et moyens d'action à mener tant sur le plan individuel que collectif. Réunis en six groupes de travail, les cent cinquante six rapporteurs ont à leur tour désigné des porte-parole, chargés de représenter le groupe lors de la rencontre avec le Président et le Directeur Général : en tout dix-huit porte-parole, représentant chacun cinquante à cent personnes, ont transmis, au cours de trois séances, les réflexions et les propositions d'action des participants. Ces rencontres ont eu lieu le 7, 12 et 14 décembre 1983. Elles ont duré près de cinq heures : beaucoup de choses à dire !
Nous n'avons bien sûr pas assisté aux entretiens. mais une synthèse a été faite à partir des rapports établis par les porte-parole. L'information que nous vous en donnons est forcément résumée et certains risquent de ne pas toujours s'y retrouver. Pas d'affolement, les rapports des rapporteurs existent avec tous les détails ! Ce sont les grands axes que nous vous présentons ici : ils peuvent être regroupés en sept grandes familles.
• Identité et personnalité ADP,
• Communication externe,
• Motivation du personnel,
• Style de management, missions et objectifs,
• Qualité de service,
• Communication interne,
• Dynamisme commercial, diversification.

Chaque axe de réflexion a un poids différent lié à la question posée dans les séminaires sur la personnalité d'ADP.

Les propos qui suivent, ne constituent pas l'énumération des mesures pratiques qui ont été formulées par les participants mais uniquement les thèmes dominants d'une réflexion générale. Quant aux actions pratiques proposées par les groupes, celles-ci font l'objet d'une ultime mise au point devant aboutir à une liste de moyens d'actions qui sera prochainement rendue publique.

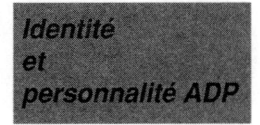

Identité et personnalité ADP

S'affirmer, se démarquer, reconquérir !

Les participants souhaitent voir ADP affirmer son autorité vis-à-vis de la tutelle perçue parfois comme une entrave à l'acquisition d'une personnalité autonome et se démarquer davantage des compagnies aériennes. Celles-ci sont à la fois des partenaires, des clients et des concurrents. Le poids de la compagnie nationale notamment a été largement évoqué. Les agents veulent une reconquête du territoire, du « terrain perdu ».
La personnalité d'ADP passe aussi par l'identité du nom. Le changement de nom divise les participants. Certains sont attachés au symbole pionnier et à l'Établissement qu'ils ont toujours connu. Pour les autres, la confusion entre un lieu géographique et le nom d'une entreprise n'est pas supportable. Ils souhaitent que le nom résume les missions et montre qu'ADP n'est pas un lieu mais un expert des problèmes aéroportuaires. Peu de propositions concrètes ont été retenues par les groupes qui reconnaissent la difficulté de trouver un nom idéal. Le symbole actuel est, en revanche, rejeté unanimement, trop évocateur d'« Assistance Publique ».

---

1 287 agents ont participé à la réflexion « image de marque »

162 en exécution *(3 de PK, 4 de AC, 4 de DF, 14 de DH, 32 de DI, 51 de PF et 54 de OE)*
224 en maîtrise *(5 de DF, 8 de AC, 9 de DG, 14 de PK, 27 de DH, 33 de PF, 41 de OE et 87 de DI)*
564 en haute maîtrise *(15 de DG, 21 de AC, 27 de DF, 58 de DH, 88 de PF, 89 de OE, 192 de DI)*
252 cadres A *(6 de AC, 14 de DG, 31 de DF, 31 de DH, 31 de OE, 36 de PK, 38 de PF et 65 de DI)*
85 cadres B *(3 de AC, 5 de DG, 7 de OE, 10 de DH, 11 de DF, 11 de PF, 18 de DI, 20 de PK)*

La communication externe

Exister dehors et dedans !

Les participants adhèrent à l'idée de se faire connaître à l'extérieur d'une manière intense, tant auprès des partenaires que du grand public. Ils ont le sentiment qu'il y a actuellement une pudeur de l'Établissement à s'afficher. Il faut exister au dehors pour faire connaître et reconnaître les compétences de l'Établissement. La publicité par les médias apparaît comme un moyen privilégié de se faire connaître. Les participants suggèrent également la formule du parrainage sportif.

229

CONSULTATION ET ÉTHIQUE

Aux détours de notre démarche, nous espérons que le lecteur ait pu saisir nos valeurs. Cependant, il nous semble important de conclure cet ouvrage en soulevant la problématique de l'éthique du métier de consultant – et en étant conscients qu'il est toujours dangereux de parler d'éthique car nous pensons comme beaucoup que « plus l'on parle d'éthique moins on en fait », et que plus une entreprise multiplie les chartes et autres modes de communication des valeurs, moins celles-ci sont crédibles. Ce sont effectivement les actes seuls qui comptent et non les discours. Et dans ses actes le consultant doit se référer à l'éthique car, plus peut-être que pour beaucoup d'autres métiers c'est bien l'humain qui constitue la matière première de son travail. Le consultant sait que, quelque soit le conseil donné, des êtres humains vont s'en trouver affectés dans leur travail et dans leur vie même, certes, de manière plus ou moins importante, mais affectés donc littéralement touchés dans leurs affects. Ceci peut-il se faire sans morale ?

Nous refusons d'emprunter la voie de ceux qui définissent la morale des affaires comme ce qui est efficace et légitime aux partenaires d'un rapport marchand.

Parler éthique c'est bien sûr parler morale, valeurs, valeurs sociales[1] – c'est donc se référer à la philosophie, à la sociologie et à la culture d'une nation.

Ne pouvant avoir cette ambition, nous proposons ici une simple démarche pragmatique, celle de reprendre chaque étape d'une consul-

---

1. Cf. Le Rapport « Éthique et Formation » de Hugues Lenoir, Responsable du développement et de l'ingénierie au Centre d'éducation permanente de Paris X-Nanterre et de Paul Dupouey, Responsable Audits et Qualité à INSEP Ingénierie (société de conseil privée), sur la nécessité d'une urgente réflexion éthique dans un contexte de rivalités institutionnelles et de précarisation de l'emploi des formateurs et des conseils.

tation et de définir les questions que pourraient ou devraient se poser le consultant.

ÉTAPE : ACCEPTATION DE LA MISSION

- Cette mission est-elle compatible avec l'expérience du cabinet et de ses consultants ?
- Cette mission a-t-elle des objectifs définis, les différentes étapes sont-elles clairement précisées dans leurs objectifs, dans le temps ?
- Le temps global accordé à la mission est-il suffisant ? Trop long, trop court ?

ÉTAPE : DIAGNOSTIC

- Y a-t-il nécessité d'une recherche documentaire ? La recherche documentaire est-elle suffisante, les documents sont-ils authentifiés ?
- Les différentes phases d'entretiens individuels ou de groupes ont-ils une fiabilité dans l'échantillonnage ?
- Les biais de représentation sont-ils voulus ? Et quelles sont leurs significations ?
- Y a-t-il eu une réelle confidentialité dans la conduite des entretiens ?

ÉTAPE : RAPPORT/RESTITUTION DU DIAGNOSTIC

- Le rapport tient-il bien compte de l'ensemble des composantes ?
- Comment se déroule la restitution ?
- A-t-on pensé au nécessaire retour d'information aux personnes interrogées ?
- Si plusieurs types de restitution semblent nécessaires, quelle en fut la programmation dans le temps ? (Hiérarchie, partenaires sociaux, personnels.)
- Quelle est l'utilité de chacun des rapports ? (De la transparence à la manipulation, du courage de dire à la raison de cacher – stratégie ou lâcheté.)

ÉTAPE : PLAN D'ACTION

- Les pistes et les recommandations ont-elles été explorées dans tous leurs aspects ?
- En fonction de quelle finalité, le choix entre les différentes recommandations s'est-il effectué ?
- Les différents personnels, les divers sites ont-ils été consultés ?
- A-t-on mesuré le degré d'applicabilité de chacune des actions recommandées ?

ÉTAPE : MISE EN ŒUVRE DU PLAN D'ACTION

- Comment se déroule le lancement du plan d'action ?
- Y a-t-il nécessité de recourir à une action-pilote, à un groupe-test ? Avec quelle population, et dans quel site ?
- Comment est conçu l'accompagnement ? L'intervention du consultant s'accompagne-t-elle d'un transfert technologique ?

ÉTAPE : SUIVI

- Quelle est la conception que le consultant se fait du suivi ?
- Quelles sont les procédures de contrôle et quels sont les indicateurs mis en place ?
- Y a-t-il indépendance entre le consultant et le « mesureur » des indicateurs ?
- Ne prolonge-t-il pas son contrat plus qu'il n'est souhaitable ?
- Pense-t-il programmer « son départ » en sachant assurer la pérennité du changement ?

ÉTAPE : COMMUNICATION INTERNE

- Y a-t-il un réel plan de communication interne pendant toute la durée de la mission ?
- Le plan de communication est-il conçu par rapport aux différentes cibles – donc langage – des récepteurs ?

ÉTAPE : COMMUNICATION EXTERNE

Cette étape n'existe pas pour chaque mission, mais la mode étant aujourd'hui de communiquer sur la moindre action entreprise, il nous semble important pour cette étape aussi de proposer quelques questions :
– Y a-t-il une véritable valeur ajoutée à la communication vers l'extérieur ? Cela apporte-t-il un ancrage supplémentaire à l'action de changement ?
– Quel bénéfice réel en tire l'entreprise, le personnel ?
– À qui, en réalité, profite la communication et ne risque-t-on pas d'avoir un effet boomerang – qui serait finalement nuisible à tout ce qui a déjà été entrepris ?

ÉTAPE : ÉVALUATION DE LA MISSION

– Comment se fait l'évaluation globale de la mission ?
– Quels sont les indicateurs mis en place pour mesurer l'efficacité du consultant ?
– L'indicateur a-t-il été pensé après ? – Quelle est la valeur ajoutée de la consultation ? – Mais aussi avant – Que veut-on obtenir par cette mission ?
– Y a-t-il séparation entre le mesureur et le mesuré [3] ?
– Quelle est l'indépendance du mesureur ? N'y a-t-il pas quelque tentation, pour le « mesureur » de s'entendre avec le « mesuré », d'arranger leurs mesures en contrepartie de retombées personnelles – ou de justifier les dépenses engagées ?

Poser ces questions n'est pas une manière détournée de vouloir fixer ici l'éthique du consultant. Laissons à chacun sa liberté. N'est-ce pas d'ailleurs la conscience d'être libre qui permet à chaque homme de définir son éthique ? Car nous sommes persuadés qu'il n'y a jamais qu'une seule limite à celui qui triche avec les autres, avec les faits, avec les paroles, c'est de tricher avec soi-même...

---

3. Cf. sur ce sujet les écrits innovants et si pertinents de Bruno MARTIN-VALLAS in *Enjeux mondiaux et systèmes humains*, Éditions NANO - 34130 Lansargues.

Annexes

••• Sommaire •••

ANNEXES

ANNEXE 1 • DOCUMENTS SYNTEC CONSEIL

ANNEXE 2 • DOCUMENTS MEYLAN MAIRIE 2000

ANNEXE 3 • PLAN D'ACTION MEYLAN MAIRIE 2000

DOCUMENT SYNTEC CONSEIL

Principes généraux

Les sociétés membres de SYNTEC se présentent sous de multiples dénominations : sociétés d'ingénieurs-conseils, bureaux d'études techniques, sociétés d'engineering ou d'ingénierie, sociétés ou cabinets d'organisation, sociétés d'informatique, de marketing ou études de marché, sociétés de recherche opérationnelle, conseils en management, conseils en recrutement, etc.

Au-delà de la diversité des appellations, dimensions et structures, elles ont toutes :
- le même objet principal : effectuer pour des tiers des missions d'études ou de conseils, facturées et rémunérées comme telles.
- la même finalité : contribuer à "optimiser l'investissement, quelle qu'en soit la nature (intellectuelle ou matérielle), dans ses choix, dans ses processus de réalisation et dans sa gestion", selon la définition de l'Ingénierie adoptée par le Comité compétent du VIe Plan.

Quelle que soit leur forme juridique, les Sociétés d'Études et de Conseils présentent en outre les caractéristiques communes marquant leur spécificité :

1. Il s'agit d'équipes, dont les effectifs varient de quelques spécialistes à plusieurs centaines ou davantage, selon le type de missions qu'elles effectuent.
2. Ces équipes sont permanentes, organisées et, à des degrés divers, pluridisciplinaires.
3. Les moyens dont elles disposent sont d'ordre essentiellement intellectuel, mais ils peuvent comprendre les équipements nécessaires à l'accomplissement de certaines missions (calculateurs électroniques et matériels connexes, laboratoires, stations d'essais, ateliers de maquettes, de prototypes, etc.).
4. Elles mettent en œuvre ces moyens, l'ensemble de leurs connaissances, méthodes et expériences au profit de leurs clients, sans réserver à aucun d'eux de façon permanente, l'exclusivité de leurs services.
5. Elles accomplissent leurs missions dans un esprit de rigoureuse indépendance à l'égard des tiers (entrepreneurs, constructeurs, fournisseurs), au mieux de l'intérêt de leur client, compte tenu des impératifs de l'intérêt général.
6. Bien qu'il s'agisse, le plus fréquemment, de Sociétés de forme commerciale, elles exercent une activité de nature libérale, qui peut comporter pour certaines missions des aspects ou des prolongements commerciaux.
7. Elles conservent vis-à-vis de leurs clients leur pleine autonomie et l'entière liberté d'utilisation de leurs moyens pour l'accomplissement des missions qui leur ont été confiées.
8. La nature et l'étendue de leur responsabilité sont définies par les Conditions Générales d'intervention et par les contrats particuliers, dans le cadre de la législation en vigueur.
9. Les Sociétés d'Études et de Conseils membres de SYNTEC sont tenues au secret. elles s'interdisent de faire un usage qui puisse être préjudiciable à leurs clients, des renseignements qui leur sont fournis ou dont elles ont connaissance dans l'accomplissement de leurs mission.

    Réciproquement, elle bénéficient pour tous leurs travaux et études de la protection donnée par la loi à la propriété intellectuelle et industrielle ; le client ne peut utiliser les travaux de la société d'étude que pour les fins auxquelles ils sont destinés par le contrat ; le client s'interdit notamment toute communication ou publication des travaux de la société d'étude sans l'accord écrit et préalable de celle-ci.
10. La rémunération des Sociétés d'Études et de Conseils est librement débattue avec leurs clients, dans le cadre des conditions générales d'intervention de SYNTEC, sous réserve des dispositions légales ou réglementaires en vigueur.

code d'honneur

Les dirigeants des Sociétés d'Études et de Conseils, membres de l'un des Syndicats adhérant à SYNTEC, sont tenus de respecter et de faire respecter par leurs collaborateurs les principes généraux régissant l'exercice des activités libérales, et notamment les règles suivantes, qui constituent le Code d'Honneur de leur profession.

Ils s'engagent, en particulier, à :

1. N'accepter aucune mission que leur organisation ne soit qualifiée pour remplir au mieux des intérêts de celui qui la leur confie.

2. Faire preuve, en toutes circonstances, d'une entière loyauté à l'égard du client qui les a honorés de sa confiance et mettre tout en œuvre pour sauvegarder ses intérêts légitimes.

3. N'accepter pour une mission déterminée aucune rémunération autre que celle convenue avec le client.

4. S'interdire, en conséquence, de solliciter ni accepter d'un tiers, à l'insu du client, aucun avantage, commission, rétribution, de quelque nature que ce soit.

5. S'interdire toute démarche, manœuvre ou déclaration susceptible de nuire à la réputation d'un confrère ou d'être préjudiciable à ses affaires.

6. Faire preuve d'esprit de confraternité et d'entraide à l'égard des ingénieurs et autres hommes de l'art, avec lesquels ils peuvent être appelés à collaborer.

7. Respecter, dans leurs rapports avec la clientèle, les conditions générales établies par la Chambre Syndicale.

8. S'interdire, pour obtenir des affaires, de recourir à des moyens incompatibles avec la dignité de la profession.

9. Suivre et faire suivre par leurs collaborateurs un programme de perfectionnement continu, portant sur les connaissances techniques aussi bien que générales, afin d'assurer à la clientèle le concours de qualité élevée qu'elle est en droit d'attendre et d'exiger de la part d'une Société membre de l'un des Syndicats adhérant à SYNTEC.

CONDITIONS GÉNÉRALES D'INTERVENTION DE CONSEIL EN MANAGEMENT

SYNTEC-Management
CHAMBRE SYNDICALE DES SOCIÉTÉS D'ÉTUDES ET DE CONSEILS
3, rue Léon Bonnat 75016 Paris – Tél. : (1) 45 24 43 53
Télex 612938F – Télécopie : (1) 42 88 26 84
Membre fondateur de l'OPQCM
(Office Professionnel de Qualification des Conseils en Management)

OBLIGATIONS RÉCIPROQUES DU CONSEIL ET DU CLIENT

1.1 Les propositions de contrats établies par le Conseil doivent préciser :
- la définition de la mission (1)
- les modalités d'exécution
- le mode de rémunération.

1.2 Le Conseil est responsable de l'accomplissement de sa mission suivant les règles de l'art.

1.3 Le client est tenu de faciliter la mission du Conseil en mettant à la disposition de celui-ci toutes les informations détenues par ses services et en facilitant la liaison entre ses services et le Conseil.

Il appartient au client d'approuver ou de formuler toutes observations en temps utile concernant l'avant-projet, le projet, l'étude détaillée, les devis et, d'une manière générale tous les éléments caractéristiques que comporte la mission.

Il appartient encore au client de procéder, sur proposition du Conseil, si la mission de celui-ci le comporte, au choix des fournisseurs et entrepreneurs.

1.4 Dans l'intérêt des deux parties, le client devra signaler au Conseil toutes les fautes qu'il estime imputables à celui-ci aussitôt après en avoir eu connaissance.

1.5 Pendant la durée des travaux du Conseil, et un an après la fin de l'intervention, le client s'interdit d'engager, faire engager, ni chercher à engager ou à faire engager aucun agent du Conseil ayant participé à l'intervention.

(1) Les contrats peuvent prévoir que le Conseil sera le mandataire de son client pour un objet déterminé.

DURÉE DES CONTRATS

Sauf conventions particulières, les propositions remises par le Conseil ne valent engagement ferme de celui-ci que dans un délai de deux mois à dater de leur envoi.

2.1 Contrat à durée indéterminée.
Tout contrat dont la durée n'est pas déterminée peut être interrompu par chacune des deux parties à la fin de chaque mois avec préavis de trois mois. Pendant la durée du délai de préavis les honoraires du Conseil ne peuvent être inférieurs à ceux des trois mois précédents.

2.2 Contrat à durée déterminée.
Le contrat à durée déterminée prend fin à la date d'expiration prévue.
Si le contrat à durée déterminée est résilié par le client avant cette date, sans faute de la part du Conseil, celui-ci recevra à titre d'indemnité une somme qui ne saurait être inférieure à 20 % des honoraires restant à percevoir.

Les dispositions ci-dessus s'appliquent dans le cas où, sans faute de la part du Conseil, le client réduirait la mission du Conseil.

Annexe 1

RÉMUNÉRATION DU CONSEIL

3.1 Principes généraux.
Le Conseil est rémunéré exclusivement par son client.
La rémunération du Conseil tient compte des dépenses qu'il engage en permanence pour accroître son potentiel scientifique et technique.

3.2 Honoraires
La rémunération du Conseil est généralement calculée d'après le temps qu'il consacre à sa mission :
- chez le client,
- à son cabinet, notamment pour études, rédaction de documents,
- chez des tiers, notamment pour enquêtes, documentation,
- le cas échéant, en déplacement de jour (en cas d'impossibilité de voyage hors des heures de travail).

Pour certaines missions, le Conseil peut néanmoins proposer un forfait.

3.21 Honoraires au temps consacré.
Cette rémunération consiste en honoraires par unité de temps (heure, jour, mois) et, en principe, par catégorie de personnel participant à la mission. Un taux d'honoraires moyen unique peut être fixé pour une mission donnée, sur la base de la composition prévue de l'équipe affectée à la mission.
Au cas où, à la demande du client, le Conseil fournit une estimation de la rémunération, par exemple en vue d'une ouverture de crédit, cette estimation indicative ne saurait constituer un engagement, ni être assimilée à un forfait.

3.22 Honoraires forfaitaires.
La rémunération du Conseil peut être déterminée forfaitairement dans le cas où l'objet de la mission du Conseil, la nature et l'étendue des prestations de celui-ci et de la participation du client, ainsi que les frais compris dans le forfait, sont définis avec précision.
En cas de modification des données sur lesquelles les honoraires sont révisés d'un commun accord entre le client et le Conseil.

3.3 Frais et prestations à la charge du client.
Les frais ou prestations suivants sont à la charge du client :
- les frais de voyage, sur la base chemin de fer première classe et wagon-lit en cas de voyage de nuit, ou avion, classe touriste ;
- les frais de séjour et les frais annexes liés au déplacement tels que, pour l'étranger : visa, assurance spéciale et indemnité d'expatriation et, le cas échéant, déplacement de la famille ;
- la réalisation matérielle de tous documents nécessaires à la bonne exécution du contrat ;
- la mise à la disposition du Conseil de locaux, installations et matériels chez le client ;
- toutes taxes indirectes dues ou venant à être dues par le Conseil en France ;

- les taxes, impôts et charges fiscales supplémentaires dus par le Conseil ou ses agents au titre du contrat dans un pays étranger ;
- les assurances spécialement contractées pour l'exécution du contrat et plus généralement toutes autres dépenses spéciales non reprises au présent article 3.3.

3.4 Conditions de paiement.
Il n'appartient pas au Conseil d'assumer le financement des missions qui lui sont confiées.
La rémunération du Conseil est payée, soit sur la base d'un relevé mensuel correspondant au temps passé, soit à des dates et pour des sommes convenues lors de la signature du contrat.
Le Conseil a droit, en cas de paiement sur relevé mensuel, à une provision égale aux honoraires d'un mois moyen ; cette provision, vient en déduction des dernières sommes dues.
Les frais du Conseil à la charge du client sont remboursables au Conseil au fur et à mesure qu'ils sont exposés.
Les notes émises par le Conseil sont payables comptant au siège du Conseil, dans les dix jours suivant la réception de ces notes par le client.

3.5 Formules de révision.
Les honoraires indiqué au contrat d'étude sont réévalués, pour chaque mois considéré, en fonction des variations de l'indice économique choisi qui peut être :
- soit l'indice établi par SYNTEC et publié chaque mois dans l'Usine Nouvelle et le Moniteur du Bâtiment et des Travaux publics ;
- soit l'indice global pondéré des salaires dans les industries mécaniques et électriques que publie le Bulletin Officiel du Service des Prix ;
- soit tout autre indice contractuellement défini.

CONTESTATIONS

En cas de contestation entre le client et son Conseil, les parties font attribution de compétence à la juridiction dont dépend le Siège social du Conseil, avec le cas échéant, un recours préalable à l'arbitrage.

ANNEXE 2

DOCUMENTS MEYLAN MAIRIE 2000

MEYLAN MAIRIE 2000

une ambition

Meylan Mairie 2000, c'est par cette formule, un peu énigmatique, que j'exprimais à la suite des élections de 1989 un des objectifs principaux de mon nouveau mandat.

Meylan... N'est-elle pas notre point commun à tous, élus et fonctionnaires municipaux ? La satisfaction des besoins de ses habitants en matière d'habitat, circulation, éducation, culture, loisirs, propreté, sécurité, solidarité... donne un sens à notre action, justifie nos projets et nos efforts.

Mairie 2000... pour se développer, prospérer, progresser, une ville a besoin de forces vives, de femmes et d'hommes motivés, compétents, épanouis dans leur rôle, attentifs aux exigences nouvelles, celles du futur.
Ce potentiel existe, il est constitué par l'administration, au sens le plus large. Tous les conseillers municipaux le savent et le diront.
Aucune action n'est possible sans le concours actif des agents territoriaux. Mais pour que ces forces créatives s'expriment et deviennent opérantes, encore faut-il que la structure de travail, l'"entreprise", permette à chacun de trouver sa place, de s'y sentir bien, d'exprimer ses idées, de montrer son savoir-faire, d'évoluer et de progresser tant matériellement qu'intellectuellement.
Dans un monde qui change constamment, nous vivons avec une organisation et un mode relationnel qui méritent d'être revus et corrigés.

Notre structure de travail doit s'adapter aux nouvelles attentes des citoyens, aux nouvelles données économiques et sociales, aux nouvelles aspirations des salariés.
Construire la Mairie de l'An 2000 au service du Meylan d'aujourd'hui et de demain, telle est l'ambition que je vous propose de partager.
Le moment est venu d'y réfléchir collectivement pour que l'aspiration devienne réalité.
D'avance, je remercie tous ceux, personnel, élus, intervenants extérieurs, qui vont s'y consacrer.

Guy CABANEL
Sénateur-Maire

un partenaire

Pour mener à bien Meylan Mairie 2000, nous avions besoin de compétences extérieures.

C 'est la Société **I.C.S., Interconsultants service**, qui a été retenue sur les critères suivants :
  expériences confirmées dans d'autres villes,
  capacité à "diagnostiquer" à la fois les besoins des Meylanais et les attentes du personnel et des élus,
  utilisation de méthodes permettant une large implication de tous.

I ls seront quatre intervenants...

Patrice STERN - 47 ans - Chef de Projet - Directeur associé d'ICS.Interconsultants service, professeur à l'Ecole Supérieure de Commerce de Paris (stratégie, homme et organisation). Formation : Psychologie et management. Auteur de "Etre efficace" (Edition d'Organisation - 1981). Co-auteur de la "Dynamisation sociale de l'entreprise" (Editions d'organisation - 1985). Directeur de la collection Formation (Editions d'organisation). Consultant auprès des entreprises publiques et privées, a mené les projets d'entreprise de : Aéroport de Paris, SKF, Crédit Agricole (régional), Club Méditerranée, Compagnie Générale de Géophysique (charte), Lyonnaise des Eaux (usines).... Patrice Stern est expert auprès du B.I.T. pour les Ressources Humaines et conseiller du Directeur Général du CNRS sur le même thème.

Jean-Claude PLACIARD - 40 ans - Consultant Senior ICS DEA Sciences Economiques - Formation psycho-sociologique. Après une carrière dans les collectivités territoriales, apporte son expérience en management et organisation. Travaille principalement pour la FNAC, le CNRS.

Patricia TUTOY - 30 ans - Consultant ICS Maîtrise de Langues, Maîtrise de Sciences de l'Education "Formation Psychosociologique", DESS Formation-Conseil (mémoire en cours). Après une carrière d'assistante dans le service formation de la C.C.I.P., elle intervient actuellement pour la FNAC, Afaudi, FR3.

Agnès CORDIER - 27 ans - Consultant Formation : DESS conseil et formation, psychosociologue chargée des collectivités locales. A participé au projet de Combs la Ville, Val de Reuil, Cran-Gevrier.

Annexe 2

En plusieurs étapes :

qui nous permettront de mieux apprécier les besoins des Meylanais par la mise en place **du baromètre communal.**

A partir d'une enquête réalisée auprès de la population de Meylan, nous pourrons connaître la satisfaction des usagers envers la Mairie et ses services et cerner l'image de la commune. Le baromètre permettra ainsi de guider les actions à mener et d'en apprécier l'impact.

La première étude se déroulera dès **juin 1990.**

qui nous aideront à améliorer notre **fonctionnement interne** par la mise en place de groupes de travail. Représentatifs des différentes catégories de personnel, ceux-ci permettront de s'exprimer sur les problèmes rencontrés et de rechercher des solutions.

mai 1990
1ère phase du baromètre communal et début des interviews

3/9 juin 1990
enquête sur le terrain

fin juin 1990
présentation des résultats du baromètre
présentation des conditions de faisabilité du projet communal. plan de communication organisation du calendrier.

septembre 1990
phase d'impulsion et démarrage du plan de communication.

octobre/déc. 1990
diagnostic participatif repérage des axes mobilisateurs.

fin décembre 1990
présentation au Comité de Pilotage, aux élus, à l'encadrement.

début janvier 1991
présentation à l'ensemble du personnel.

janvier-avril 1991
mise en place des groupes de dynamisation.

mai/juin 1991
synthèse du travail des groupes plan de dynamisation présentation à l'ensemble du personnel

septembre 1991
application des propositions.

une structure de coordination

Il y a un an exactement Guy CABANEL me confiait la conduite du projet Meylan-Mairie 2000 ; expérience passionnante car totalement novatrice, laissant une large part à l'initiative et à l'imagination puisque peu de villes se sont encore lancées dans une telle démarche.

Projet s'adressant à tous, il se devait dès le départ d'être porté collectivement. C'est ainsi que j'ai proposé la création **d'un groupe de pilotage** composé d'élus, de chefs de service, de représentants du personnel émanant du Comité Technique Paritaire.

Sa première mission est aujourd'hui achevée : après avoir pris connaissance des expériences menées dans d'autres villes, le groupe de pilotage a choisi, selon des critères définis rigoureusement, et à l'unanimité un consultant extérieur, le cabinet inter-consultants service, I.C.S.

Ce choix marque l'entrée dans la phase opérationnelle qui fera de chacun d'entre vous, si vous le voulez bien, un partenaire actif. Le groupe de pilotage, que je remercie ici, continuera à veiller au bon déroulement du processus pour un aboutissement que je souhaite valorisant tant pour notre Mairie, au sens le plus large du terme, que pour notre Ville.

Dominique GAILLARD
en charge du projet Meylan Mairie 2000

le groupe de pilotage

Elus :
. D. Gaillard
. P. Eck
. A. Payen
. J.F. Roux
. F.J. Tabone
. M.C. Tardy

Chefs de service :
. A. Wagner
. J.Y. Benoît
. N.Léon-Serrano
. J. Sarfati
. D. Vassor

Personnel :
. J.J. Palmer
. J. Curtit

C'est un parcours empli d'embûches et de difficultés qui nous attend. Mais n'est-ce pas aussi pour ces raisons que nos ambitions et nos choix sont grands...

Annexe 2

MEYLAN le baromètre communal

MAIRIE 2000

P armi les outils de travail que nous, fonctionnaires communaux, utilisons au quotidien :

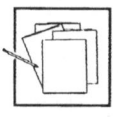

(on ne peut les citer tous !)...il faut annoncer l'arrivée d'un nouveau venu : **le baromètre dit communal.**
Il est de première importance, **il nous concerne tous sans exception**. C'est lui en effet qui désormais nous informera des avis et des attentes des Meylanais sur les services que nous leur rendons chaque jour dans le cadre de notre travail.
Vous pourrez le constater en prenant connaissance des premiers résultats joints à cette feuille d'information, les jugements sont plutôt ensoleillés.

Que ceci ne nous empêche pas toutefois de voir les nuages qui flottent çà et là ; ainsi nous saurons éviter ...l'"orage" !

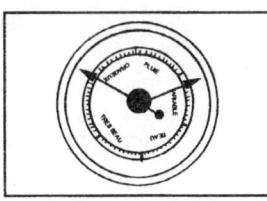

les groupes d'expression

"Il est bien que les Meylanais s'expriment"... Et nous ? n'avons-nous pas également des choses à dire ?"

En effet ce diagnostic serait tout à fait incomplet si le personnel communal n'avait pas la possibilité de parler de ses conditions de travail, des problèmes rencontrés, des améliorations souhaitées, des solutions entrevues.
Aussi des groupes d'expression, dits "groupes scanners" vont se mettre en place et bientôt démarrer.

Combien ?

Chaque groupe est composé de 10 à 12 personnes et fonctionne sur une journée prise pendant le temps de travail.

Annexe 2

Qui ?

Entre 80 et 100 personnes seront concernées.
Volontaires, elles devront néanmoins globalement correspondre à un échantillon représentatif du personnel. Celui-ci est établi selon la méthode des quota et prend en compte plusieurs critères tels que
✓ le grade,
✓ le secteur d'activité (exemple : administratif ou technique),
✓ la structure de travail (ex. : mairie ou équipements extérieurs) etc...

Il est important que vous soyez nombreux à y participer. Toutefois si les candidatures étaient trop abondantes, il serait procédé à un tirage au sort public.

Les groupes sont **inter-services**.

Quand ?

A partir du **29 octobre** et jusqu'au 23 novembre 1990.

Comment ?

Les personnes intéressées voudront bien se faire connaître le plus rapidement possible auprès de leur chef de service qui leur indiquera la procédure à suivre.

le calendrier

10 - 22 octobre 1990
baromètre communal :
présentation à l'ensemble du personnel par les chefs de service.
groupes Scanner : appel de candidatures

29 octobre - 23 nov. 1990
Fonctionnement des Groupes Scanner

26 novembre - 10 déc. 1990
Rédaction de la synthèse par Inter Consultant Service

13 - 18 décembre 1990
Présentation de la synthèse :
  au comité de pilotage,
  aux élus,
  aux chefs de service.

janvier 1991
Présentation de la synthèse à l'ensemble du personnel

janvier - septembre 1991
  mise en place des groupes de dynamisation qui travailleront à partir de la synthèse,
  plan de dynamisation,
  application des propositions.

conception : Service Information . & Communication
Ville de Meylan - oct. 1990 - IEC - 76.09.34.14

Annexe 2

MEYLAN

MAIRIE 2000

LA MAIRIE AU SCANNER

Au baromètre communal, qui donnait la parole aux Meylanais, a succédé le Diagnostic interne.

Ainsi 12 groupes d'expression dits "Groupe Scanners" se sont réunis d'octobre à décembre 1990 :
  1 groupe "élus"
  1 groupe "chefs de service"
  2 groupes "responsables de secteur"
  8 groupes "agents".
soit un total de **140 personnes** représentatives de tous les services de la Mairie.
Organisation et systèmes de communication internes ont ainsi été "auscultés".

De **taches vertes** "tout va bien"... **en zones rouges** "remède indispensable !" est apparu le bilan de santé de notre structure de travail.

Des changements s'avèrent nécessaires... de méthodes, d'habitudes, de structures, de circuits !

■■■

Vert... jaune... rose... rouge

Les résultats des Groupes Scanners sont transcrits en images de synthèse.
Celles-ci permettent une lecture visuelle globale et rapide des opinions recueillies..
Ces documents, nous le rappelons peuvent être consultés auprès des chefs de services.

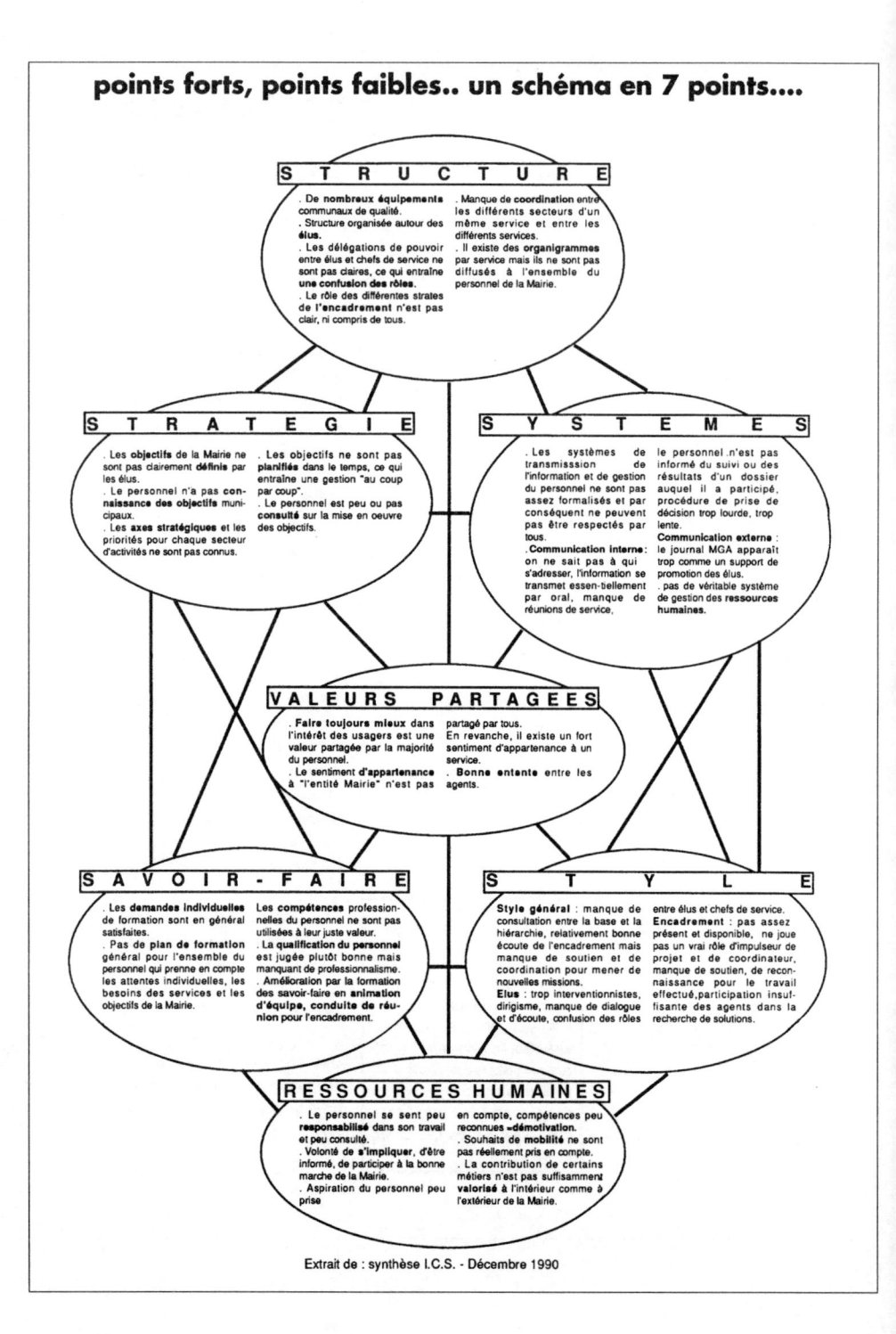

points forts, points faibles.. un schéma en 7 points....

STRUCTURE

- De nombreux **équipements** communaux de qualité.
- Structure organisée autour des **élus**.
- Les délégations de pouvoir entre élus et chefs de service ne sont pas claires, ce qui entraîne **une confusion des rôles**.
- Le rôle des différentes strates de **l'encadrement** n'est pas clair, ni compris de tous.
- Manque de **coordination** entre les différents secteurs d'un même service et entre les différents services.
- Il existe des **organigrammes** par service mais ils ne sont pas diffusés à l'ensemble du personnel de la Mairie.

STRATEGIE

- Les **objectifs** de la Mairie ne sont pas clairement **définis** par les élus.
- Le personnel n'a pas **connaissance des objectifs** municipaux.
- Les **axes stratégiques** et les priorités pour chaque secteur d'activités ne sont pas connus.
- Les objectifs ne sont pas **planifiés** dans le temps, ce qui entraîne une gestion "au coup par coup".
- Le personnel est peu ou pas **consulté** sur la mise en oeuvre des objectifs.

SYSTEMES

- Les systèmes de transmission de l'information et de gestion du personnel ne sont pas assez formalisés et par conséquent ne peuvent pas être respectés par tous.
- **Communication interne** : on ne sait pas à qui s'adresser, l'information se transmet essentiellement par oral, manque de réunions de service.
- le personnel n'est pas informé du suivi ou des résultats d'un dossier auquel il a participé, procédure de prise de décision trop lourde, trop lente.
- **Communication externe** : le journal MGA apparaît trop comme un support de promotion des élus.
- pas de véritable système de gestion des **ressources humaines**.

VALEURS PARTAGEES

- **Faire toujours mieux** dans l'intérêt des usagers est une valeur partagée par la majorité du personnel.
- Le sentiment d'**appartenance** à "l'entité Mairie" n'est pas partagé par tous. En revanche, il existe un fort sentiment d'appartenance à un service.
- **Bonne entente** entre les agents.

SAVOIR-FAIRE

- Les **demandes individuelles** de formation sont en général satisfaites.
- Pas de **plan de formation** général pour l'ensemble du personnel qui prenne en compte les attentes individuelles, les besoins des services et les objectifs de la Mairie.
- Les **compétences** professionnelles du personnel ne sont pas utilisées à leur juste valeur.
- **La qualification du personnel** est jugée plutôt bonne mais manquant de professionnalisme.
- Amélioration par la formation des savoir-faire en **animation d'équipe, conduite de réunion** pour l'encadrement.

STYLE

- **Style général** : manque de consultation entre la base et la hiérarchie, relativement bonne écoute de l'encadrement mais manque de soutien et de coordination pour mener de nouvelles missions.
- **Elus** : trop interventionnistes, dirigisme, manque de dialogue et d'écoute, confusion des rôles entre élus et chefs de service.
- **Encadrement** : pas assez présent et disponible, ne joue pas un vrai rôle d'impulseur de projet et de coordinateur, manque de soutien, de reconnaissance pour le travail effectué, participation insuffisante des agents dans la recherche de solutions.

RESSOURCES HUMAINES

- Le personnel se sent peu **responsabilisé** dans son travail et peu consulté.
- Volonté de **s'impliquer**, d'être informé, de participer à la bonne marche de la Mairie.
- Aspiration du personnel peu prise en compte, compétences peu reconnues =**démotivation**.
- Souhaits de **mobilité** ne sont pas réellement pris en compte.
- La contribution de certains métiers n'est pas suffisamment **valorisé** à l'intérieur comme à l'extérieur de la Mairie.

Extrait de : synthèse I.C.S. - Décembre 1990

Annexe 2

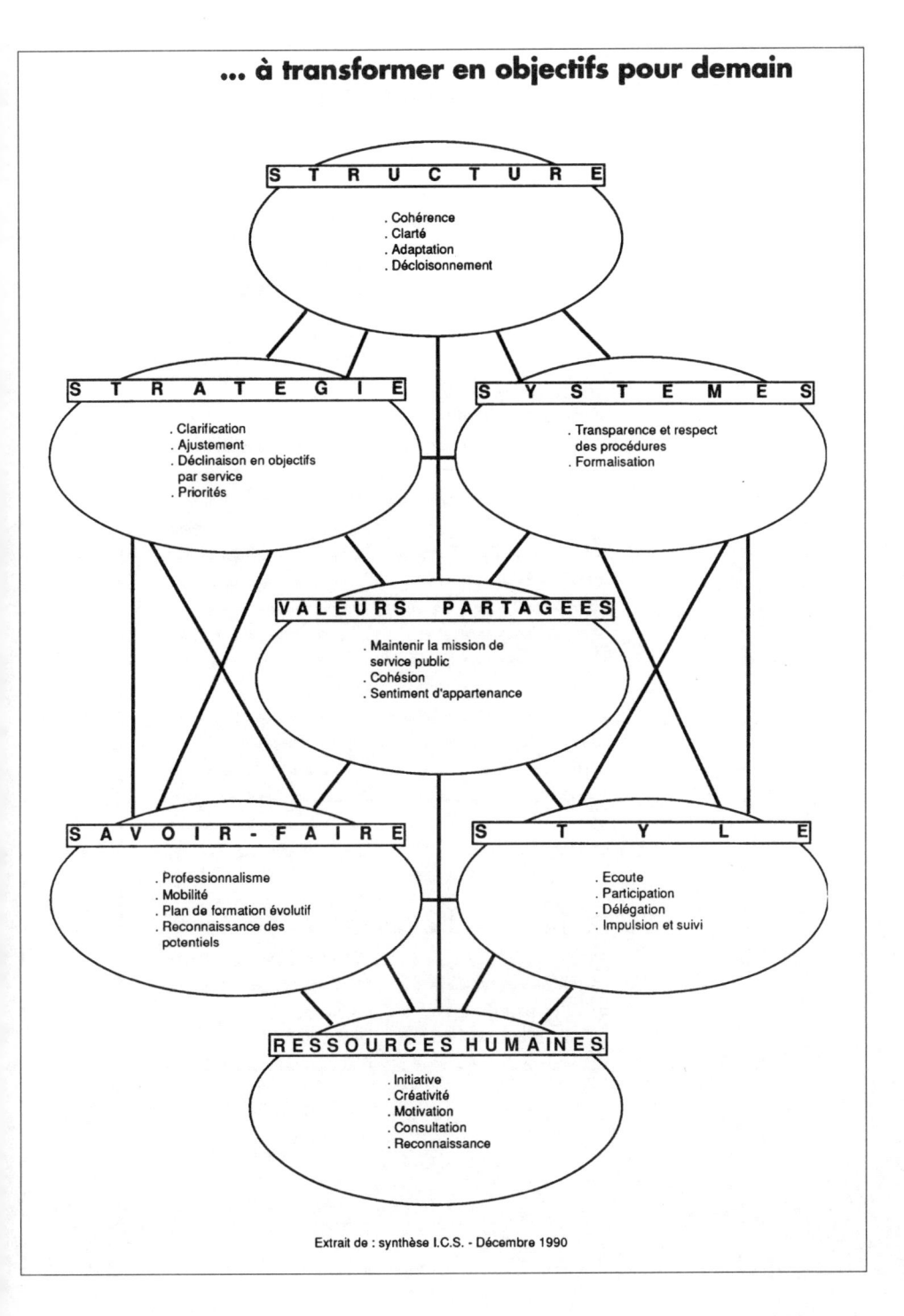

... à transformer en objectifs pour demain

STRUCTURE
- Cohérence
- Clarté
- Adaptation
- Décloisonnement

STRATEGIE
- Clarification
- Ajustement
- Déclinaison en objectifs par service
- Priorités

SYSTEMES
- Transparence et respect des procédures
- Formalisation

VALEURS PARTAGEES
- Maintenir la mission de service public
- Cohésion
- Sentiment d'appartenance

SAVOIR-FAIRE
- Professionnalisme
- Mobilité
- Plan de formation évolutif
- Reconnaissance des potentiels

STYLE
- Ecoute
- Participation
- Délégation
- Impulsion et suivi

RESSOURCES HUMAINES
- Initiative
- Créativité
- Motivation
- Consultation
- Reconnaissance

Extrait de : synthèse I.C.S. - Décembre 1990

traitement ... l'affaire de tous

Nous sommes aujourd'hui entrés dans une nouvelle phase : la recherche de solutions.

Des groupes de résolution de problèmes dits "Groupes de dynamisation" vont travailler dans ce but.

21 thèmes de mobilisation.
23 groupes de dynamisation.

[1] transmission de l'information au sein de chaque service.
[2] amélioration des conditions de travail.
[3] transmission de l'information entre les services et partenariat.
[4] information générale sur la Mairie (les services, les projets).
[5] accueil des nouveaux embauchés.
[6] adaptation de la formation aux attentes des individus et aux besoins des service.
[7] entretien annuel d'activité.
[8] reconnaissance des potentiels humains.
[9] mobilité du personnel et polyvalence.
[10] [11] rémunération et motivation.
[12] systèmes de motivation.
[13] [14] évolution de carrière.
[15] place du personnel vacataire.
[16] contribution des élus au fonctionnement des services et communication personnel - élus.
[17] rôle et responsabilités respectives des différents niveaux hiérarchiques d'un même service.
[18] organigrammes des services avec définition de fonction.
[19] consultation et participation du personnel à certaines décisions.
[20] responsabilisation du personnel et délégation.
[21] innovation-initiatives-projets.
[22] faire connaître les services, leurs missions, leurs activités, auprès du public et rôle de la Mairie.
[23] accueil du public.

soit :

161 participants
26 animateurs tous volontaires, tous formés.
un groupe d'élus.
le groupe des chefs de service

Les propositions sont attendues pour la fin avril

Annexe 2

SONDAGE

LES MEYLANAIS
JUGENT LEUR VILLE

Que peut faire une mairie désireuse de savoir ce que les habitants pensent de leur ville : s'y sentent-ils bien ? Leurs attentes en matière de services et d'équipements sont-elles satisfaites ? Des améliorations restent-elles à apporter et lesquelles ?
Seule une enquête, d'autres diront un sondage, auprès d'un échantillon représentatif de sa population, permet de répondre à de telles questions.
C'est donc cette démarche que votre mairie a adoptée en juin 1990, réalisant ainsi une première sur Meylan. 257 Meylanais de 15 à 60 ans et plus ont ainsi pu répondre à un questionnaire traitant des principaux aspects de la vie de notre commune et établi par une société spécialisée dans ces questions, Inter Consultant Service.
Plein soleil sur certains points, nuageux sur d'autres, les résultants constituent en quelque sorte notre **baromètre communal**. Ils vous sont ici restitués.

BAROMÈTRE — BAROMÈTRE

Les Meylanais et les services municipaux
Globalement positif

● SATISFACTION D'ENSEMBLE

Q1. SATISFACTION D'ENSEMBLE

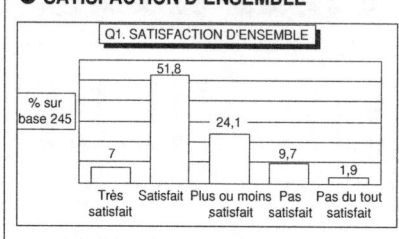

% sur base 245

Très satisfait	Satisfait	Plus ou moins satisfait	Pas satisfait	Pas du tout satisfait
7	51,8	24,1	9,7	1,9

La satisfaction globale est largement positive : 59 % des personnes interrogées.
Les femmes sont légèrement moins satisfaites que **les hommes** (13,8 % de femmes non satisfaites contre 9,4 % d'hommes).
Au niveau des âges, **les 15-19 ans** sont les plus insatisfaits (près d'un jeune sur 3 interrogés). Les plus clairement satisfaits sont les personnes de 35 à 44 ans. Les personnes âgées ont le même niveau de satisfaction que les personnes de 35-44 ans.

☼ *Locaux, accueil et compétence du personnel apparaissent comme des éléments satisfaisants.*

☁ *En revanche, les horaires d'ouverture et la rapidité du traitement des problèmes sont considérés comme des points particulièrement sensibles d'insatisfaction : plus d'une personne sur 4 est insatisfaite.*

● SATISFACTION ENVERS LES SERVICES

Aux questions concernant les services municipaux, n'ont répondu que les personnes connaissant le service ou l'ayant déjà fréquenté.
C'est la raison pour laquelle le taux de réponses "Ne sait pas" peut paraître important pour certains services.
Néanmoins ce taux révèle également une insuffisance d'information sur les possibilités offertes ou sur les actions menées.

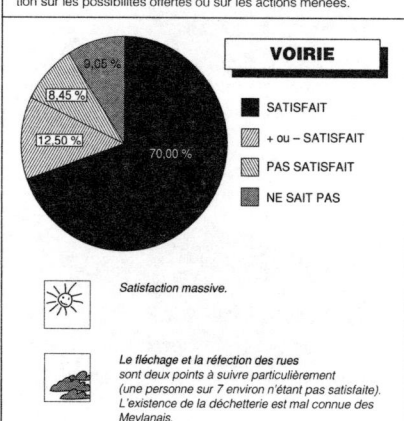

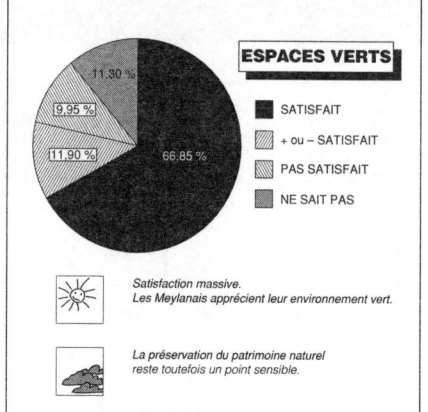

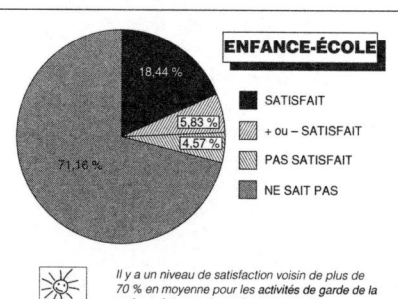

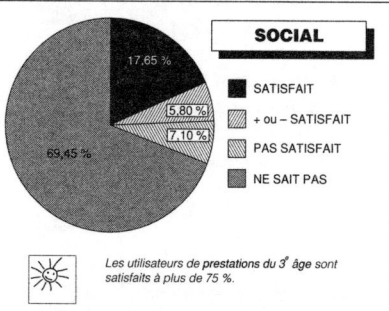

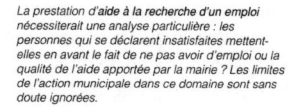

ESPACES VERTS

- 66,85 % SATISFAIT
- 11,90 % + ou − SATISFAIT
- 9,95 % PAS SATISFAIT
- 11,30 % NE SAIT PAS

☼ *Satisfaction massive. Les Meylanais apprécient leur environnement vert.*

☁ *La préservation du patrimoine naturel reste toutefois un point sensible.*

ENFANCE-ÉCOLE

- 71,16 % SATISFAIT
- 4,57 % + ou − SATISFAIT
- 5,83 % PAS SATISFAIT
- 18,44 % NE SAIT PAS

☼ *Il y a un niveau de satisfaction voisin de plus de 70 % en moyenne pour les activités de garde de la petite enfance et de garde du mercredi.*

☁ *Le restaurant scolaire apparaît comme la prestation la moins satisfaisante (plus d'une personne sur 5 s'étant prononcée est insatisfaite).*

VOIRIE

- 70,00 % SATISFAIT
- 12,50 % + ou − SATISFAIT
- 8,45 % PAS SATISFAIT
- 9,05 % NE SAIT PAS

☼ *Satisfaction massive.*

☁ *Le fléchage et la réfection des rues sont deux points à suivre particulièrement (une personne sur 7 environ n'étant pas satisfaite). L'existence de la déchetterie est mal connue des Meylanais.*

SOCIAL

- 69,45 % SATISFAIT
- 7,10 % + ou − SATISFAIT
- 5,80 % PAS SATISFAIT
- 17,65 % NE SAIT PAS

☼ *Les utilisateurs de prestations du 3ᵉ âge sont satisfaits à plus de 75 %.*

☁ *Sur l'aide de la recherche de logement, on assiste à l'expression d'une grande insatisfaction (24,1 %, soit 75 % des personnes qui se sont prononcées).*

☁ *La prestation d'aide à la recherche d'un emploi nécessiterait une analyse particulière : les personnes qui se déclarent insatisfaites mettent-elles en avant le fait de ne pas avoir d'emploi ou la qualité de l'aide apportée par la mairie ? Les limites de l'action municipale dans ce domaine sont sans doute ignorées.*

Annexe 2

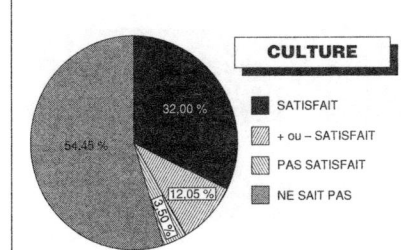

CULTURE
- SATISFAIT : 32,00 %
- + ou – SATISFAIT : 3,50 %
- PAS SATISFAIT : 12,05 %
- NE SAIT PAS : 54,45 %

Bibliothèques, Hexagone et Centre d'initiation à la nature obtiennent de très importants taux de satisfaction.

Il y a un travail d'information et de sensibilisation à réaliser sur les prestations fournies par la mairie et les associations. Celles-ci semblent effectivement mal connues. Le pourcentage important de "Ne sait pas" en témoigne.

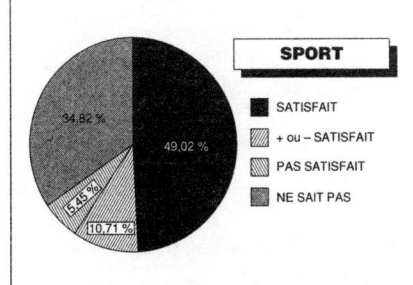

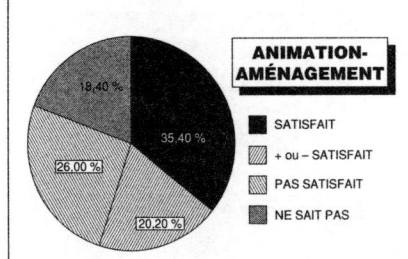

SPORT
- SATISFAIT : 49,02 %
- + ou – SATISFAIT : 5,45 %
- PAS SATISFAIT : 10,71 %
- NE SAIT PAS : 34,82 %

ANIMATION-AMÉNAGEMENT
- SATISFAIT : 35,40 %
- + ou – SATISFAIT : 20,20 %
- PAS SATISFAIT : 26,00 %
- NE SAIT PAS : 18,40 %

Cette question concernait : l'animation des rues et des commerces, l'organisation des fêtes et spectacles, le projet "cœur vert".

La prestation de l'animation des rues est à relier à celle de l'animation des commerces qui présente approximativement les mêmes niveaux d'insatisfaction.

Le projet centre ville "Cœur Vert", tout en ayant obtenu le plus fort niveau de satisfaction, pêche encore peut-être d'une sous-information des usagers.

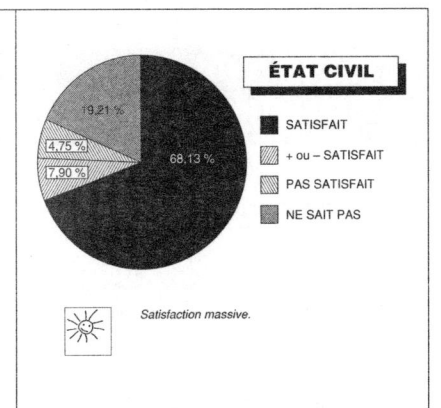

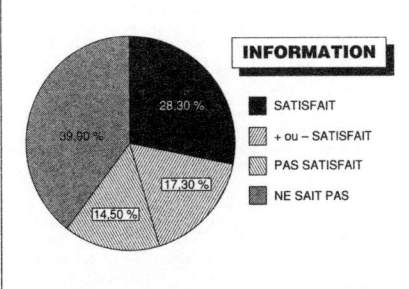

ÉTAT CIVIL
- SATISFAIT : 68,13 %
- + ou – SATISFAIT : 7,90 %
- PAS SATISFAIT : 4,75 %
- NE SAIT PAS : 19,21 %

Satisfaction massive.

INFORMATION
- SATISFAIT : 28,30 %
- + ou – SATISFAIT : 14,50 %
- PAS SATISFAIT : 17,30 %
- NE SAIT PAS : 39,90 %

Un effort est à faire au niveau de l'information auprès de la population. Le service télématique par le 3615 pose un problème de diffusion (92,6 % des personnes ne se prononcent pas). Plus d'une personne sur 5 est insatisfaite de l'affichage municipal ou du journal municipal.

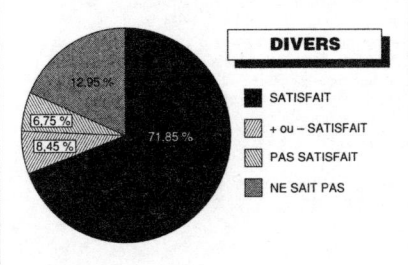

DIVERS
- SATISFAIT : 71,85 %
- + ou – SATISFAIT : 8,45 %
- PAS SATISFAIT : 6,75 %
- NE SAIT PAS : 12,95 %

Cette question concernait : l'eau potable, les pompiers, les transports.

Satisfaction massive.

Le niveau de satisfaction pour les transports urbains est à surveiller (environ une personne sur 8 n'est pas satisfaite).

© Éditions d'Organisation

Les Meylanais et la mairie...
Peut mieux faire

● **INFORMATION ET RELATIONS...**

Le niveau de satisfaction globale de la population interrogée dans sa relation avec la mairie est particulièrement sensible : 32 % des personnes se sentent satisfaites contre 26 % d'insatisfaites. Le taux de non information est élevé : 35 % ne se sentent pas suffisamment informés.

... DES AMÉLIORATIONS !

- Si la mairie informe bien la population sur la vie de la ville (53 % de personnes satisfaites) et se préoccupe bien des habitants (46 % de personnes satisfaites), elle n'informe pas suffisamment sur l'action qu'elle mène (le niveau d'insatisfaction est plus élevé que le niveau de satisfaction : 33 % contre 32 %).
- 46 % des personnes interrogées ne semblent pas être informées de la possibilité de **rencontrer les élus**.

D'autre part, une personne sur 5 estime qu'**à la mairie on écoute ses problèmes**. Mais 34,5 % ne connaissent pas cet aspect de la relation avec la mairie.

- Sur la **bonne utilisation de l'argent des impôts locaux** : 43 % des personnes ne savent pas de quelle manière est utilisé cet argent.

Quant au **dialogue habitants/mairie**, il semble que les personnes interrogées soient autant insatisfaites que non informées.

● **ACTION... DES PRIORITÉS !**

Pour l'ensemble des Meylanais interrogés, les jeunes sont jugés comme **la priorité des priorités** suivis des demandeurs d'emploi.

La troisième priorité est la pollution et les nuisances : les Meylanais sont particulièrement sensibles à l'environnement.

le logement, le développement économique et la prévention de la délinquance viennent ensuite.

Le développement d'une politique sportive et culturelle n'apparaît pas comme une priorité essentielle. Il est vrai que Meylan est bien dotée en ce domaine.

Les Meylanais et leur ville...
Une histoire d'amour ?

● **LA VIE A MEYLAN**

Plus d'un Meylanais sur 2 est satisfait de la vie à Meylan.

Meylan est considérée comme une ville propre, sûre et active ; elle n'est pas considérée comme une ville-dortoir par un Meylanais sur 2. On peut y trouver tous les équipements publics nécessaires ainsi que tous les commerces et services de base. La circulation et les parcs de stationnement sont appréciés des Meylanais. Il est facile de se déplacer d'un quartier à l'autre ou vers une commune voisine.

Plus d'un Meylanais sur 2 estime que Meylan est une ville pour les personnes âgées ; en revanche, plus d'un Meylanais sur 3 considère que Meylan n'est pas une ville pour les jeunes.

L'information sur les activités qui se tiennent dans la ville est un aspect que les Meylanais souhaitent voir améliorer. En effet, un Meylanais sur 4 n'est pas informé de ce qui se passe dans sa ville.

Enfin, 74 % de la population interrogée déclarent que Meylan n'a pas de centre ville.

● **LA RELATION AFFECTIVE AVEC LA VILLE**

Les habitants de Meylan aiment leur ville à 81 % : ils sont heureux d'y vivre (71,6 %), de s'y promener (80,2 %), d'y faire leurs courses (68 %) parce qu'ils y trouvent tout ce dont ils ont besoin (58 %). Malgré l'absence d'un centre ville, plus d'un Meylanais sur 4 estime que la ville ne se limite pas à son quartier.

Pour l'ensemble des personnes interrogées, Meylan est une ville qui a de l'avenir ; les résultats le montrent bien : 5 % seulement expriment leur insatisfaction.

Plus d'un Meylanais sur 3 considère que Meylan n'a pas d'âme ; est-ce dû à l'absence d'un centre ville ?

MEYLAN
VILLE POUR VIVRE

ANNEXE 3

PLAN D'ACTION
MEYLAN MAIRIE 2000

MEYLAN

MAIRIE 2000

14 OCTOBRE 91

PLAN
D'ACTION

SOMMAIRE

PREMIER AXE
Stratégie/Organisation
8 – 17

DEUXIÈME AXE
Communication
18 – 29

TROISIÈME AXE
Conditions de travail
30 – 33

QUATRIÈME AXE
Carrières et rémunérations
34 – 41

QUATRIÈME AXE
Formation
42 – 47

Annexe 3

ÉDITORIAL

Meylan Mairie 2000, c'est déjà...

Un baromètre communal, reflet de l'opinion des Meylanais sur les services qui leur sont offerts...

10 groupes scanner soit : 148 personnes ayant analysé notre fonctionnement ;

20 groupes de dynamisation, à savoir 145 agents ayant travaillé à la recherche de solution...

Au total : 3 500 heures de travail élus et fonctionnaires confondus ; 178 propositions pour faire de notre Mairie une structure de travail motivée et performante au service du Meylan d'aujourd'hui et de demain.

Merci à tous...

La démarche toutefois ne s'arrête pas là,

Meylan Mairie 2000, ce sera encore...

des efforts, des idées, des réalisations à mettre en œuvre et à partager.

Dominique Gaillard
1er ADJOINT EN CHARGE DU DOSSIER
"MEYLAN MAIRE 2000"

GROUPES DE DYNAMISATION

Groupe	THÈME	Nombre de particip.	Nbre de fiches action
1	Transmission de l'information au sein de chaque service	9	7
2	Amélioration des conditions de travail	9	15
3	Transmission de l'information entre les services	7	6
4	Information générale sur la Mairie	9	7
5	Accueil des nouveaux embauchés	5	10
6	Adaptation de la formation aux attentes des individus et aux besoins des services	6	5
7	Entretien annuel d'activité	5	10
8	Reconnaissance des potentiels humains	8	8
9	Mobilité du personnel et polyvalence	9	5
10	Rémunération et motivation	8	10
11	Rémunération et motivation	8	10
12	Systèmes de motivation	10	9
13	Évolution de carrière	9	4
14	Évolution de carrière	6	6
15	Place du personnel vacataire	10	8
16	Contribution des élus au fonctionnement des services et communication personnel/élus	6	11
17	Rôle et responsabilité respective des différents niveaux hiérarchiques	10	5
18	N'a pas fonctionné		
19	Consultation et participation du personnel à certaines décisions	8	9
20	N'a pas fonctionné		
21	Innovation/Initiatives/Projets	8	19
22	Faire connaître les services, leurs réunions, leurs activités, auprès du public	11	7
23	Accueil du public	5	7
	TOTAL	161	178

FICHES ACTION
GLOBAL

CHAMP D'ACTION	NOMBRE DE FICHES
Stratégie/Organisation	56
Communication	53 dont 10 communications externes
Conditions de travail	14
Carrières et rémunérations	35
Formation	20
TOTAL	178

Annexe 3

PREMIER AXE

Stratégie/Organisation

4 POINTS FORTS

- **LA DÉFINITION D'OBJECTIFS PAR LES ÉLUS**
  Formaliser par écrit des objectifs généraux, par service, pour la gestion des ressources humaines tout en précisant les formes d'évaluation.

- **L'AMÉLIORATION DE L'ORGANISATION**
  Préciser l'organigramme et définir les fonctions, améliorer la coordination et la direction générale, traiter la polyvalence et les remplacements, clarifier le statut du personnel auxiliaire, améliorer la fonction accueil-standard et la documentation et favoriser les responsabilités transversales.

- **LA CLARIFICATION DES PROCÉDURES**
  Mettre à jour les règles du jeu générales et particulières.

- **L'AMÉLIORATION DES OUTILS DE GESTION**
  Informatiser le service du personnel, mettre en place une comptabilité analytique, recenser les potentiels techniques et technologiques, créer des banques de données informatisées.

LES PRIORITÉS EN 91-92

- RÉDACTION ET DIFFUSION DES ORIENTATIONS MUNICIPALES
- DÉFINITION ET MISE EN ŒUVRE DE LA COORDINATION CUF/GDI
- MISE À JOUR DE L'ORGANIGRAMME GÉNÉRAL
- CLARIFICATION DE LA SITUATION DES PERSONNELS AUXILIAIRES
- RÉALISATION D'UN PREMIER BILAN D'ACTIVITÉ PAR SERVICE

CUF : Coordination des Unités Fonctionnelles.
GDI : Groupe Direction Interservices

STRATÉGIE – ORGANISATION

A. DÉFINITION D'OBJECTIFS

ACTIONS	GROUPES	RESPONSABLES DE L'ACTION	MISE EN ŒUVRE	BUDGET	DÉCISION	OBSERVATIONS
Définition des activités et des missions de chaque service	4-12-16 17-21	Élus S.G.	1991-1992	Non	Oui	Nécessaire à l'élaboration de l'organigramme
Définition des objectifs en matière de politique du personnel	11	Élus	1991-1992	Non	Oui	
Formalisation par écrit des objectifs politiques par secteur d'activités	16-17	Élus	1991-1992	Non	Oui	
Mise en place d'une coordination annuelle avec les élus au vu d'un bilan d'activités	17	Élus/C.S.	1992-1993	Non	Oui	Par unité fonctionnelle

B. ORGANISATION

ACTIONS	GROUPES	RESPONSABLES DE L'ACTION	MISE EN ŒUVRE	BUDGET	DÉCISION	OBSERVATIONS
Adaptation des horaires	12	S.G./G.D.I.	1992-1993	Éventuell.	Étude	

Organigramme

ACTIONS	GROUPES	RESPONSABLES DE L'ACTION	MISE EN ŒUVRE	BUDGET	DÉCISION	OBSERVATIONS
Élaborer un organigramme général par services avec trombinoscope. Fonction des élus incluse	1-3-4-5 7-16	Élus S.G.-D.R.H. G.D.I.	1991-1992	Non	Oui	• Pilotage demandé à D.R.H. • Trombinoscope ultérieurement
Mettre à jour les profils de poste. Les faire évoluer	10-12-17	C.S/D.R.H.	1992-1993		Oui	• À étaler dans le temps • Commencer par les postes d'encadrement

Polyvalence et/ou remplacements

ACTIONS	GROUPES	RESPONSABLES DE L'ACTION	MISE EN ŒUVRE	BUDGET	DÉCISION	OBSERVATIONS
Organisation de la polyvalence	1-9	G.D.I./ cadres	1991-1992	Éventuell.	Oui	Aux Chefs de Service à l'organiser et à mettre en œuvre les formations nécessaires. À lier à l'organigramme
Création d'un pool de remplacement	9	D.R.H.	1991-1992	Oui	Étude	Rejoint le dossier "Auxiliaires"

S.G. : Secrétaire Général – G.D.I. : Groupe Direction Interservices – D.R.H. : Direction des Ressources Humaines – C.S. : Chefs de Services

Annexe 3

STRATÉGIE – ORGANISATION

Coordination et direction générale par service

ACTIONS	GROUPES	RESPONSABLES DE L'ACTION	MISE EN ŒUVRE	BUDGET	DÉCISION	OBSERVATIONS
Concertation des responsabilités de service	10	S.G./Chef de Cabinet	1991	Non	Oui	En cours
Amélioration – Fonctionnement du G.D.I.	16	S.G./C.S.	1991	Non	Oui	En cours
Formalisation des relations G.D.I/C.U.F.	16	S.G./Élus	1991-1992	Non	Oui	La forme est en cours d'étude
Création d'un collectif de réflexion par service	17	C.S.	–	Non	Non	Chaque chef de service doit gérer les formes d'association de son personnel
Prévoir des temps d'action sur des projets communs entre différents services	19	S.G./C.S.	1992		Oui	• Réfléchir à la forme • Ponctuellement
Création d'un poste de C.S. à l'administration générale	16	Élus/S.G.	1991	Oui	Étude	Étude de besoin à faire par le Secrétaire Général

Transversalité

ACTIONS	GROUPES	RESPONSABLES DE L'ACTION	MISE EN ŒUVRE	BUDGET	DÉCISION	OBSERVATIONS
Mettre en place un groupe de créativité (10 personnes)	21	G.D.I./D.R.H.		Non	Non	La priorité est de mettre en place une organisation qui fonctionne
Appel à volontaire pour traiter un dossier extérieur à son domaine	21	G.D.I.		Oui	Non	

Organisation et fonctionnement de l'accueil/standard

ACTIONS	GROUPES	RESPONSABLES DE L'ACTION	MISE EN ŒUVRE	BUDGET	DÉCISION	OBSERVATIONS
Recrutement d'une hôtesse d'accueil à temps complet	23	S.G.	1991-1992	Oui	Étude	Étude confiée au S.G. sur accueil/standard
Création d'une structure d'accueil indépendante du standard	23	S.G.	1991-1992	Oui	Étude	Étude confiée au S.G. sur accueil/standard
Augmentation du temps de travail des standardistes ou recrutement de standardistes à temps complet	23	S.G.	1991-1992	Oui	Étude	Étude confiée au S.G. sur accueil/standard

S.G. : Secrétaire Général – *D.R.H.* : Direction des Ressources Humaines – *C.S.* : Chefs de Services – *G.D.I.* : Groupe Direction Interservices

STRATÉGIE – ORGANISATION

Organisation et fonctionnement de la documentation

ACTIONS	GROUPES	RESPONSABLES DE L'ACTION	MISE EN ŒUVRE	BUDGET	DÉCISION	OBSERVATIONS
Droit à la documentation	21	D.R.H./C.S.	–	Non	Oui	• Existe déjà • L'inclure dans les règles de fonctionnement
Création de banques de données documentaires informatiques	1-21	D.O.C./B.I.B. Sce Informatique	1992-1993	Oui	Étude	
Création de relais "Documentation" dans chaque service	21	DOC/BIB	1992-1993		Étude	Nécessité d'une étude globale • attente des services • clarification du rôle du service documentation • formes et moyens
Traiter la documentation disponible (dépouillement sommaire)	21	DOC/BIB	1992-1993		Étude	
Formalisation de la demande de documentation	21	DOC/BIB	1992-1993	Oui	Étude	
Gestion des "micro documents" des différents services (avec antenne doc.)	21	DOC	1992-1993		Étude	
Recensement des documents existants sous forme de catalogue informatisé	21	DOC	1992-1993		Étude	

Statut du personnel auxiliaire

ACTIONS	GROUPES	RESPONSABLES DE L'ACTION	MISE EN ŒUVRE	BUDGET	DÉCISION	OBSERVATIONS
Officialiser l'accueil des vacataires sur leurs lieux de travail	15	D.R.H./C.S.	1991-1992	Non	Oui	Chaque service doit assurer cette fonction
Élaboration d'une fiche fonction individuelle mise à jour régulièrement	15	D.R.H./C.S.	1992	Non	Oui	Critères à définir : par ex. durée de l'intervention
Insertion dans le bulletin d'info du personnel d'une rubrique "présentation"	15	D.R.H.	1992	Non	Oui	En cours d'organisation au sein de la D.R.H.
Création d'une fonction accueil au service des remplacements	15	D.R.H.	1991	Non	Oui	Étude en cours
Créer des emplois de polyvalents	15	D.R.H.		Oui	Étude	Étude en cours
Analyse approfondie de la situation du personnel vacataire	15	D.R.H.	1991	Non	Oui	

D.R.H. : Direction des Ressources Humaines – **C.S.** : Chefs de Services   **DOC** : Service documentation – **BIB** : Bibliothèques

Annexe 3

STRATÉGIE – ORGANISATION

Statut du personnel auxiliaire

ACTIONS	GROUPES	RESPONSABLES DE L'ACTION	MISE EN ŒUVRE	BUDGET	DÉCISION	OBSERVATIONS
Questions ouvertes au Maire et au C.M. sur la situation des vacataires	15	Élus		Non		Sur la base du dossier d'aide à la décision
Faire bénéficier le personnel vacataire (temps de travail inférieur à 25 %) des avantages C.O.S.	15	C.O.S.		Oui	Étude	Consultation du C.O.S. préalable. Étude des incidences

C PROCÉDURES

ACTIONS	GROUPES	RESPONSABLES DE L'ACTION	MISE EN ŒUVRE	BUDGET	DÉCISION	OBSERVATIONS
Charte sur les droits et devoirs du personnel	2	G.D.I./Élus	1992	Non tps de travail	Oui	Associer le C.T.P.
Élaboration d'un règlement intérieur de procédures claires reconnues de tous	16	G.D.I./Élus	1992	Non	Oui	Lien avec la demande précédente
Mise en place d'une procédure pour traiter les idées (avec médiation possible)	21	D.R.H./G.D.I.	1992	Non	Oui	• sous forme de "boîte à idées" • forme d'exploitation à définir, par qui ?
Information sur droits et devoirs des surveillants d'équipements	2	S.G./S.T.	1992	Non	Oui	À faire au sein de chaque service avec éventuellement notes écrites d'info

D OUTILS DE GESTION

ACTIONS	GROUPES	RESPONSABLES DE L'ACTION	MISE EN ŒUVRE	BUDGET	DÉCISION	OBSERVATIONS
Informatisation du service du personnel	11	D.R.H.	1991-1992	Oui	Oui	Prévue en 1992
Suivi et contrôle du budget prévisionnel via une compta. analytique	16	S.G./Service Finances	1992-1993	Oui	Étude	Projet d'audit
Recensement des potentiels techniques et technologiques de l'ensemble des équipements	16	S.G./D.S.T. C.S.	1992		Oui	

C.S. : Chefs de Services – *D.S.T.* : Directeur des Services Techniques – *C.O.S.* : Comité des Œuvres Sociales – *C.T.P.* : Comité Technique Paritaire
D.R.H. : Direction des Ressources Humaines – *S.G.* : Secrétaire Général – *S.T.* : Services Techniques – *G.D.I.* : Groupe Direction Interservices

- **DEUXIEME AXE**

Communication

Interne

3 POINTS FORTS

- AMÉLIORER LA CIRCULATION DE L'INFORMATION
- FAVORISER LA CONCERTATION
- FACILITER LES ARBITRAGES

Externe

3 POINTS FORTS

- FACILITER L'ACCES AUX LOCAUX
- ACCROITRE L'INFORMATION
- DIVERSIFIER LES SUPPORTS UTILISÉS

LES PRIORITÉS EN 91-92

- MISE EN PLACE DE RÉUNIONS D'INFORMATION DANS CHAQUE SERVICE
- DIVERSIFICATION DES SUPPORTS D'INFORMATION
- PRÉSENTATION DES SERVICES ET DE LEURS ACTIONS RÉGULIÈREMENT DANS LE JOURNAL M.G.A.
- RÉACTIVATION DES INSTANCES DE CONCERTATION

Annexe 3

COMMUNICATION

I – COMMUNICATION INTERNE

A – CIRCULATION DE L'INFORMATION

Statut du personnel auxiliaire

ACTIONS	GROUPES	RESPONSABLES DE L'ACTION	MISE EN ŒUVRE	BUDGET	DÉCISION	OBSERVATIONS
Travail d'information et de communication entre les services et vers l'extérieur (valorisation)	12	D.R.H./S.I.C.	1991-1992	Oui	Oui	
Organiser des réunions par service	1-8-9	G.D.I./Cadre	1991-1992	Non	Oui	Dans le cadre règlement intérieur proposition d'un minimum de 3 réunions par an, première d'ici fin décembre
Création d'un comité de pilotage info/com.	3			Non	Non	Fonction incombant aux élus
Un coordinateur information par service	3				Non	Rôle des Chefs de Service
Diffusion ordre du jour des C.M., Commissions, Comptes rendus...	4-12	S.G./G.D.I./Cadres	1991-1992	Impression	Oui	Tous les cadres doivent recevoir l'information et la démultiplier auprès de leurs agents
Organisation de réunions hebdomadaires pour obtenir les informations internes et externes en vue d'un meilleur accueil du public (quelle procédure)	23	S.G./C.S.	1992	Non	Oui	Insister sur les postes Accueil/Standard

Statut du personnel auxiliaire

ACTIONS	GROUPES	RESPONSABLES DE L'ACTION	MISE EN ŒUVRE	BUDGET	DÉCISION	OBSERVATIONS
Création d'une revue de presse vie à Meylan	4	S.G./DOC/S.I.C.	1992	Oui	Oui	Coordination nécessaire entre Cabinet du Maire/DOC/C.I.C.
Classeurs incluant tous les C.R. de réunions consultables par le personnel	4	S.G./G.D.I./Cadres	1991-1992	Oui	Oui	

D.R.H. : Direction des Ressources Humaines – *S.G.* : Secrétariat Général
G.D.I. : Groupe Direction Interservices
C.S. : Chefs de Services – *DOC* : Service documentation
S.I.C. : Service Information Communication.

COMMUNICATION

Statut du personnel auxiliaire

ACTIONS	GROUPES	RESPONSABLES DE L'ACTION	MISE EN ŒUVRE	BUDGET	DÉCISION	OBSERVATIONS
Organisation du personnel (visite de service)	4	S.G./G.D.I.	1993	Oui	Oui	Attendre une bonne mise en place de l'organisation des services
Création d'un cahier d'idées pour alimenter le coordinateur info	3			Non	Non	Notion de "coordinateur" rejetée
Création d'un système télématique concernant tous les services et équipements	3	S.I.C.	1993-1994	Oui	Étude	Non prioritaire
Création d'un journal interne	3-4	D.R.H./S.I.C.			Non	Feuille d'info actuelle suffisante
Enregistrement du contenu des réunions pour en faire des C.R. précis	19		–	Oui	Non	Défavorable sur la procédure (équipement) mais nécessité d'améliorer le secrétariat des réunions
Élaboration de supports pour la transmission de l'information au sein des services	1	S.G./D.R.H. C.S.	1992	Oui	Oui	Pour le moment, il s'agit d'améliorer l'information écrite et les supports muraux
Collecte d'info sur pratiques d'autres collectivités en matière de gestion du personnel	11	D.R.H.	1992		Oui	En relation avec les dossiers à traiter
Mise en place d'une information écrite sur les évolutions du statut	11	D.R.H.	1991-1992	Non	Oui	En cours dans le bulletin interne
Organisation de réunions d'info sur les rémunérations dans tous les services	11 14	D.R.H./C.S. D.R.H.	1992	Non	Oui	Quand le dossier "compléments de rémunérations" sera traité
Réunion d'info sur : – carrières – concours – examens – contenu des formations			1992-1993		Oui	Formes et supports à étudier

S.G. : Secrétaire Général – *DOC* : Service documentation
S.I.C. : Service Information Communication.
G.D.I. : Groupe Direction Interservices – *C.S.* : Chefs de Services
D.R.H. : Direction des Ressources Humaines

Annexe 3

COMMUNICATION

B CONCERTATION

ACTIONS	GROUPES	RESPONSABLES DE L'ACTION	MISE EN ŒUVRE	BUDGET	DÉCISION	OBSERVATIONS
Concertation systématique élus/techniciens sur dossiers avant décision	16	Élus	1992	Non	Oui	• Procédures à déterminer • Ne pas exclure la notion de "domaine" réservé
Calendrier des consultations et compte rendu annuel d'activité	19	Élus/C.S.	1992	Non	Étude	
Établir une méthodologie pour le déroulement d'une consultation	19	Élus/C.S.	1992		Étude	• Étude à mener sur le fond et la forme • Conclusions à inclure dans la charte de fonctionnement général
Consultation d'opinions sur dossiers à traiter	21	Élus/C.S.	1992		Étude	
Élaboration d'une charte "Élu"	19	Élus	1992		Étude	
Élaboration d'une charte "Agent municipal"	19		1992		Étude	
Élaboration d'une charte "Service"	19	S.G./G.D.I./C.S.	1992		Étude	

C ARBITRAGE

ACTIONS	GROUPES	RESPONSABLES DE L'ACTION	MISE EN ŒUVRE	BUDGET	DÉCISION	OBSERVATIONS
Création d'un poste de médiateur pour résolution de conflits	7-12-19 2-21	S.G./D.R.H./G.D.I.	1992	Oui 10 à 50 000 F	Non	Mesure déresponsabilisante pour les cadres.
Lors de l'entretien annuel possibilité de recours à un médiateur	7	D.R.H	1992	Oui	Non	En revanche, mise en place de procédures de recours – charte de la médiation

C.S. : Chefs de Services – *D.R.H.* : Direction des Ressources Humaines – *G.D.I.* : Groupe Direction Interservices –

COMMUNICATION

Nouveaux embauchés

ACTIONS	GROUPES	RESPONSABLES DE L'ACTION	MISE EN ŒUVRE	BUDGET	DÉCISION	OBSERVATIONS
Organisation d'un temps d'accueil du nouvel embauché dans le service concerné	5	D.R.H./C.S. Cadres	1991-1992	Non	Oui	Chaque service doit l'assurer
Remise du livret C.O.S. aux nouveaux embauchés	5	C.O.S.				Avis du C.O.S. nécessaire et concertation sur modalités
Remise à jour livret d'accueil et distribution systématique aux nouveaux embauchés	5	D.R.H./S.I.C.	1992	Oui	Oui	
Élaboration d'un plan de ville avec implantations des locaux et services communaux (in : livret d'accueil)	5	S.T./D.R.H. S.I.C	1992	Oui	Oui	A associer avec besoins des nouveaux arrivants sur la commune à intégrer dans livret d'accueil pour personnel
Organisation de réunions entre nouveaux embauchés et D.R.H.	5	D.R.H.	1992	Oui	Oui	Formes à trouver : • Permanences d'accueil • réunions, etc.
Fiches "informations" pour personnes non concernées par livret d'accueil	5	S.G/D.R.H. G.D.I./C.S.	1992	Oui	Oui	A faire au niveau de chaque service + une fiche sécurité dans chaque équipement
Réunion générale pour présenter nouveaux embauchés	5	D.R.H. Cadres	1991-1992	Non	Oui	Accueil à organiser au sein de chaque cellule de travail
Création d'un diaporama présentant la mairie, embauchés	5	D.R.H./S.I.C. G.D.I.	1991-1992	Oui	Oui	Doit servir dans d'autres circonstances

D.R.H. : Direction des Ressources Humaines – *C.S.* : Chefs de Services
C.O.S. : Comité Œuvres Sociales – *S.I.C.* : Service Information Communication.
S.T. : Services Techniques – *S.G.* : Service Général
G.D.I. : Groupe Direction Interservices

Annexe 3

COMMUNICATION

II – COMMUNICATION EXTERNE

A LOCAUX

ACTIONS	GROUPES	RESPONSABLES DE L'ACTION	MISE EN ŒUVRE	BUDGET	DÉCISION	OBSERVATIONS
Signalisation et décor des locaux	23	S.T.	1991-1992	Oui	Oui	A lier à l'étude "Locaux" en cours
L'installation d'une porte automatique à l'entrée de l'Hôtel de ville (facilitant l'entrée du public)	23	S.T.	1991-1992	Oui	Étude	Étude à faire : • faisabilité • coût à insérer dans le dossier "Locaux"

B SUPPORTS ET CONTENUS

ACTIONS	GROUPES	RESPONSABLES DE L'ACTION	MISE EN ŒUVRE	BUDGET	DÉCISION	OBSERVATIONS
Informer les administrés sur intentions/choix/décisions des élus	16	Élus/S.I.C.		Oui	Non	Domaine réservé des Élus
Organisation de journées portes ouvertes pour le public	22	S.G./S.I.C.	1993	Oui	Oui	Après la mise en place des actions de dynamisation-valorisation des améliorations
Achat de panneaux (4 ¥ 3) d'info	22	Élus/S.I.C.		Oui	Non	Renvoi à la stratégie d'info/com. du ressort des élus
Achat de journaux électroniques d'information municipale	22	Élus/S.I.C.		Oui	Non	Renvoi à la stratégie d'info/com. du ressort des élus
Augmentation de la fréquence de parution d'articles dans la presse locale	22	S.I.C.	1992	Oui	Oui	Renvoi à la stratégie d'info/com. du ressort des élus
Insérer dans MGA un article à chaque parution détaillant un service ou un équipement	22	S.I.C.	1992	Non	Oui	
Diffusion de messages sur les radios locales	22	S.I.C.		Oui	Oui	• Se fait déjà • Limite : la volonté des radios elles-mêmes
Utilisation des supports abribus	22	S.I.C.		Oui	Oui	S'est fait en 1990. Utiliser au maximum la convention existante

S.T. : Services Techniques – S.I.C. : Service Information Communication.

- **TROISIEME AXE**

Conditions de travail

3 POINTS FORTS

- RÉORGANISER ET MIEUX ADAPTER LES LOCAUX AUX FONCTIONS
- MIEUX AFFECTER LES MOYENS HUMAINS ET MATÉRIELS EN FONCTION DES BESOINS RÉELS
- AMÉLIORER LA SÉCURITÉ ET RENFORCER LES ACTIONS DE PRÉVENTION

LES PRIORITÉS EN 91-92

- MISE À JOUR DE LA RÉGLEMENTATION
- CONCEPTION ET MISE EN ŒUVRE D'UN PLAN DE PRÉVENTION ALCOOLISME ET TABAGISME

Annexe 3

CONDITIONS DE TRAVAIL

A. LOCAUX

ACTIONS	GROUPES	RESPONSABLES DE L'ACTION	MISE EN ŒUVRE	BUDGET	DÉCISION	OBSERVATIONS
Réorganisation ou construction de locaux regroupant les secteurs d'un même service	1	S.G./S.T. Cadres	1991-1992 1993	Oui	Oui	Recenser les anomalies manifestes au sein de chaque service
Adaptation des locaux selon la spécificité liée à la fonction	2	S.T./S.G.	1991-1992 1993	Oui	Oui	Étude à faire au préalable
Création de lieux de rencontre (salles de réunions, locaux syndicaux, infirmerie)	2	S.G./S.T.	1991-1992 1993	Oui	Oui	A traiter dans le dossier extension des locaux
Salle de relaxation/détente	21	S.T.	1991-92-93	Oui	Étude	Clarifier le concept, les formules
Adaptation des instruments de travail selon la spécificité de la fonction	2	S.G./S.T. G.D.I./Cadres	1992-1993	Oui	Étude	Examiner la réalisation d'un plan d'équipement des services. Relancer le C.H.S.
Agrandissement et adaptation du parc automobile	2	S.G./S.T.	1992-1993	Oui	Étude	Nécessité d'un diagnostic et d'une étude des besoins
Personnel en nombre suffisant dans les services	2	S.G./G.D.I. Cadres	1992-1993	Oui	Étude	Nécessité de redéfinir les fonctions des services et de mesurer les charges de travail en lien avec organigramme

B. HYGIÈNE ET SÉCURITÉ

ACTIONS	GROUPES	RESPONSABLES DE L'ACTION	MISE EN ŒUVRE	BUDGET	DÉCISION	OBSERVATIONS
Mise en place de moyens humains et technologiques pour rompre l'isolement	2	S.G.	1992-1993	Oui	Étude	Étude et recensement des besoins
Rôle et pouvoir réel de la médecine du travail	2	D.R.H.	1991-1992	Non	Oui	Partenariat en cours de clarification
Faire connaître produits toxiques et consignes d'utilisation	2	C.T.	1992	Oui	Oui	
Réglementation et prévention alcool/tabac	2	G.D.I.	1992-93-94	Éventuell.	Oui	En lien avec Médecine du travail
Prévention vol (effets personnels)	2			Oui	Non	Chacun doit prendre les précautions d'usage
Mise en place de dispositifs de sécurité pour les personnes astreintes à horaires tardifs	2	S.G./D.R.H.	1992-1993	Oui	Étude	Équipements et postes concernés ? Moyens ?
Formation de l'ensemble du personnel à la prévention incendie	2	S.G./D.R.H.	1991-1992	Oui	Oui	Devrait exister depuis longtemps. Solliciter les Sapeurs-Pompiers.

C.H.S. : Comité Hygiène Sécurité

QUATRIEME AXE

Carrières et rémunérations

4 POINTS FORTS

- DÉFINIR ET METTRE EN ŒUVRE DE NOUVELLES PROCÉDURES D'ÉVALUATION DES PERSONNELS
- DÉFINIR ET METTRE EN ŒUVRE UNE POLITIQUE CLAIRE DE GESTION DES CARRIERES
- CLARIFIER LES OBJECTIFS ET LES PROCÉDURES DE MOBILITÉ ET DE RECLASSEMENT DES PERSONNELS
- DÉFINIR UN NOUVEAU SYSTÈME INDEMNITAIRE ET ASSURER LA TRANSPARENCE DES INFORMATIONS DANS CE DOMAINE

LES PRIORITÉS EN 91-92

- DÉFINITION DES CRITÈRES D'ÉVALUATION POUR L'APPRÉCIATION ET L'AVANCEMENT
- ORGANISATION D'ENTRETIENS DE FACE À FACE À L'OCCASION DE LA NOTATION 1991
- REDÉFINITION DES COMPLÉMENTS DE RÉMUNÉRATION

Annexe 3

CARRIÈRES ET RÉMUNÉRATIONS

A ÉVALUATION

ACTIONS	GROUPES	RESPONSABLES DE L'ACTION	MISE EN ŒUVRE	BUDGET	DÉCISION	OBSERVATIONS
Mise en place d'un entretien annuel d'évaluation pour tous (permanents + vacataires)	7-8-10	D.R.H./S.G. G.D.I./Cadres	1991-1992 1993	Non	Oui	Actions très importante mais nécessitant une réflexion importante de mise en place. Dans un premier temps chaque responsable devra avoir un entretien au moment de la notation (dès 1991)
Commission d'évaluation	12	D.R.H.	–	Non	Non	• Du ressort des cadres • Procédures de recours
Distinction de la phase notation de celle d'appréciation	7	D.R.H/G.D.I. Cadres	1992	Non	Oui	Faire de l'appréciation une donnée permanente en cours de travail
Réception par l'agent de la feuille d'appréciation visée par l'élu	7	D.R.H.	1992	Non	Non	L'appréciation incombe aux cadres. Libre accès de chacun à ses documents. Procédure de recours à mettre en place
Élaboration d'une grille d'entretien prenant en compte l'avis du personnel	7	D.R.H/G.D.I. Cadres	1992	Non	Oui	Action à prendre en compte après la formation des cadres à l'entretien d'appréciation
Création d'une rubrique vœux sur la grille d'entretien	7	D.R.H.	1992	Non	Oui	• Existe déjà • Lui donner plus d'importance
Reformulation annuelle des charges incombant à une délégation (lors entretien annuel)	7	G.D.I./Cadres	1991-1992	Non	Oui	A lier à l'organigramme de la Mairie
Présentation profil de poste à l'agent lors entretien annuel	7	C.S.	1991-1992	Non	Oui	
Créer une fiche "ressources" pour chaque agent (évaluation des potentiels)	8-21	D.R.H.	1992-1993	Oui	Oui	Lier à l'informatisation du S.P.
Élaboration d'un additif avec plusieurs rubriques (condition de travail) à la fiche de notation	10	D.R.H.	1992	Non	Oui	
Création d'une fiche de bilan par secteur pour étudier les contraintes particulières	12	C.S.	1992		Oui	
Modification système de notation actuelle	13	D.R.H.	1993	Non	Non	La notation est un élément réglementaire. Évolution vers la notion d'évaluation

D.R.H. : Direction des Ressources Humaines
S.G. : Secrétaire Général – *S.P.* : Service du Personnel
C.S. : Chef de Service – *G.D.I.* : Groupe Direction Interservices

CARRIÈRES ET RÉMUNÉRATIONS

B - CARRIÈRES

ACTIONS	GROUPES	RESPONSABLES DE L'ACTION	MISE EN ŒUVRE	BUDGET	DÉCISION	OBSERVATIONS
Rôle du Centre de Gestion • Clarification • Utilité	13-11	Élus/D.R.H.	1992-1993	Oui	Étude	Étude à faire mais en interne
Reconnaissance de statuts entre services d'État et territoriaux	13	D.R.H./C.S.			Non	Dépasse le cadre de nos compétences
Reconnaissance du travail effectué grade/mérite	13	D.R.H./C.S.	1992	Non	Oui	Dans le cadre statutaire
Étude approfondie du statut (information sur droits et évolutions)	10	D.R.H.	1992		Oui	
Information et communication vers État : interventions Élus et Maire	12	Élus/Maire	1991-1992		Oui	• Quand cela est possible
Adéquation entre la formation et la nomination dans la fonction	13	D.R.H.		Oui	Non	Contraire à l'esprit de la fonction publique territoriale. Impossibilité d'engagement global pour la Ville. Règles du jeu à clarifier

C - MOBILITÉ

ACTIONS	GROUPES	RESPONSABLES DE L'ACTION	MISE EN ŒUVRE	BUDGET	DÉCISION	OBSERVATIONS
Mettre en place une politique de mobilité	9	D.R.H./C.S.	1992-1993	Non	Oui	De la responsabilité de la cellule d'accueil mais sans renfort en personnel
Période de soutien pour laisser à l'agent le temps de s'adapter à un nouveau poste, à des missions nouvelles	8	G.D.I./Cadres	1991-1992	Non	Oui	
Organisation du "recyclage" des personnes	9	S.G./D.R.H.	1992-1993	Oui	Oui	Il s'agit du reclassement dans le cadre d'une gestion prévisionnelle du personnel
Changement de services sans rapport obligatoire avec la formation initiale	14				Non	• Impossibilité d'un engagement général

D.R.H. : Direction des Ressources Humaines – *C.S.* : Chef de Service – *G.D.I.* : Groupe Direction Interservices – *S.G.* : Secrétaire Général

Annexe 3

CARRIÈRES ET RÉMUNÉRATIONS

D RÉMUNÉRATIONS

ACTIONS	GROUPES	RESPONSABLES DE L'ACTION	MISE EN ŒUVRE	BUDGET	DÉCISION	OBSERVATIONS
Faire un constat de la situation existante en matière de rémunérations	10	D.R.H.	1991		Oui	Étude en cours Aboutissement fin 1991
Informations sur les compléments de salaire	11	D.R.H.	1991-1992		Oui	Étude en cours
Adéquation agent/fonction/salaire (notion d'intéressement)	11	D.R.H.			Étude	Étude en cours
Nouvelles dispositions en matière de compléments de salaire	11	D.R.H.	1991-1992		Étude	Étude en cours
Attribution d'une prime si elle existe en cas de vacance de poste	10	Élus/D.R.H.	1991-1992	Oui	Étude	Dans le cadre étude "Compléments de rémunération"
Versement d'une prime	10	D.R.H.	1991-1992	Oui	Étude	Étude "Compléments de rémunérations"
Versement d'une prime pour le personnel administratif	10	D.R.H.	1991-1992	Oui	Étude	Étude "Compléments de rémunérations"
Versement d'une prime 13e mois au traitement brut	10	D.R.H.	1991-1992	Oui	Étude	Étude "Compléments de rémunérations"
Heures supplémentaires : Paiement ? Récupération ?	11	D.R.H.	1991-1992	Éventuell.	Étude	Étude en cours

D.R.H. : Direction des Ressources Humaines

- **CINQUIEME AXE**

  ## Formation

  ### 3 POINTS FORTS

  - CLARIFIER ET AMÉLIORER L'ORGANISATION ET LES PROCÉDURES DE FORMATION
  - DIVERSIFIER LES SITUATIONS FORMATRICES
  - RENFORCER LA FORMATION DE L'ENCADREMENT

  ### LES PRIORITÉS EN 91-92

  - ÉLABORATION D'UNE CHARTE DE LA FORMATION
  - FORMATION DE L'ENCADREMENT AUX TECHNIQUES DE MANAGEMENT
  - FORMATION À L'ACCUEIL-STANDARD
  - FORMATION À LA PRÉVENTION INCENDIE

Annexe 3

FORMATION

A PROCÉDURES

ACTIONS	GROUPES	RESPONSABLES DE L'ACTION	MISE EN ŒUVRE	BUDGET	DÉCISION	OBSERVATIONS
Mise en place d'une commission formation	6	D.R.H./ Cadres/ C.T.P.	1991	Non	Existe déjà	Existe déjà : doit être réactivée
Promotion de l'information sur la formation et ses conditions d'accès	13	D.R.H.	1991-1992		Oui	Consultation du C.N.F.P.T. sur les outils existants ou à mettre en place
Temps d'échange entre personnes revenant de formation et son supérieur hiérarchique (évaluation)	6	D.R.H./G.D.I./ Cadres	1992	Non	Oui	A joindre à la mise en place des réunions par service. Mise en place de procédures d'évaluation des formations
Satisfaction de toutes les demandes de stages	14	D.R.H.	1992	Oui	Non	Contradictoires avec le plan de formation

B MOYENS

ACTIONS	GROUPES	RESPONSABLES DE L'ACTION	MISE EN ŒUVRE	BUDGET	DÉCISION	OBSERVATIONS
Recruter du personnel supplémentaire au service formation (4 personnes)	6	Élus/D.R.H	1991-1992	Oui	Étude	Étude du plan de charge à faire propositions quant aux solutions
Élargir l'éventail des propositions du C.N.F.P.T. et s'associer avec d'autres organismes	6	D.R.H.	1991-1992	Oui	Oui	
Planification des stages de formation au vu du remplacement	6	D.R.H./G.D.I./ Cadres	1992	Éventuell.	Oui	Redéfinir une charte de la formation (dont règles de remplacement)

D.R.H. : Direction des Ressources Humaines — *C.T.P.* : Comité Technique Paritaire — *G.D.I.* : Groupe Direction Interservices

FORMATION

C — FORMES ET CONTENUS

ACTIONS	GROUPES	RESPONSABLES DE L'ACTION	MISE EN ŒUVRE	BUDGET	DÉCISION	OBSERVATIONS
Formation interne avec possibilités de stage in : services demandés	13	D.R.H./	1992		Oui	Formes à définir dans la Charte de la formation
Pouvoir faire des stages en entreprise	21	D.R.H./G.D.I./	1992	Oui	Oui	Clarifier les règles. In : charte de formation
Organiser des voyages d'études et des échanges inter-mairies	21	D.R.H./G.D.I./	1992	Oui	Oui	Clarifier les règles In : charte de formation
Favoriser l'adhésion et la participation aux réseaux corporatistes	21	D.R.H./DOC	1992	Oui	Étude	Non pour la prise en charge des adhésions individuelles. Clarifier les règles du jeu pour frais de mission et participation colloques. Oui pour adhérer aux banques de données
Recenser colloques et salons professionnels	21				Non	Faisabilité problématique
Formation à la G.R.H. pour l'encadrement	19	D.R.H.	1991-1992	Oui	Oui	Caractère obligatoire. Négociation en cours avec C.N.F.P.T.
Formation à l'entretien de face à face pour l'encadrement	8	D.R.H.	1991-1992	Oui	Oui	Caractère obligatoire. Priorité aux Cadres
Formation à l'animation d'équipe pour l'encadrement	8	D.R.H.	1991-1992	Oui	Oui	Obligatoire Priorité aux Cadres
Stages de formation à la communication, gérer son temps	1	D.R.H.	1991-1992-1993	CNFPT + Budget spéc.	Oui	Action prioritaire pour les Cadres
Formation à l'expression orale pour tous	8	D.R.H.	1992-1993	Oui	Oui	Prioritaire pour les Cadres
Formation à l'écoute active	21	D.R.H.	1991-1992	Oui	Oui	Obligatoire. Cadres prioritaires
Stages de formation accueil/téléphone/relations avec le public	23	D.R.H.	1991-1992	Oui	Oui	

D — LA MAIRIE, STRUCTURE DE FORMATION

ACTIONS	GROUPES	RESPONSABLES DE L'ACTION	MISE EN ŒUVRE	BUDGET	DÉCISION	OBSERVATIONS
Instaurer une procédure pour accepter un stagiaire dans une équipe	8	Élus/D.R.H Cadres	1991-1992	1/2 poste à la D.R.H.	du ressort élus	Nécessité d'une étude pour définir les règles du jeu et les procédures en matière d'accueil des stagiaires

D.R.H. : Direction des Ressources Humaines — *DOC.* : Service Documentation
G.D.I. : Groupe Direction Interservices — *G.R.H.* : Gestion des Ressources Humaines.

BIBLIOGRAPHIE

OUVRAGES

BARBIER F., DARMON J., *Réussir son activité conseil*, Presses du Management, Paris, 1996.

BORDELEAU Y., *La fonction de conseil auprès des organisations*, Les Éditions d'Agence d'Arc Inc., Ottawa, 1986.

BOTTIN C., *Diagnostic et changement : l'intervention des consultants dans les organisations*, Éditions d'Organisation, Paris, 1991.

BOUNFOUR A., *Chers consultants : enjeux et règles des relations entreprises-consultants*, Dunod, Paris, 1992.

DOURY J.-P., *Candidats et chasseurs de têtes : qui va à la chasse trouve sa place*, Éditions d'Organisation, Paris, 1992.

FORESTIER G., *Regards croisés sur le coaching*, Éditions d'Organisation, Paris, 2002.

HEBSON R., *Réussissez votre carrière de consultant*, Top Édition, Paris, 1989.

HEBSON R., *S'installer et réussir comme consultant*, Top Édition, Paris, 1989.

HUBER G., KARLI M., LUJAN C., *Quand le travail rend fou*, Éditions NM7, 2003.

HUGOT J.-B., *Le guide des sociétés de conseil*, Dunod, Paris, 2001.

LECERF B., RENAUT T., *Les métiers du conseil*, L'Étudiant, Paris, 1990.

LESCARBEAU R., PAYETTE M., SAINT-ARNAUD Y., *Éducation et Formation*, Éditions L'Harmattan, Paris, 1990.

LUJAN C., Chapitre 4, Savoir réussir une négociation, pages 113 à 139, in *Diriger et motiver. Secrets et pratiques*, sous la direction de Nicole Aubert, Éditions d'Organisation, Paris, 1996.

LUPIAC T. *Consultant d'entreprise*, Éditions Delmas, 2003.

MARICOURT (de) R., *Les samouraïs du management, production, marketing et finance au Japon*, Éditions Vuibert, Paris, 1993.

MINGUET G., COSTE D., PEREZ Y., *Devenir consultant junior : l'efficacité professionnelle des Socrate en culottes courtes*, L'Harmattan, Paris, 1995.

OCDE, *Dynamiser les entreprises, les services de conseil*, Édition OCDE, 1995.

PROUST F., *Le consultant*, Éditions Rivages, Paris, 1995.

SALACUSE J.W., *L'art du conseil*, Seuil, Paris, 1996.

SAUSSOIS J.-M., RAIMBAULT M., *Organiser le changement*, Éditions d'Organisation, Paris, 1983.

SCHEIN E.-H., *Process Consultation : its role in organizational development*, Reading Mass. : Addison Wesley, 1969.

STERN P., GRUERE J.-P., *Faciliter la communication de groupe*, Éditions d'Organisation, Paris, 2002.

STERN P., *Être plus efficace*, Éditions d'Organisation, Paris, 2002.

STERN P., MICHON C., *La dynamisation sociale*, Éditions d'Organisation, Paris, 1985.

SVEIBY K.-E., *Du savoir-faire au savoir gérer*, InterÉditions, Paris, 1990.

ZEMOR P., *Un bon conseil, incursions chez les décideurs*, Éditions Olivier Orban, Paris, 1986.

ZEMOR P., *Le sens de la relation, organisation de la communication de service public*, La Documentation Française, Paris, 1991.

Annuaire des consultants d'entreprise, 1996 : *1 680 entreprises de conseil*, Éditions Mutandis, 1996.

Comité des Conseils Ethic, *Comment travailler efficacement avec ses conseils*, Nathan, Paris, 1994.

ARTICLES ET ÉTUDES

ARDOINO J., "La notion d'intervention", in Andsha, *L'intervention dans les organisations*.

Bibliographie

BARON X., "Du bon usage des consultants", *Personnel*, décembre 1989.

BERCOVITZ A., "Esquisse d'une analyse de la fonction de conseil" in *Connexions*, n° 49, EPI, 1987.

Centrale de Bilans de la Banque de France, *Activités d'études, de conseil et d'assistance*, Banque de France, Paris, 1991.

CONNEXIONS, *Le changement en questions*, n° 45, EPI, Paris, 1985.

DUMEZ H., "De la pratique du chercheur-consultant", *Gérer et Comprendre*, juin 1988.

ENRIQUEZ E., "Problématique du changement" in *Connexions*, n° 4, EPI, 1972.

GREINER L., NEES D., "Conseils en management : tous les mêmes ?", *Revue Française de Gestion*, n° 75, nov.-déc. 1989.

ISEOR – Institut de Socio-Économie des Entreprises et des Organisations. *Le Conseil et l'Europe. Qualité intégrale de l'entreprise et professionnalisme des consultants*, ISEOR, Ecully, 1990.

KUBR M., *Management Consulting, A guide to the profession*, 3e édition, Bureau International du Travail, Genève, 1999.

Les sociétés de conseil en management, Precepta, 1989.

LEVY A., "Le changement comme travail" in *Connexions*, n° 7, EPI, 1973.

MARTIN-VALLAS B., Ses articles in *Enjeux mondiaux et systèmes humains*, Éditions Nano, 34130 Lansargues.

NOUVEL ÉCONOMISTE (LE), *Le dossier "Consulting"* n° 927, janvier 1994.

REVUE FRANÇAISE DE GESTION, numéro spécial Conseil, nov.-déc. 1989.

ROUCHY J.-C., "Problématique de l'intervention" in *Connexions*, n° 49, EPI, 1987.

STERN P. *etalii*, "La Relation client-consultant", *Management et Conjoncture Sociale*, 1997.

ADRESSES UTILES

GROUPE ESCP-EAP
"Devenir Consultant", "Stege Consultant" (ESCP-EAP Senior),
Mastere of Business Consulting
Ces trois programmes sous la direction scientifique de P. STERN.
Tél. : 01 49 23 22 93
e-mail : stern@escp-eap.net

Patrice STERN – ICS-INTERCONSULTANTS
p.stern@icsconseil.com

Patricia TUTOY – CONSULTANTE
pfurlan@club-internet.fr

SYNTEC MANAGEMENT
http ://www.syntec.conseil.fr

INSTITUT DU CONSEIL
Créé par ANDERSEN CONSULTING, MICROSOFT, DEVENIR
http ://www.institut-du-conseil.com

DEVENIR (Site communautaire dédié aux Consultants)
http ://www.devenir.fr

IDCE (Institut pour le Développement du Conseil)
Angers
Tél. : 02 41 66 13 34

UNIVERSITÉ PARIS 7
DESU Consultant
Tél : 01 44 27 81 40

UNIVERSITÉ PARIS DAUPHINE
DESS Consultation et formation
Tél. : 01 44 05 46 25

UNIVERSITÉ PARIS 8
DESS en organisation et innovation
Tél. : 01 48 20 07 37

Jean-Marc SCHOETL (JMS-Consultants)
jmsconsultants@noos.fr

MANAGERIS – 28 rue des Petites-Écuries 75010 Paris
info@manageris.com

Composé par EDIE – Seine-et-Marne
Achevé d'imprimer : JOUVE, Paris
N° d'éditeur : 2673
N° d'imprimeur : 341422F
Dépôt légal : janvier 2004

Imprimé en France